认同与共识
国家文化安全史略

（中国古代从夏到清）

樊伟　龙大轩　等◎著

撰稿人：樊伟　龙大轩　唐旭　吕志兴　龙潇

作者简介与分工（以撰写章节先后为序）

樊　伟：西南政法大学党委书记，教授、博士生导师，整体策划并撰写序言。

龙大轩：西南政法大学教授、博士生导师，国家万人计划教学名师，全国高校黄大年式教师团队"中华法文化传播教育教师团队"负责人，央视《法律讲堂》主讲人，撰写先秦卷第一章、第二章第一节。

唐　旭：西南政法大学国家安全学院教师、法学博士，撰写秦汉魏晋隋唐卷第一、二、三章。

吕志兴：西南政法大学教授、博士生导师，撰写宋元明清卷第一、二、三章。

龙　潇：西南政法大学国家安全学院讲师、法学博士，撰写先秦卷第二章第二节。

序言

樊伟（西南政法大学党委书记，教授、博士生导师）

国家文化安全，亦称文化安全，这个学术概念的历史并不长。根据中国知网收录的"国家文化安全"相关文献来看，国内从 1999 年开始才出现这个主题的中文文献。[①]虽然在中国历史上没有这样的提法，但并不意味着当时就没有维护国家文化安全的思想和实践。

国家文化安全指一个国家的各种文化元素处于安全的状态。何为"安全"？根据《中华人民共和国国家安全法》第二条的界定，安全是指一个国家需要保护的某种利益"相对处于没有危险和不受内外威胁的状态，以及保障持续安全状态的能力"。简单来说，就是这种利益"没有危险"和"不受威胁"。文化的内涵又有哪些呢？目前关于文化的定义有 200 种以上，其所包含的元素就更难以计数了，只有用分类的办法才便于把握。

用层次论进行划分，文化的深层结构是指价值观念，又称价值观，是指民众对国家、社会、个人所抱持的评价与看法，如社会主义核心价值观，包括国家、社会、个人三个层面；而文化的表层结构是指生活方式，包括语言文字、风俗习惯和禁忌、衣食住行模式

---

① 苏芮林，白中英，武丽丽：《国家文化安全研究：20 年回顾与展望》，《重庆工商大学学报》（社会科学版），2022 年第 1 期。

等。前者是"看不见的文化",但在整个文化中起着决定性的支配作用,处于核心地位;后者是"看得见的文化",处于被支配的地位,与前者互为表里。民众认同该国家所提倡的价值观,就会在行为上表现出对该国家生活方式的尊重与践行;而对生活方式的遵从甚至热爱,又会反过来巩固该国家价值观的根基。唐朝司空图诗《河湟有感》云:"汉儿尽作胡儿语,却向城头骂汉人。"很难想象一个轻视或讨厌自己国家语言文字的人会爱国!

国家维护文化安全的基本路径是,通过凝练统一、权威的价值观,引领广大民众对国家的政治、经济、军事、法律、道德等思想和制度形成一致认识,做到心往一处想、劲往一处使,从而维护国家政权统治的稳固;通过铸牢"百姓日用而不觉"的语言文字、风俗习惯和衣食住行模式,形成众人皆宜且不易改变的生活方式,从而使国家的存在表现出强烈的符号意义,展示出自身的民族特色。当一个国家的价值观念和生活方式,从横向的空间上去考察,具有相对稳定性;从纵向的时间上去考察,具有相对连续性,那么这个国家的文化就相对处于"没有危险""不受威胁"的状态,且具备了长期保持这种状态的能力,其文化就是安全的。古往今来的国家文化安全建设,无疑都是从这两条路径入手的。

夏商西周时期,国家维护文化安全主要体现为建立"礼乐"文化安全模式,即用礼乐来塑造当时的核心价值观,构建人们的生活方式。礼乐原本就是原始人类为保障自身安全而创造的,他们在面对神秘莫测的大自然时,痛感人类的渺小和无助,冀望用礼乐祭祀神灵的方法来获取神灵的庇佑。正如《说文解字》所言:"礼,履也。所以事神致福也。"祭神的礼乐虽然不能为原始人类真正消除来自大自然的威胁,但能给他们蒙昧的内心注入强大的精神力量,使他们从主观上获得一种自以为是的安全感。进入国家社会以后,原始礼乐演变为夏礼、商礼、周礼，成为国家文化安全建设的重要手段。每一个王朝的礼乐文化都会从天命神权的角度，来论证其政权来源的正当性、意识形态的合法性以及制度建设的合理性，引领广大民众对该王朝的政权统治形成文化认同，培育起统一的价值观念，所谓"溥天之下，莫非王土；率土之滨，莫非王臣"①是也。同时建立起与这些观念相匹配的生活方式，所谓"王臣公，公臣大夫，大夫臣士，士臣皂，皂臣舆，舆臣隶"②是也。

及春秋战国礼崩乐坏，原有的礼乐失去了维护社会秩序的功能，对于用何种思想来维护国家安全以及国家文化安全，诸子百家各异其说，其中以儒、法两家影响最大。法家主张用"法·律"治国，以替代之前的礼乐之治。这里的"法"和"律"是不连用的，各有各的含义。站在文化安全的角度审视，法家的"法·律"不仅仅是一种行为规范，也是最高的价值标准，迫使大众从行为上服从、从文化上认同。通过秦国的实践，我们可以看出，法家的这种思想在凝练新的文化价值观，打造新的生活方式方面产生了巨大作用，使得"富国""强兵""奉法""移风易俗"等观念深入人心，为秦国的强大进而统一中国奠定了坚实的文化基础。儒家提倡以"仁义"经世。他们认为传统礼治虽然被破坏，但礼所依赖的人心基础——"仁"——是永恒存在的，只要抓住"仁"这个核心，将其推运到不同的人际关系上，就能培育起"父慈子孝""夫义妇节""君仁臣忠""兄友弟恭""朋友有信"的人伦道德，进而形成牢固的价值认同，最终通过"修身齐家治国平天下"的路径为国家统治提供强大的文化支撑。价值观问题说到底就是人心的问题，比较可知，法家是通过外在制度建设来凝聚人心，因有国家强制力介入而见效快；

---

① 《诗经·北山》。
② 《左传·昭公七年》。

儒家则是通过宣传教化来凝聚人心，因缺乏外在制度的支持而见效慢，"夫慕仁义而弱乱者，三晋也"[①]。但儒家提倡从人心内部去培育价值观的做法，无疑是治本之法，所以在后世的文化安全建设上得到了广泛推崇。

自汉武帝"罢黜百家，独尊儒术"之后，帝制时代的历朝政权无不奉儒学为国家统治的思想正统。此时的儒学在承袭先秦儒家"仁义"经世的基础上，吸收了法家"法·律"治国的优长，形成了"礼法合治"的策略。即通过礼义道德的教化去指导政治法律的制度建设，再用制度建设反过来加强道德思想建设，从而构建了由汉到清2000多年一贯的礼法社会。这种治理模式在塑造价值观上确实不负时代所托，其从"仁"这一核心理念推导出了"孝悌、忠信、礼义、廉耻"等一系列道德观念，并以"父子之亲""夫妇之情"作为论证原点，因而具有天然的人性基础，从而易于成为普罗大众真心认同的价值观念。正如习近平总书记所说："核心价值观，其实就是一种德，既是个人的德，也是一种大德，就是国家的德、社会的德。国无德不兴，人无德不立。"[②] 儒家的这一套由个人而家庭、而社会、而国家的价值体系，为历代王朝的政权稳固提供了坚韧的文化支撑，即便遇到外来文化的冲击，也能产生强大的抵御力。

两汉之际，佛教自西域传入中国，其剃度受戒、吃斋念佛的修行模式，动摇了传统的忠孝观念，冲击了儒学的正统地位。国家则通过加强寺庙管理，使宗教在国家允许的范围及规模内活动，来防范和化解其对国家文化及政治安全的威胁。到唐朝时，儒教、佛教、道教达致"三教合一"的局面，佛教也依循中国化的路径化入了中国文化的范畴。宋元明清时期，国家更是以"修本以胜之"的方

[①] 《韩非子·外储说左上》。
[②] 《习近平谈治国理政》第一卷，外文出版社2018年版，第168页。

略，大力发展儒学，通过提升其理论水平以排除佛、道的威胁。宋儒革新儒学，形成了《大学》《中庸》《论语》《孟子》的"四书"系统，扩大了儒学的研究范围，尤其注重阐发儒家经典的"义理"，最终形成了新的儒学研究形态——宋学。其中通过对儒家经典《易经》《大学》的研究，并吸收佛、道理论，形成了理学和心学两个哲学理论体系。宋学使儒学内容更加丰富，理论及思辨水平显著提高，其"辟佛老"的能力亦极大增强。元明以后，宋学及其中的理学被确认为国家正统理论，并成为科举考试的内容。儒学与士人的人生追求及功名利禄紧密结合，其作为国家主流文化的地位再次得以巩固。心学则更多地吸收佛教理论，使儒学抵御佛教文化冲击的能力又有所增强。

如果说宗教给国家价值观安全带来的威胁是渐进的、隐性的，那么政权冲突所带来的威胁则是剧烈的、显性的。五胡十六国的动荡、南北朝的对峙，来自异族的文化冲击不绝于史，面对这样的文化威胁，儒家"华夷之辨"的思想提供了应对的理论武器。《说文解字》曰："辨，判也。"[①] 其本义为判别、区分。判识华与夷的区别主要有三重标准。一是血缘，华与夷为不同的血缘种族；二是地缘，两者居住的地理位置不同，华夏居中国而夷狄处边远；三是文化，华与夷有各自独特的文化传统。由于夷狄进驻华夏已经成为不可改变的事实，儒学士子逐渐将华夷之辨的"辨"集中在文化领域。通过辨析，让人明晰华夏文化在总体上高于夷狄文化，引领入主中原的夷狄王朝主动崇尚以"礼义之大"为代表的华夏文化，进而按照"用夏变夷""变夷入夏"的路径将其纳入华夏文明圈之中。及至以少数民族为主体建立的大一统王朝——元朝和清朝，统治者则

---

① 《说文解字·刀部》。

奉行华夷之辨中的"王者无外"理论，提倡"中国之道"，强调以"仁""德"政治为核心的"正统"观念，对各少数民族实行"因俗而治"，对汉族则实行"附会汉法"，以缓和不同民族之间的文化冲突，最终形成的"中外一体""华夷一家"的价值观念，成为支撑多元一体的中华民族最重要的文化心理。

习近平总书记指出："铸牢中华民族共同体意识，就是要引导各族人民牢固树立休戚与共、荣辱与共、生死与共、命运与共的共同体理念。"加强国家文化安全建设，实为铸牢中华民族共同体意识最有力的抓手。党的十八大以来，在总体国家安全观指引下，国家文化安全被赋予了更为显著的地位，与军事、科技、社会安全共同被定位为总体国家安全的保障，并在实践中得到了大力推进，社会主义核心价值观、中华民族共同体意识正在被培育成中国人民牢不可破的观念体系，且指导着广大群众形成更具中国特色、展示中国形象、富有中国精神的生活方式，成为实现中华民族伟大复兴的中国梦的强大文化动力。

党的二十大报告指出："国家安全是民族复兴的根基，社会稳定是国家强盛的前提。"[①] 安全与发展，实为当今时代的两大主题。"观今宜鉴古，无古不成今"，为适应时代之需，我们梳理中国数千年国家文化安全建设的思想历程与实践进程，撰成此书，虽难免有挂一漏万之嫌，但亦冀望对新时代国家文化安全建设有所镜鉴。

是为序，亦以为愿！

樊伟
2023年2月16日

[①] 《说文解字·刀部》。

目录

先秦卷

第一章 夏商西周的国家文化安全

第一节 礼乐文化安全模式的起源

  一、礼乐是原始人保障安全需求的产物 /003

  二、礼乐文化安全与原始人的价值观 /007

  三、礼乐文化安全与原始人的生活方式 /009

第二节 礼乐文化与夏商西周的价值观安全

  一、礼乐为夏、商、西周的政权来源提供正当性依据 /019

  二、礼乐为夏、商、西周的意识形态提供合法性支撑 /023

  三、礼乐为夏、商、西周的制度建设提供合理性论证 /027

第三节 礼乐文化与夏、商、西周的生活方式安全

  一、礼乐文化与夏、商、西周的语言文字安全 /034

  二、礼乐文化与夏、商、西周婚姻生活的稳定 /036

  三、礼乐文化与夏、商、西周的家庭、个人生活 /043

  四、礼乐文化与夏、商、西周的社会交往秩序 /048

  五、礼乐文化与夏、商、西周的风俗习惯和禁忌 /051

第二章　春秋战国的国家文化安全

第一节　法家的国家文化安全思想与实践

一、用"法·律"培育国家的价值观体系　/ 060

二、用"法·律"价值观体系塑造新的生活方式　/ 069

第二节　儒家的国家文化安全思想与实践

一、儒家"仁义"经世思想在国家对内文化安全建设中的作用　/ 083

二、儒家"华夷之辨"思想在对外文化安全建设中的意义　/ 100

秦汉魏晋隋唐卷

第一章　秦汉时期的国家文化安全

第一节　秦汉时期的国家文化安全思想概论

一、秦朝"缘法而治"思想与国家文化安全　/ 118

二、汉初"无为而治"思想与国家文化安全　/ 122

三、汉中后期"礼法合治"思想与国家文化安全　/ 125

第二节　秦汉时期国内文化安全建设实践

一、秦汉时期维护价值观念的文化安全建设　/ 128

二、秦汉时期维护生活方式的文化安全建设　/ 138

第三节　秦汉时期对外文化安全建设实践

一、"崇儒抑佛"：防止外来文化的不良冲击　/ 147

二、"王化四极"：扩大本土文化的对外影响　/ 149

三、"四海一体"：促进不同文化的交流融合　/ 153

第二章　魏晋南北朝时期的国家文化安全

第一节　魏晋南北朝时期的国家文化安全思想概论

一、"礼律并治"思想与国家文化安全　/ 158

二、"孝治天下"思想与国家文化安全　/ 159

三、道教对皇权的文化认同和对国家文化安全的促进　/ 162

第二节　魏晋南北朝时期国内文化安全建设实践

一、魏晋南北朝时期维护价值观念的文化安全建设　/ 166

二、魏晋南北朝时期维护生活方式的文化安全建设　/ 175

第三节　魏晋南北朝时期对外文化安全建设实践

一、"化俗弘教"：防止外来文化的不良冲击　/ 180

二、"天下同归"：扩大本土文化的对外影响　/ 185

三、"王者无外"：促进不同文化的交流融合　/ 188

第三章　隋唐时期的国家文化安全

第一节　隋唐时期的国家文化安全思想概论

一、隋唐时期的"王道仁政"思想与国家文化安全　/ 195

二、隋唐时期的"谏议思想"与国家文化安全　/ 198

三、隋唐时期的"明君思想"与国家文化安全　/ 201

第二节　隋唐时期国内文化安全建设实践

一、隋唐时期维护价值观念的文化安全建设　/ 203

二、隋唐时期维护生活方式的文化安全建设　/ 213

第三节　隋唐时期对外文化安全建设实践

一、"会昌灭佛"：防止外来文化的不良冲击　/ 223

二、"遣使来朝"：扩大本土文化的对外影响　/ 224

三、"开疆拓土"：促进不同文化的交流融合　/ 226

宋元明清卷

第一章　宋元明清宗教管理的文化安全作用

第一节　强化宗教管理机构

一、宋、明以世俗机关管理宗教 / 233

二、元、清利用僧侣进行管理 / 234

第二节　加强对寺观的管理

一、禁止私自创立寺观 / 236

二、禁止寺观从事土地买卖及经商活动 / 237

第三节　加强对僧、尼、道、冠的管理

一、对童行的管理 / 238

二、对度牒的管理 / 238

三、对僧、道犯罪的惩治 / 240

第四节　以法律和军事手段对"邪教"严加防范和打击

一、明确"邪教"的范围及行为特征 / 244

二、以法律和军事手段对"邪教"严加防范和打击 / 245

第二章　宋元明清学术发展的文化安全功能

第一节　创立援用"宋学"以维护国家文化安全

一、"宋学"的兴起及主要学术派别 / 249

二、"宋学"的主要特点 / 255

三、"宋学"对维护国家文化安全的意义 / 262

第二节　创立援用"理学"以维护国家文化安全

一、"理学"的形成及其主要内容 / 264

二、"理学"对维护国家文化安全的意义 / 283

第三节 创立援用"心学"以维护国家文化安全

一、"心学"的创立及完善 /285

二、"心学"对维护国家文化安全的意义 /294

第三章 宋元明清淡化"华夷之辨"的文化安全效应

第一节 宋元明清的"华夷之辨"概述

一、宋朝的"华夷之辨" /300

二、元朝的"华夷之辨" /302

三、明朝的"华夷之辨" /303

四、清朝的"华夷之辨" /306

第二节 宋元明清淡化"华夷之辨"的措施

一、强调"正统",不论"华夷" /309

二、主张"中外一家"和"天下一家" /315

三、对"华""夷"各族"因俗而治" /316

第三节 清朝推行的"用夷变夏"政策

一、清朝强力推行"剃发易服"政策 /322

二、清朝推行"剃发易服"政策评析 /323

先秦卷

第一章　夏商西周的国家文化安全

夏商西周的国家文化安全建设，集中表现为"礼乐文化安全"模式。就是用"礼乐"的手段来凝练价值观念，塑造生活方式，实现维护文化安全的目的。

《礼记》中说："人有礼则安，无礼则危。"[①] 国家和个人都必须依赖礼来加以保障，才能获得安全，否则就会走向或处于危险状态。上古三代的礼，是一套上至军国大事，下至言谈举止的行为规范，在使用时会配合相应的音乐；不同的礼会配以不同的乐，故合称"礼乐"。礼乐归根结底就是一种行为规范，有授权性规范，告诉人们可以做什么；有义务性规范，告诉人们必须做什么；有禁止性规范，告诉人们不能做什么。

说起行为规范，今天的人往往会把它和法等同起来，但当时的礼乐既包括法律又远远大于法律，是一种综合性的规范。其实任何民族早期的治理规范，都是综合性的。比如，欧洲在古希腊、古罗马时期，其治理规范就是宗教、礼仪、伦理习惯混为一体的，19世纪日本著名法学家穗积陈重把这种规范也命名为"礼"。古希腊、古

[①] 《礼记·曲礼上》。

罗马的法原本包含在这种礼之中，后来才从礼中分化出来。①中国早期的法和礼的关系，也是这样的发展态势，正如著名史学家吕思勉所说："古有礼而已矣，无法也。"②礼乐包含了那个时代的法律，同时具备多方面功能。"道德仁义，非礼不成。教训正俗，非礼不备。分争辨讼，非礼不决。君臣上下，父子兄弟，非礼不定。宦学事师，非礼不亲。班朝治军，莅官行法，非礼威严不行。祷祠祭祀，供给鬼神，非礼不诚不庄。是以君子恭敬撙节退让以明礼。"③可谓道德、政治、经济、军事、教育、宗教等无所不包。站在文化安全的角度考察，礼自然也包含了维护国家文化安全的功能。故《孝经》中说："安上治民，莫善于礼。"④安邦定国、治理民众，最好的方法就是礼。

第一节　礼乐文化安全模式的起源

一、礼乐是原始人保障安全需求的产物

在国家诞生之前的原始社会，人类的认识水平低下，天地山川、日月星辰、泥石流、地震等自然现象以及草木虫鱼、毒蛇猛兽等事物，都是他们所不能理解的，人们生活在恐惧之中，大自然成为人类的第一大天敌。在这样的环境中求得安全，是原始人最迫切的需求。

从文字演变的历史中可以看到，甲骨文中的"安"字，上面是

---

① ［日］穗积陈重：《祭祀及礼与法律》，岩波书店1928年版，第199—200页。
② 吕思勉：《先秦史》，上海古籍出版社2005年版，第391页。
③ 《礼记·曲礼上》。
④ 《孝经·广要道》。

房子,下面是一个女人双手交叉静坐在房内的图像,右下角是个"止"字,表示从室外走到室内来。整个字的意思是外面的世界很精彩也很凶险,妇女不如男子健壮,在野地里不安全,只有在室内才能免受侵害。我们的祖先正是以"女坐室内为安"的寓意而造出了"安"字。

当然,造字是后人的创举,早期的原始人尚没有这种能力,但他们会不停地思索、追问:这万事万物从何而来?如何才能把握它?只有把这些问题弄明白,他们才会有安全感。但受认识能力的限制,他们无法搞清楚这些问题,最后只好笼统地得出一个结论:自然界纷繁复杂、神秘莫测的各种事物,都由一种超自然的力量在主宰,那就是神灵。人们虽然无法一一去克服自然界带来的种种困难,却可以和神灵搞好关系,祈求神灵的庇护。有了神灵的庇护,就有了安全的保障。

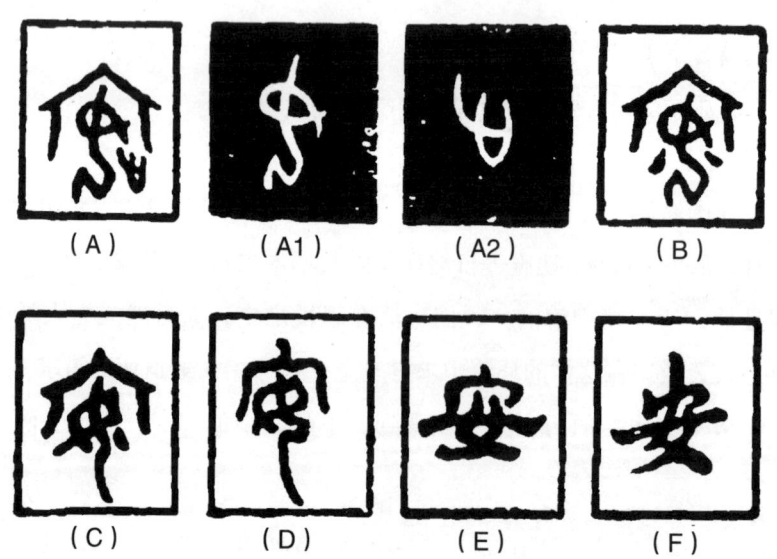

有的学者认为，祭祀就是一种人神交易。我们认为，祭祀有些像现实生活中的行贿受贿。祭祀是给神灵敬贡品，为的是获得保佑；贿赂是给官员送财物，为的是谋得利益，道理是一样的。不同之处在于，一是神不会真正拿走人类进献给他的贡品；二是神不会表态。答不答应人的请求，神是不会开口的。人类的愿望实现了，那就是神灵保佑；你的愿望没实现，那是你的心还不够诚。所以神永远不会犯错误，而官员就难免。原始人认为神是天地之间的老大，只要把神搞定，就万事大吉了，因此他们不得不拜神。上山打猎要祭山神，下河捕鱼要祭水神，任何事物都有相对应的神，"举头三尺有神灵"，干什么事就得拜什么神，那是万万少不得的！这就是哲学上所说的"诸神崇拜"，或曰"泛神崇拜"，是一种原始宗教。

"诸神崇拜"使得祭祀成为原始人经常性的活动。在长期的祭祀活动中，人们逐渐形成了一系列规范，允许做什么、不许做什么、禁止做什么，万事是有规矩的，人不能想干什么就干什么。这些规矩就是礼。那么，礼乐最早是在什么时候产生的？从史料文献来看，礼乐似乎是从黄帝时开始形成的。《史记·秦本纪》中记载："夫自上圣黄帝作为礼乐法度，身以先之，仅以小治。"《白虎通义·崩薨》中记载："礼始于黄帝，至尧、舜而备。"《玉海·礼仪》中记载："礼名起于黄帝。"但这些说法未必确凿。其实早在黄帝之前，就已有礼乐的萌芽，只是尚不系统而已。

《礼记·礼运》中提道："夫礼之初，始诸饮食。其燔黍捭豚，污尊而抔饮，蕢桴而土鼓，犹若可以致其敬于鬼神。"其意思是礼最早是从古人的饮食生活中产生的。早期先民吃饱肚子很不容易，一旦有了吃的喝的，他们不敢先享用，要先献给鬼神。"燔黍捭豚"就是将黄米和撕开的野猪肉放在石头上烤，供神吃，这恐怕是最早的烧烤了；"污尊而抔饮"就是在地上挖坑装酒用手掬着，奉神喝；"蕢桴而土鼓"就是用鼓槌在泥土做的鼓上敲打出有轻重缓急节奏的音乐，让神听。由此可见，"礼"从诞生之时起，就是和"乐"联袂而出的。早期先民认为，只有向神灵表达充分的敬意，才能得到他们更进一步的保佑和庇护，才能在以后的生产劳动中有所收成，获得更多的安全保障。

据考古学的研究，"燔黍捭豚""污尊而抔饮"这种生活方式，其所处的历史时期叫"燔炙时代"，距今有8000年左右的历史；在7000多年前，人类才发明了陶器，进入"陶烹时代"。在燔炙时代，由于没有锅碗瓢盆，只能烧烤，祭祀也只能用黄米、野猪肉这类原生态的食物来向鬼神进贡。随着生产力的发展，条件逐渐变好，人类便改用玉器、黄金作祭。这便是《墨子·尚同》中所说："其事鬼神也，圭璧币帛，不敢不中度量。"

礼的产生和演变轨迹，从文字学中也能得到旁证。在甲骨文中，"礼"写作豊，下半部分是个高足盘，上半部分是两块像石头的东西，文字学家解释为"玉"，是人间美物。高足盘中盛放玉器，用来祭祀神灵。这说明礼乐为的就是祭祀，祭祀用的就是礼乐。《说文解字·示部》中记载："礼，履也。所以事神致福也。"履，指行为规范。礼是一种行为规范，是用来侍候神灵以获取神灵保佑、赐福的办法。著名国学大师王国维对"礼"作了这样的解释："盛玉以奉神人之器谓之豊、若豐，推之而奉神人之酒醴亦谓之醴，又推之而奉神人之事通谓之礼。"[①]意思是，礼原本是放玉石以祭神灵的器具；后来供祭的酒也叫醴；再后来，凡是进行祭祀的一切活动统称为礼。可见礼乐本来就是在早期人类为维护自身安全的祭祀活动中逐渐产生的，没有人类对安全的追求，就没有礼乐的诞生；没有礼乐作保

---

① 王国维：《观堂集林》卷六《释礼》。

障，早期先民就没有安全感。

既然礼乐是人在追求安全的活动中产生的，其目的自然是提升人的安全感。虽然现在看来，这种安全感不一定是真实的，更像是迷信，但正如《明朝那些事儿》一书中所说："迷信之所以被称为迷信，是因为有人信。"受人类早期低下的认知能力所限，早期先民无不坚信天命鬼神的存在，更相信只要把鬼神侍候好了，鬼神一定会保佑他们，先民获得安全感的底气也由此而来。用今天的学术语言表达，这种安全不是一种客观状态，而是一种主观状态，是一种自以为是的安全状态。即便如此，这种用礼乐来构建安全的模式，对早期先民来说都是至关重要的。当人们在是否安全的问题上徘徊、彷徨、焦虑的时候，它能从正面给人们带来强大的精神支撑和心理慰藉。因而礼乐安全模式，更准确地讲是一种文化安全。从文化的深层结构看，它解决了原始人的价值观念问题；从文化的表层结构看，它解决了原始人的生活方式问题。

二、礼乐文化安全与原始人的价值观

原始人的思想以"重神"为特征，而礼乐使得这种重神的意识变得越来越深入人心，最终演化成人同此心、心同此理的文化心理，凝聚成统一的价值观。所谓价值观，通俗地讲就像天平。假如天平的左边为"是""善""真"，天平的右边为"非""恶""假"。若左边的价值重，天平就会往左边倾斜，得出"是""善""真"的结论；若右边的价值重，天平就会向右边倾斜，得出"非""恶""假"的结论。由此可见，价值观其实就是评判是非、善恶、真假的态度与观念。通过礼乐文化安全模式构建出来的价值观认为，凡是符合礼乐规则的行为，就是天命神灵的旨意，就是"是""善""真"，就要予以认同、支持，因为这样可以得到天命神灵的庇护，从而获取安全。反之，凡是违反礼乐规则的行为，就违背了天命神灵的旨意，就是"非""恶""假"，如此会失去天神的庇护而趋于危险，所以必须予以否定、排斥。

比如，原始部落的组织结构与权力设置，必须符合天命神意的安排，部落成员才会服从它的统治。《尚书·周书·泰誓上》载："天佑下民，作之君，作之师，惟其克相上帝，宠绥四方。"上天怎样来庇佑百姓呢？就是替他们降生了君王，降生了师表，这些君王和师表的责任就是辅佐上帝，宠爱和安抚四方百姓，使他们过上安定的生活。换句话说，君王和师表必须通过天神的安排而来，才具有神圣性与合法性，才能得到四方百姓的拥护，才有资格和能力维护其部落的安全。《诗经·周颂·我将》篇云："畏天之威，于时保之。"只有敬畏上天的威严，才能保障人间的安全。孟子与梁惠王对话时也阐述了同样的道理。孟子说："乐天者保天下，畏天者保其国。"[①]其意思是以天命为乐的人能够安定天下，敬畏天命的人能够安定自己的国家。

以礼乐文化价值观来看，凡是违反礼乐规则的行为，就是对天命神灵的冒犯，会招致上天的惩罚而使人间秩序失去安全依托，必须予以反对和打击。中华传说时代的"五帝"时期，形成了超大型的部落联盟，古史资料称这一联盟为"国"。按照近现代对国家的定义，尚不能称之为国家，故在民族学中将这一大型部落联盟称作"酋邦"。[②]"五帝"是酋邦的首领，依次为黄帝、颛顼、帝喾、唐尧、虞舜，再往后传给了大禹。"禹致群神于会稽山，防风氏后至，禹杀

[①] 《孟子·梁惠王章句下》。
[②] 谢维扬：《中国早期国家》，浙江人民出版社1995年版，第213—222页。

而戮之。"①大禹作为酉邦的"一把手",在会稽山召集各部落首领前来祭祀神灵,防风氏是生活在今浙江德清县一带的一个部落的首领,因为迟到而被大禹给杀了。在现代生活中,迟到通常不过扣钱,以前迟到恐怕就得要命。

防风氏仅仅因为迟到就付出了生命的代价,这究竟有什么样的道理?因为祭祀神灵,在酉邦的首领和部众眼里,是非常庄严神圣的大事。"祭神如神在。"②我们用东汉孔融说的"以今度之"③的方法来进行遐想,似乎可以看到几千年前祭祀现场的群情激奋,而这种群情激奋背后正是共同的价值观念和文化心理在起作用。防风氏作为部落首领,未能带头按时到达,不仅是对礼乐规则中不得迟到早退一类禁止性规范的破坏,更是对本次祭祀所敬奉神灵的巨大冒犯。一旦神灵降灾,酉邦的安全将受到严重影响,这是广大人民群众绝对不能允许的,从而产生出"人人得而诛之"的共同判断。由此可见,礼乐文化对于凝练统一的价值观、形成统一的是非标准起到了巨大作用。

三、礼乐文化安全与原始人的生活方式

中华先民中最早由采集、渔猎的生活方式转向农耕生活方式的是神农氏炎帝部落。传说神农氏经历了九代炎帝,之所以被人称作"炎",是因为他们懂得如何使用火,而且发明了纺织技术,"治其麻丝,以为布帛"④,从而带领本部族由茹毛饮血走向了刀耕火种。后来炎帝部落与黄帝部落融合,又征服蚩尤所率领的东夷九黎部落,形

---

① 《国语·鲁语下》。
② 《论语·八佾》。
③ 《后汉书·孔融传》。
④ 《礼记·礼运》。

成一个超大型部落联盟——酋邦。这个酋邦继承和发扬了先祖创设的先进文明,以耕织作为主要的生活方式。据《帝王世纪》记载,酋邦第四代首领唐尧到民间调研时,看到一位八九十岁的老人在一边敲打土壤,一边唱歌:"日出而作,日入而息。凿井而饮,耕田而食。帝力于我何有哉?"①日子过得优哉游哉!

这种安定的生活是来之不易的。在原始人眼里,天地万物四时,不仅是一种物质存在,更是一种精神意志的存在,天有天神,地有土神,谷有谷神,日月星辰、草木虫鱼都有相对应的神灵。原始农业是靠天吃饭,光靠勤劳苦作不一定有收获,还得看神灵赏不赏饭吃,因而用礼乐的方式祭祀各种神灵成为常态,并与原始人的衣食住行相伴相生,须臾不可离也。正如《礼记·曲礼上》所说:"祷祠祭祀,供给鬼神,非礼不诚不庄。"只有用相应的礼乐来祭祀鬼神,才显得诚恳庄严,才能感动鬼神,进而获得他们的保佑。长期的礼乐祭祀活动,塑造了原始人的生活方式。

(一)语言的趋同与文字的萌芽

语言文字是文化表层结构中的关键要素,对增强文化的稳定性与传承性有着不可替代的作用。18世纪法国启蒙思想家卢梭指出:"语言究竟是怎样起源的呢?我认为语言起源于人类的精神需要,起源于人类的激情。"②经学大师刘师培说:"所以吐露其情感,发舒其意志,以表示他人者也。此即语言之源。"③原始人也是有情感的,他们要表达情感,自然会逐渐发展出相应的语言,只是早期的原始部

---

① 《乐府诗集·击壤歌》。
② [法]卢梭:《论语言的起源兼论旋律与音乐的模仿》,胡涛译,北京出版社2010年版,第13—22页。
③ 刘师培:《中国文学教科书》(第一册),国学保存会1906年版,第1页。

落之间，各自的语言肯定是不相同的。《礼记·王制》中记载："五方之民，言语不通。"但随着部落联盟的扩大，语言逐渐趋同，礼乐文化在语言趋同的进程中起到了重要作用。因为部落联盟的大事，往往要通过祭祀的礼典来实施，"国之大事，在祀与戎"①。这些祭祀大礼必须使用相同的语言，广大参与者才能明白其中的意义，知晓相应的禁忌戒律，进而自觉地遵守；同时，参与祭礼的人群，会因为相同的语言而增强对本部落的族群认同。正如马克思在《摩尔根〈古代社会〉一书摘要》中所论："这些村落的居民来自一个血统，有共同的语言和风俗。"②"五帝"时期形成的酋邦，以炎黄部落为主体，后来演变为华夏族，他们使用的应该是相同的语言，也就是上古汉语的前身。相同的语言成为他们区别于周边游牧或渔猎部落，进行身份识别最显性的文化元素。

语言发展到一定程度，人就会产生对文字的需求。人们通常认为，中国的文字始于商朝的甲骨文，且有文物佐证。这种观点当然难以质疑，但如果我们换一个角度来思考，也许就能得出不一样的认识：相对成熟的甲骨文，不可能一夜之间就横空出世，肯定是在长期积累的基础上逐渐形成的。那么这个基础是什么？早在原始社会，已经出现大量的"刻画符号"，刻画着各种"物象"，简称"刻符"。出土的青海马家窑文化有"刻画符号"72种，浙江良渚文化遗址有刻符650多种，黄河中游的仰韶文化、东方的大汶口文化、南方的河姆渡文化等，其遗址中都发现了相应的刻符。许慎在《说文解字·序》中说："文者，物象之本。"文字就是对"物象"的描绘。按照这一定义，早期刻符作为描绘各种物象特征的符号，就是一种文字。依照文字起源形成"物象文字"—"图画文字"—"纪事文字"

---

① 《左传·成公十三年》。
② ［德］马克思：《摩尔根〈古代社会〉一书摘要》，人民出版社1965年版，第205页。

(连字成组)的三阶段论来看,这种刻符就是"物象文字"。[1]即便按最严格的定义不认为它是文字,但至少也可以将其视为中国文字的萌芽。基于这样的理解,中国有文字的历史就可以上溯到原始社会的黄帝时代,那么仓颉造字的传说就不再是传说了。

传说仓颉是黄帝的史官,他由"鸟兽蹄迒之迹"(鸟兽留下的脚印)受到启发,"初造书契",最先创造了文字。"仓颉之初作书,盖依类象形,故谓之文。其后形声相益,即谓之字。"[2]如果说仓颉受鸟兽足印启发是动因,那么造文字的目的又是什么呢?这就跟原始人的安全需求紧密相关了。考察我国史前器物上的刻符,大都刻画在祭祀神灵的礼器上。因为当时祭祀是最重要的大事。先民们在举行祭典时,常将饮食盛放在礼器内,供神灵享用。刻画上符号,是为了让神灵通过看到礼器上刻画的不同"物象",来判断里面盛放有什么祭品,以便分别享用。"神嗜饮食,卜尔百福。……神嗜饮食,使君寿考。"[3]"吾享祀丰洁,神必据我。"[4]其意思是神灵也跟人一样喜欢吃吃喝喝,你把神灵照顾周到了,提供的饮食既丰盛又干净,神灵就会赐给你各种福分,让你长寿健康,保你平安。由此可见,原始人的礼乐祭祀活动不但促成了语言的趋同,而且滋生了文字的萌芽。语言文字的形成与发展,又为早期中华文化的传承提供了显性的形式载体。

(二)风俗、习惯与禁忌的养成

风俗、习惯与禁忌是文化的表层结构中的重要元素。原始人在

---

[1] 蔡运章:《"仓颉造字"传说与"刻画符号"之谜》,《洛阳考古》,2022年第1期。
[2] 许慎:《说文解字·序》。
[3] 《诗经·小雅·楚茨》。
[4] 《左传·僖公五年》。

使用礼乐祭祀各种神灵的活动中，逐渐形成了各种不同的风俗。

1. 祭天神的风俗。古人认为人活于天地之间，为天所覆盖，对天是最需要表达敬意的。"《周髀》之术，以为天似覆盆，盖以斗极为中。"①天是最高权威，管辖着人的生活与行动，人类的一切规则、秩序都是它赋予的，必须致以无限崇拜和敬畏，天才能庇佑人类过上安定的生活。如何祭天？《尔雅·释天》曰："祭天曰燔柴。"《说文解字》云："祡，烧祡焚燎以祭天神。""柴"和"祡"同源，即用焚烧木柴的方法祭天，通过烧柴散发的烟上达于天，从而将人们的愿望告知天神。平地离天太远，因此人们要到山顶上去烧柴祭天。酋邦的第五位首领虞舜，在接受了唐尧禅让的位子之后，"岁二月，东巡守，至于岱宗，柴。"②当年二月，舜就急忙去东部巡回视察，登上岱宗泰山，用烧柴的方式祭祀上天。后世帝王遇到太平盛世或天降祥瑞时要行"封禅"大礼的习俗即源于此。"封"指封泰山，即天子登上泰山筑坛祭天；"禅"为禅梁父，指天子去梁父山（山东省泰安市徂徕山南麓）祭地。

2. 祭土地神的风俗。土地生长草木五谷，是人类居住、生活的场所。人类所需的衣、食、住、行等各种生活资料，皆为大地所存载，因而祭地与祭天同等重要。《礼记·郊特牲》中记载："社，所以神地之道也，地载万物，天垂象，取财于地，取法于天，是以尊天而亲地也。"但由于"土地广博，不可遍敬也；……故封土立社，示有土尊"③，故土地神又称社神。早期祭祀土地神的办法很简单，用五种颜色的泥土垒成坛进行祭祀，称五色土：东方青土，南方红土，西方白土，北方黑土，中央黄土。人非土不立，封土立社，代表对

---

① ［汉］孔安国传、［唐］孔颖达正义：《尚书正义》，上海古籍出版社2007年版，第78页。
② 《尚书·舜典》。
③ 《白虎通义·社稷》。

土地的占有，一定范围内的人群设置一社进行祭祀。《礼记》之《祭法》记载的是"成群聚而居，满百家以上，得立社"；《汉书·五行志》记载的是 25 家为一社。不管多少家组成一社，都反映了原始人群居生活的特点。后来土地神慢慢被人格化，传说是共工的儿子句龙。因为他能平九州，故被尊为土神，又叫后土。

3. 祭谷神的风俗。稷与社相对，社是土神，稷是谷神。人吃五谷杂粮而生存，必得以礼乐祭祀谷神，才能保证五谷丰登。但"五谷众多，不可一一祭也。……稷，五谷之长，故封稷而祭之也"[①]。稷是其中最珍贵者，头年秋天播种，第二年夏天才成熟，需经过春夏秋冬四季，是一种阴阳完备的植物，故选择"稷"进行祭祀。稷神又称农神，最开始的农神叫作"柱"，是烈山氏的后代，后来的农神叫作"弃"，是帝喾长妃姜原的儿子，因为被多次遗弃，所以取名为"弃"。弃喜欢农事，善播五谷，后人尊其为后稷。因为土地和谷物与民众的生活息息相关，故人们常常将土神、谷神放在一起进行祭祀，合称"社稷"。国家社会产生后，人们就用"社稷"来指代政权江山。

原始人除了祭祀天地五谷之神外，其他各路神灵都得一一拜到，一个都不敢怠慢。唐尧继位时，"肆类于上帝，禋于六宗，望于山川，遍于群神"[②]。按礼乐规矩先祭上帝，再祭六宗（天、地、春、夏、秋、冬），然后遥祭山川，最后是祭拜其他各路神，态度十分恭敬。唐尧的这种表现，无疑是原始社会"诸神崇拜"的集中展示。在原始人无时不有、无处不在的祭祀活动中，礼乐文化的内容也越来越丰富。这些文化元素既是原始人生活样态的再现，又反过来塑造了他们的生活方式。

---

① 《白虎通义·社稷》。
② 《尚书·舜典》。

礼乐为祭祀贡献了操行办法，祭祀为礼乐提供了运用场域，二者可谓难舍难分。在长期祭祀礼乐的活动中，一些定期举行、长期沿用的祭礼活动就演变成了固定的风俗。如上述祭天、祭地、祭五谷的习俗，一直沿袭到了近现代。不同的风俗活动中，又会衍生出大量的习惯和禁忌。习惯就是提倡、鼓励大家做的行为，禁忌则是不允许大家做的行为。酉邦的第二代首领颛顼统治时期，曾在黄帝制定的礼乐基础上进行修订改造，"依鬼神以制义，治气以教化，洁诚以祭祀"①。其中就有这样的禁忌，"帝颛顼之法，妇人不辟男子于路者，拂之于四达之衢"②。意为妇人在路上遇到男子，要主动避让，做到非礼勿视。如果妇人热情奔放，不但不让路，还要像电视上那些相亲节目里一样拿眼睛去"巧笑倩兮，美目盼兮"③，搞得别人神魂颠倒的，那么，部落就会为此专门在四通八达的交通要道做一场法事来祛除邪气。之所以有这样的禁忌，有专家解释是因为当时社会形态已经由母系氏族转向父系氏族，男性的地位高于女性。

原始人的习惯、禁忌究竟有哪些？现在很难见到直接记载。不过我们可以从后世传承的一些习惯、禁忌来反推，这样或许能捕捉到一些影子。比如，祭祀社神的风俗，国家社会以来代代相传。从汉代以后的情形来看，有春社，祈求五谷丰收；有秋社，感谢神明赐予，俗称"春祈秋报"。凡遇社日，则有相应的习俗，如"归宁"，即出嫁的女儿回娘家。唐代韩偓《不见》诗云："此身愿作君家燕，秋社归时也不归。"又如饮酒。社日的酒又称"治聋酒"，传说此日适当喝些酒，能治耳聋。宋代陆游《秋社》诗说："书因忌作闲终日，酒为治聋醉一杯。"

---

① 《史记·五帝本纪》。
② 《淮南子·齐俗训》。
③ 《诗经·卫风·硕人》。

除了上述习俗，还有相应的禁忌，如忌动土。社日本是土地神的节日，这天挖土实属大不敬，恐遭遇不测。又如忌动针线。按五行之说，金犯土，针为金，故在社日也不宜动针线。唐代张籍《杂歌谣辞·吴楚歌》诗云："今朝社日停针线，起向朱樱树下行"；宋代黄公绍词云："年年社日停针线。怎忍见，双飞燕。"

（三）衣食住行模式逐渐定型

衣食住行模式是一个民族区别于其他民族的外化表征，是文化的表层结构中的重要元素。比如，农耕民族会修建房屋以满足定居生活的需要；游牧民族则不然，他们通常用修建毡包、帐篷的方式，来适应"逐水草而栖"的需求。中华先民在黄帝率领的酋邦时代就已经进入屋宇居住方式，"黄帝之前，未有衣裳屋宇。及黄帝造屋宇，制衣服，营殡葬，万民故免存亡之难"[1]。

与此同时，酋邦在服饰上也形成了自己的特色，华夏族"束发右衽"的衣着模式在这一时期应该已经有了雏形。传说此前的神农氏炎帝发明了用苎麻织布的办法，"治其丝麻为之布帛"[2]，再用布织成衣服，"神农之世，公耕而食，妇织而衣"[3]。但此时的衣服估计只有御寒护体的物理意义，并无特殊的文化含义，也就是怎么穿都可以，没有限制。"（黄）帝即位，居有熊，初制冕服。"[4] 这里说的应该是黄帝最先制定了衣帽穿戴的礼仪，从此便有了只能如何穿戴和禁止如何穿戴的规矩。"右衽"就是用左边的衣襟向右掩，遮盖住右边的衣襟，这样衣领看起来就像字母 y 的形状；"束发"就是将头发

---

[1] 《史记·五帝本纪》。
[2] 《皇王大纪》卷一。
[3] 《商君书·画策》。
[4] 《竹书纪年·五帝纪》。

盘束在头顶，显得整齐精神，又方便戴帽子，只有这样穿戴才符合礼的要求。与之相对，将右边的衣襟向左掩，盖住左边的衣襟就叫"左衽"；将头发随意披散而不盘束，就叫"披发"，如此则不符合礼的要求。

黄帝制定冕服礼仪，等于赋予了服饰文化意义。一是这样的穿戴更适宜农耕劳作的需要。衣服右衽是用左手把衣襟向右拉，再用右手配合在腰间系上衣带，方便干农活儿；束发可以让人在从事养蚕、织布一类的细致手工活儿时不受干扰。制定这样的礼仪有助于提高生产效率。二是用服饰来区别人的生死。活着的人穿的衣服都是右衽，只有死人穿的衣服才是左衽。这种含义从后世的丧礼中能得到印证。《礼记·丧服大记》中记载，人死后入殓，"皆左衽，结绞不纽"。穿左衽的寿衣，衣带打成死结、不留活扣。唐代大儒孔颖达解释这句话时说："生乡右手解抽带，便也。死则襟向左，示不复解也。"[1]意思是人活着的时候习惯将左边的衣襟拉到右边并系上衣带，因为这样操作方便；死后则穿左衽寿衣，衣带系成死结，表示不用再解开了。

服饰因有了礼仪而有了特殊的含义，大家就不得不这样穿戴了。久而久之，大家习惯了这样的穿戴且不愿轻易改变，它就成了一种稳定的服饰文化。由此可见，在塑造原始人生活方式的过程中，礼乐起到了非常重要的作用。

首先，礼乐帮助人们形成了对衣着模式的统一价值判断。简言之就是大家认为这样穿是正常的，予以认同；反之是不正常的，予以排斥。可以想象，在那个时代，人人都是"束发右衽"的打扮，突然看到一个"披发左衽"的人向你走来，岂不得被吓一大跳：这

---

[1] 《礼记·丧服大记》孔颖达疏。

个死人怎么活过来了？！

其次，礼乐强化了人们对有着同一服饰的族群的身份认同。对内可以增强凝聚力：穿着同样服饰的人，必然认为自己就是这个群体的一分子；看到与自己打扮不同的群体，就会觉得他们跟自己不是一路的，得提防着点，对外可以增强防御力。所以春秋时期，华夏子民看到周边夷狄大都是"披发左衽"的形象，无不发出"非我族类，其心必异"[1]的警示，提醒当政者要"严夷夏之防"，防止夷狄外邦来破坏华夏的服饰文化。管仲辅佐齐桓公抵御山戎入侵，保障华夏诸国的衣食习惯不被改变。孔子就感叹地说："微管仲，吾其被发左衽矣。"意思是如果没有管仲的话，我们就都变成了披发左衽的野蛮人了。

第二节　礼乐文化与夏商西周的价值观安全

礼乐原本是在原始人追求自身安全保障的活动中产生的行为规范，对培育原始人的价值观、构建原始人的生活方式起到了重要作用。随着时间推移，礼乐的内容越来越丰富。虞舜担任酋邦首领时，找了一个叫伯夷的人来帮他"典三礼"，即掌管三礼。[2]《尚书·吕刑》中说："伯夷降典，折民惟刑。"伯夷将以前各种零散的礼乐规范汇编成礼典，用刑罚的手段来督促民众遵守礼乐的规定。当然，那时虽有文字的萌芽，但尚无系统的文字，因此编纂成文礼典的可能性

---

[1]《左传·成公四年》。
[2]《史记·五帝本纪》。

不大，不过用口耳相传的方式将零散的礼乐进行归纳、分类，以便于记忆传播，则是完全可能的。^①经过汇编后的礼乐，能更好地发挥构建文化安全的功能。但此时还没有国家，礼乐也只能是一种笼统的文化安全建设模式，还谈不上维护国家文化安全的问题。

历史进入国家社会，原始礼乐得到了继承。"殷因于夏礼，所损益，可知也；周因于殷礼，所损益，可知也。"^②夏有夏礼，商有商礼，周有周礼，代代相传且不断发展，礼乐遂成为维护夏、商、西周各朝国家文化安全最有效的手段。在国家文化安全建设中，价值观占据核心地位。国家社会的价值观指的是一国国民对该国的政权来源、意识形态、制度建设等要素所持的态度和观念。持认同态度，则价值观稳定；价值观稳定，则文化不会受到思想观念上的冲击而处于安全状态；文化处于安全状态，则国家政权统治就会因得到思想观念上的支持拥护而变得稳固，整体国家安全就有了保障。反之亦然。夏、商、西周的礼乐文化安全模式，也体现了这一实践逻辑，即统治者通过礼乐使民众对本朝政权来源、意识形态和制度建设等要素形成肯定性评价，保持认同态度，从而使该王朝的文化在相对长的历史时期保持安全状态，进而达到维护国家安全的目的。

一、礼乐为夏、商、西周的政权来源提供正当性依据

社会系统的确定性在于稳定的价值观念的建立，这对于中国奴隶社会时期的国家而言尤其重要。一个国家的建立，恐怕大多靠的是武力。但国家建立之后，其政权来源是否正当？这一问题单靠武

---

① 考察我国众多无文字的少数民族，其历史文化就是通过神职人员死记硬背本民族的历史长诗来传承的。如羌族的"许""释比"，相当于汉族地区的"端公"，他们的基本功就是背诵《羌戈大战》《木姐珠与斗安珠》等史诗。
② 《论语·为政》。

力就不一定能使人信服了,而必须依靠文化的力量。传统社会改朝换代之时,常常会遇到"争正统"的文化之战。是正统,百姓就拥护;不是正统,百姓就反对。夏、商、周论证其政权来源的正当性,靠的就是天命神旨:"我"这政权是老天爷安排的,不仅是正当的,简直就是神圣的!但他们又用什么来证明自己的政权是天神安排的呢?就得靠礼乐了。

如今都认为夏朝是启建立的,但历史上却认为是启的父亲大禹建立的,"芒芒禹迹,画为九州"①,而且是奉天命建立的。《尚书·召诰》曰:"有夏服天命。"就像现在的人结婚,只是去民政机构领取结婚证,别人还是不知道你俩结婚了,还必须举办一场庄重的婚礼。史籍记载,大禹帮虞舜治水成功后声名鹊起,非常受欢迎。一个叫夔的大臣奏起了音乐,先祖的神灵都来到,鸟兽欢乐地飞舞,演奏九次《箫韶》的音乐而礼成,凤凰也来朝贺。虞舜因此对大禹说:"陟天之命,维时维几。"你要奉行天命,审时度势、谦虚谨慎地做事啊。然后"帝舜荐禹于天,为嗣",即舜向上天推荐大禹做接班人。大禹登上帝位后,"国号曰夏后,姓姒氏"②。大禹接替虞舜为帝,有神灵来坐镇,有禽兽来捧场,还向天神郑重地作了汇报。这在现在看来显然不是真的,但在当时就不一样了。这些都是搞了大型典礼的,不由得人不信,谁又敢说自己不信呢?可见,正是礼乐仪式为夏王朝的天命神权提供强力支撑。

商朝对政权的正当性论证,同样用的是天命神权方式,叫作"有殷受天命"③。大约在公元前1600年,商朝的开国之君成汤正式兴兵讨伐夏桀王,在鸣条(今山西省夏县西北一带)召开隆重的战

---

① 《左传·襄公四年》。
② 《史记·夏本纪》。
③ 《尚书·召诰》。

前大会，发表讨桀檄文，这就是历史上著名的《汤誓》。其中说道："有夏多罪，天命殛之。……予畏上帝，不敢不正。"意思是夏桀王的罪行太多，老天命令我去讨伐他；我敬畏上帝的旨意，不敢不去讨伐。由此说明，商朝的政权来源也是天命的旨意。为了配合这样的"官宣"，商朝文化界还编织了一个美丽的传说：相传商朝的始祖契不是一般人，他母亲简狄，年轻时和俩闺蜜在玄丘河里洗澡的时候，突然飞来一只玄鸟，形似燕子、黑色。郭沫若先生认为玄鸟就是凤凰。当然不管它是什么鸟，肯定是一只吉祥的鸟。玄鸟生下一枚蛋，简狄吃到肚里，于是怀孕了，生下来的孩子就是契。传说虽不是真的，却是美丽的，更能深入人心。当这样的传说流传到民间，认知水平不高的殷人，自然会认为"天命玄鸟，降而生商"[1]，认为契是神安排到人间的代言人。大家会自觉自愿地把契当作老大，把契的后人成汤建立的政权视为天命的安排。用学术语言表达就是解决了价值观中的是非评判问题，商朝政权来源的正当性也就不言而喻了。

周朝立国同样是用礼乐来宣示其政权来源的神圣性的。公元前1046年，周武王姬发率领周族部队，召集庸、蜀、羌、髳、微、卢、彭、濮等部落联盟，在牧野（今河南淇县南、卫河以北，新乡市附近）举行盛大典礼，"武王左杖黄钺，右秉白旄，以麾"[2]，场面相当震撼。他历数商纣王的罪行后宣布："今予发惟恭行天之罚"[3]，今天我姬发就要恭敬地代替上天去惩罚商纣王。为什么他能代表天呢？因为传说姬家先祖后稷，就是姜原与神"感生"的。姜原在野外踩了巨人的脚印便怀孕了，分娩之后觉得这孩子来路不明就想扔

---

[1] 《诗经·商颂·玄鸟》。
[2] 《史记·周本纪》。
[3] 《尚书·牧誓》。

了，结果扔在小巷里，牛马见了会绕道走；扔在荒林中，又有人把他抱走；扔在渠冰上，鸟儿又飞来用羽毛盖住他的身体。"姜原以为神，遂收养长之。"①因为抛弃了几次，干脆取个贱名就叫"弃"。弃长大后成了种粮高手，被虞舜赐号"后稷"，别姓姬氏。看看姬发的祖上那可是大有来头的！武王伐纣之前，还有一件奇事被传为佳话。"有大赤乌衔谷之种，而集王屋之上者，武王喜，诸大夫皆喜。周公曰'茂哉！茂哉！天之见此以劝之也'。"②意思是上天派大乌鸦来告诉武王，你周人要发达啦！这些长期流行的民间传说与在牧野举行的正规礼乐仪式结合，周王朝的政权合法性就变得毋庸置疑了。

需要注意的是，西周在论证政权来源问题上的文化建设，比起夏、商有了很大的进步。夏、商时天命神权思想盛行，其培育主流价值观的工作，就像躺在天神的床上睡大觉一样，一切问题只需交给神灵解决！商末祖伊对纣王说，现在天下乱了套，我们该怎么办呢？纣王曰："呜呼！我生不有命在天？"③这一回答可以作两解：一是我有天命保佑，怕什么？二是老天不保佑我，怕又有什么用呢？不管作哪种解释，都说明当时的价值观中对天命神权是深信不疑的。到了西周，"革命"思潮带来了价值观的变化。"汤武革命"的说法来自《周易》中的革卦。

夏朝政权不是天命的安排吗，怎么被商汤推翻了？商朝政权不是有神灵保佑吗，怎么又被周武王推翻了？带着这样的疑问，中国思想史发生了里程碑式的变化，人们开始怀疑天命神权的存在，由"重神"向"重人"转变，但也不是完全否弃天命神权。既然人的作用得到了重视，那么一个政权的来源，既要有神的旨意，又要有人

---

① 《史记·周本纪》。
② 《春秋繁露·同类相动》。
③ 《尚书·西伯戡黎》。

的拥护。人民凭什么拥护你呢？方法就是搞德政。早期的"德"写作"惪"，意思是"外得于人，内得于己"①。也就是要注重人自己内心的判断和外人的评价。"天视自我民视，天听自我民听。"②统治者实施德政，老百姓获得了好处，就会作出正面的评价；人人都说好，老天爷就保佑你。于是西周提出了"以德配天"的思想，既要服从天命的安排，又要用德政来巩固天命，其价值观建设亦随之由以前的单纯关注神旨转向神意与民心兼顾。这样的价值观为国家政权的稳固长久提供了更广泛、更深厚的观念支持，成为构建国家安全的重要精神支柱。

二、礼乐为夏、商、西周的意识形态提供合法性支撑

意识形态是系统地、自觉地反映社会经济形态和政治制度的思想体系。故国家文化安全中的意识形态安全就是培育民众对国家政治、经济体制形成正面的统一认识，防止出现冲击这种体制的负面思想。

夏、商、西周的国家体制表现为王权政治，王或天子代表天来统治万民，也作为万民的代表来祭祀天帝。后世大儒董仲舒还对"王"这个字作了有趣的解释："古之造文者，三画而连其中，谓之王。三画者，天、地与人也，而连其中者，通其道也……非王者，孰能当时？"③"王"字的上、中、下三横分别代表天、人、地，中间一竖就是将三者贯通起来。"王"是唯一能将天、地、人贯通起来的人，所以是人间的老大，他的家族是"天下之大宗"，即天下第一家

---

① 《说文解字·心部》。
② 《周书·泰誓》。
③ 《春秋繁露·王道通三》。

族。他家族的事就是国家的事，国家的事就是他家的事，整个天下都是他的，这便是"家天下"的由来。既然如此，国家的政权统治该如何施行，政治、经济体制该怎样建设，自然也是王说了算，于是就有了人们熟知的宗法分封制。此制确立于夏朝，发展于商朝，完备于西周。

为了使这套体制得到众人的认可，必须通过严格的礼乐程序来推行。或者说，这样的政治、经济体制本来就是一套礼乐制度，是国家的大经大法，用于保障政权运行的合法性。以周代的宗法礼制来观察，宗族中分为大宗和小宗。周王自称天子，是整个天下的大宗。天子的嫡长子继承天子之位，沿袭其大宗的谱系；其他儿子则被分封为诸侯。诸侯对天子而言是小宗，但在他的封国内却是大宗。诸侯也一样，由嫡长子继位，其他儿子被分封为卿大夫。卿大夫对诸侯而言是小宗，但在他的采邑内却是大宗。从卿大夫到士也是如此。因此贵族的嫡长子总是不同等级的大宗（宗子）。大宗不仅享有对宗族成员的统治权，而且享有政治上的特权。这种体制的特征就是

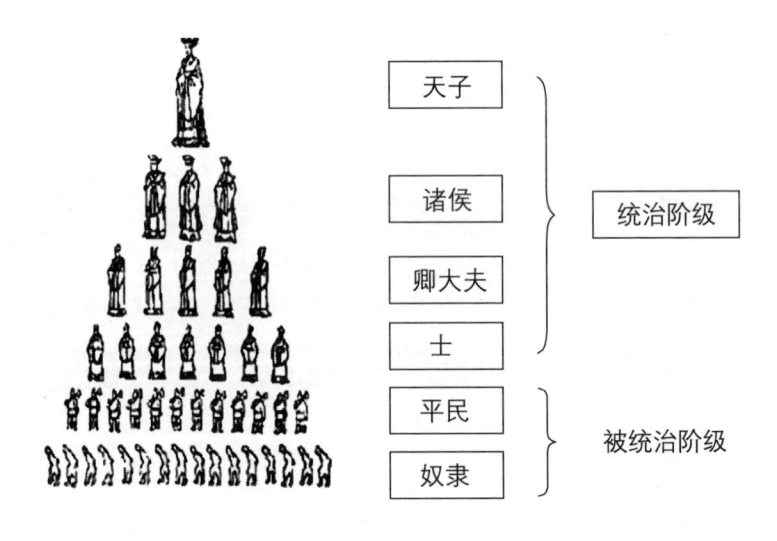

政治结构与血缘结构同构，父亲是贵族，儿子自然就是贵族，不需要后天的努力，政治地位是由血缘带来的，世代为公卿，世代享俸禄，是典型的贵族政体，又称"世卿世禄制"。

通过宗法进行分封，又会分封些什么呢？《大盂鼎》载："授民授疆土。"封君的权利就是从封主那里分得土地和人口，义务就是要对周王室尽纳贡、守边等职责。史传周初分封，"兼制天下，立七十一国，姬姓独居五十三人"[1]。用现在的学科分类来看，分封制既是一种政治制度，又是一种经济制度，它确立了土地王有制的经济形态。故《礼记·礼运》说："故天子有田以处其子孙，诸侯有国以处其子孙，大夫有采邑以处其子孙，是谓制度。"周王只留下王畿由自己直接控制，其他的土地则分赐给诸侯。诸侯亦将部分土地留作自己直辖，其余大部分土地则分赐给卿大夫。卿大夫也自留部分土地直辖，其余则分给士作为禄田。各级贵族都把土地分配给平民和奴隶耕种。分封者有权向受封者征收贡赋，受封者有义务向分封者缴纳贡赋。这样一来，就在全国范围内建立起了"公食贡，大夫食邑，士食田，庶人食力，工商食官"[2]的土地占有和剥削制度。除周王外，各级贵族对分封得到的土地可以世袭继承，但只享有占有、使用和收益的权利，没有处分土地的权利。土地不能随意处理或买卖，即所谓"田里不鬻"[3]。由于土地都属周王所有，因此在制度上，周王既然有权分赐土地，就有权收回土地，与夺地相伴随的往往还有削爵、除国等强制手段，往往以削地、夺爵、灭国的形式进行。

宗法分封制作为西周时期主流的政治制度和经济形态，对它的看法、态度就构成了当时意识形态的核心内容。而这些看法、态度

---

[1]《荀子·儒效》。
[2]《国语·晋语》。
[3]《礼记·王制》。

主要是通过祭祀的礼乐活动来表达的。由此可见，礼乐在培育夏、商、西周意识形态的文化建设中起到了重要作用。按照礼制规则，在宗法系统中，并非所有的子孙都有主祭权，只有身为嫡长的"宗子"，才能主祭。此即所谓"继别者祭别，继祢者祭祢，继祖者祭祖，继曾祖者祭曾祖，继高祖者祭高祖，各有所继，各有所祭"①是也。《礼记·郊特牲》中记载："万物本乎天，人本乎祖，此所以配上帝也。郊之祭也，大报本反始也。"所谓"配上帝"，就是祭祀天神。那些祭祀所用的"礼器"正是人与神相互勾连的物证，宗君通过垄断祭祀活动来强化其家族与天之间的神圣联系，从而建立起垄断权力。在不同级别宗君的祭祀礼典中，通过层层分封，最终形成"王臣公，公臣大夫，大夫臣士，士臣皂，皂臣舆，舆臣隶，隶臣僚，僚臣仆，仆臣台"②的权力结构。与此同时，王权至上和土地王有的观念也就由中央向地方逐级落实，在广大民众中形成了"溥天之下，莫非王土；率土之滨，莫非王臣"③的文化心理，意识形态遂得以形塑。

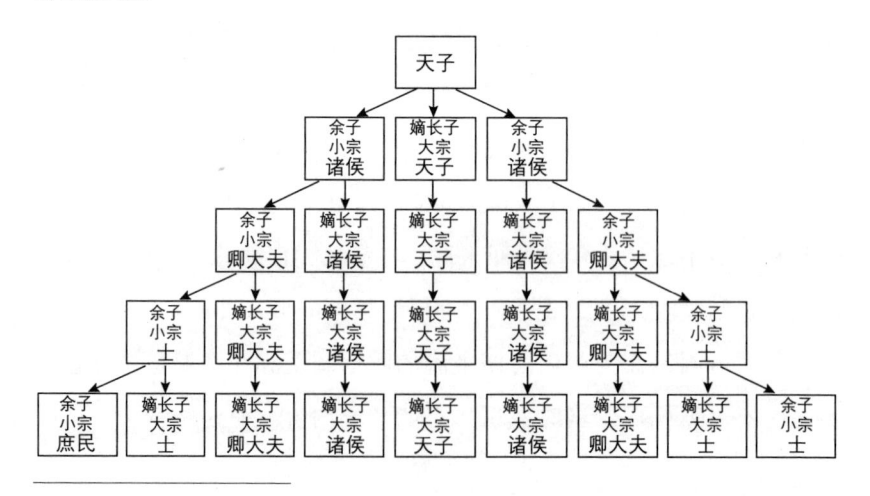

---

① 瞿同祖：《瞿同祖法学论著集》，中国政法大学出版社1998年版，第21页。
② 《左传·昭公七年》。
③ 《诗经·北山》。

三、礼乐为夏、商、西周的制度建设提供合理性论证

上文我们将支持国家政治、经济制度的价值观念归入意识形态的范畴。然而一国的国家制度还有很多，诸如军事制度、法律制度等，对维护国家安全也起着直接作用。深入研究中国国家文化安全史，必须厘清文化为上述制度提供合理性论证的现实路径。

（一）礼乐文化为军事制度提供价值观支持

夏、商、西周的军事制度本来就是通过礼乐的形式构建的，故称"军礼"。《周礼·春官·大宗伯》中载："以军礼同邦国。"其中包括"大均之礼"，是关于军队建制的制度，其规定以5人为一伍，五伍（25人）为一两，四两（100人）为一卒，五卒（500人）为一旅，五旅（2500人）为一师，五师（12500人）为一军。"大田之礼"，是关于军队训练的制度。要求诸侯亲自参加四时田猎，分别称为春蒐、夏苗、秋狝、冬狩，目的是检阅战车与士兵的数量、作战能力，训练军事行动的协调配合。"大封之礼"，是用军事行动确认疆界的制度。诸侯国之间本有界线，若因侵犯越界，造成民众流离失所，就须派兵确认原有的疆界，聚集失散的居民，并在国家边界上封土植树作为标志。"大师之礼"，是指王者出征讨伐，其行军动众的程序、规则也都有具体的礼法规定。

用现代国家安全学的学科分类来审视，三代的军礼既是维护军事安全的手段，又是为军队建设、军事行动提供价值观支撑的文化安全措施，二者之间很难分出明显的界限。比如"大师之礼"，规定天子御驾亲征时，要举行盛大的礼乐仪式。"类乎上帝，宜乎社，造

乎袮，祃于所征之地。受命于祖，受成于学。"① 意思是天子战前要祭祀上帝、社神、先祖神，在阵地上要祭祀创造军法的神。出发前在祖庙中接受祖先的征伐命令，到大学里听取先师的计谋。之所以会有如此众多的祭礼，就是为国家的军事行动寻找合法性依据，营造神圣性氛围，调动国民参战的热情。所以《周礼》中说："大师之礼，用众也。"② 得胜之后，还有凯旋、告庙、受降等礼仪活动。

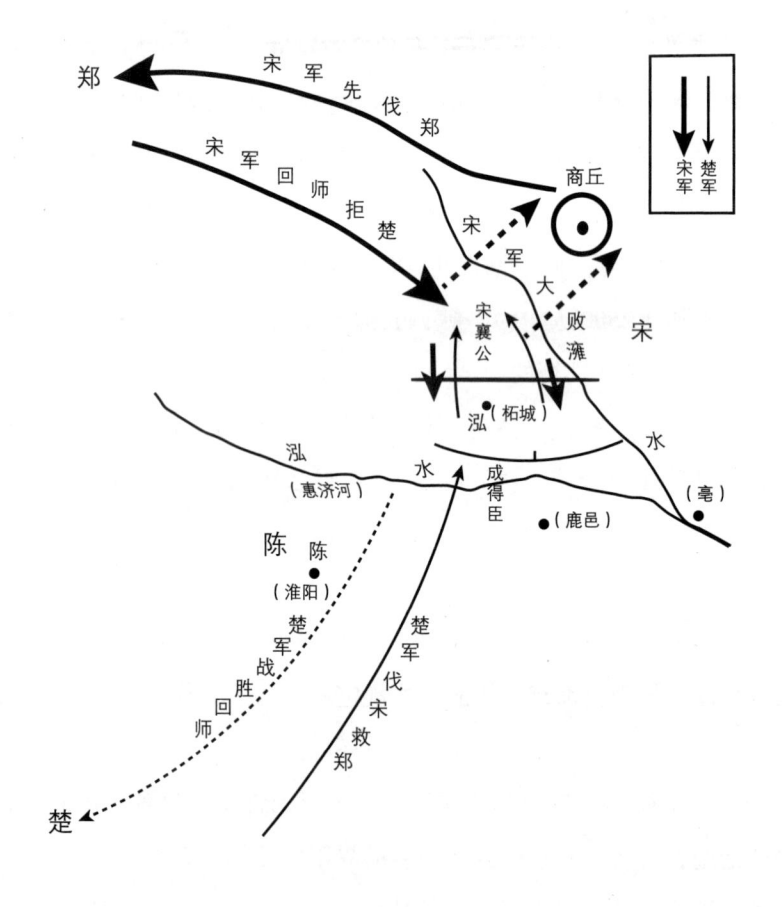

① 《礼记·王制》。
② 《周礼·春官·大宗伯》。

可见那时的军事战争活动，除了双方短兵相接时不能讲礼以外，其他各个环节，包括两军对垒、进攻、撤退都有相应的礼。这种依照礼乐来打仗的观念，直到春秋时期还有遗存。例如，宋国和楚国在泓水打仗，宋军先到，楚军后至，渡河时一片混乱。宋军司马建议进攻，宋襄公说："不可。"楚军过了河还没排好队形时，司马又建议进攻，宋襄公仍然坚持不打，说："未可。"等楚军排好阵势，宋襄公才下令进攻，结果宋军大败。

宋襄公这样打仗，于现在看来确实有点不明智。当国人责怪他时，他说："君子不重伤，不禽二毛。古之为军也，不以阻隘也。寡人虽亡国之余，不鼓不成列。"① 意为讲礼的君子是不会攻击伤兵的，也不会抓头发花白的敌人当俘虏。古人依照礼来打仗，是不会凭借地形险要来取胜的。我虽然是亡国之君商纣王的后代，但也不会攻击没排好队列的敌人。"成列而鼓"是商、周时"礼义之兵"的通行规则，宋襄公说的这四个"不"，应该就是当时军礼的内容。只是到春秋时期，礼崩乐坏，大家都不按这一套规定动作来打仗，唯独宋襄公墨守成规，自然会吃败仗。但由此可见，夏、商、周有关军礼的价值观念，其影响是很深远的。

（二）礼乐文化为法律制度提供价值观支持

和军事方面的情形一样，夏、商、周本来没有专门的"法"的概念，礼就是当时的法，或者说礼包含了法。"礼之所去，刑之所取，失礼则入刑，相为表里者也。"② 人的行为若超出了礼乐的规范，就会受到刑罚的制裁，礼与刑是互为表里的。这种以礼为法的法制模式，其基本特征就是在法律面前人与人是不平等的，这和我们今天提倡

---

① 《左传·僖公二十二年》。
② 《后汉书·陈宠传》。

的在法律面前人人平等的观念大相径庭。要让民众接受这种不公平的制度设计，法律制度本身是无能为力的，必须靠文化中的价值观来解决。

礼乐本来就是在自然崇拜中产生的，当然也会用自然现象来解释这种等级差异的合理性。"天有十日，人有十等，下所以事上，上所以共神也。故王臣公，公臣大夫，大夫臣士，士臣皂"①。人类的这种等级差异就是由神灵派生而来的，谁敢不听就是对神灵的冒犯。有了这个前提，谁还敢在价值判断上不予认同呢？《礼记·中庸》曰："亲亲之杀，尊贤之等，礼所生也。"②这里的"杀"即"差"。礼的实质就是强调人与人之间的差别。荀子说："贵贱有等，长幼有差，贫富轻重皆有称者也。"③贵贱、长幼、贫富都是有差别的。《礼记·乐记》又说："礼者为异"，礼以异为特征，也就是说礼所调整的人际关系是不平等的。比如，在社会交往中，人与人见面首先要"序齿"，就是问年龄大小，再根据年龄的大小排定先后尊卑的次序。在古典小说中经常能看到这样的情节："敢问贵庚几何？"之所以在日常生活中贯彻这样的礼制，就是让人在思想上接受这种等级差异，逐渐形成一种自觉的观念。

如何来维护这些差异呢？方法有二。一是"亲亲"，即"亲其亲者"，指必须亲爱自己的亲属，特别是以父权为中心的尊亲属，所谓"亲亲父为大"。二是"尊尊"，即"尊其尊者"，指下级必须服从上级，特别是要尊敬周王，严格遵守上下等级秩序，不得犯上作乱，所谓"尊尊君为首"。周礼就是按这样的方法来划分人们的权利义务

---

① 《左传·昭公七年》。
② 《礼记·中庸》。
③ 《荀子·富国》。

的,"名位不同,礼亦异数"①。贵族与庶人有不同的礼,贵族内天子、诸侯、卿大夫、士等也有不同的礼。按礼的规定,不同的贵族在礼节仪式、服饰器具、宫室建筑上都有不同规格,不得随便僭越,以保证贱不妨贵、下不犯上。"亲亲""尊尊",是用于维护王权、父权、族权和等级特权的不二法门。

既然在法律上人与人是有差别的,那么贵族犯罪莫非就不受惩罚吗?如果是这样,民众对公平正义的基本诉求就无法得到满足。这样一来,即便是差序的法制格局恐怕也难以形成。对此,礼乐文化也从价值观层面给出了解决的方案,那就是"礼不下庶人,刑不上大夫"②。所谓礼不下庶人,不是说庶人没有礼,而是说贵族的"抚式"礼不下庶人。"抚式"礼是坐车的贵族相互间行的礼,对没有车坐的庶人就不适用了。"刑不上大夫"也不是说贵族犯罪不受刑罚制裁,而是说对他们使用的刑罚与常人不同。贵族犯了墨、劓、刖、宫一类的肉刑,对他们不使用这样的刑罚,换成其他刑罚进行惩治,所谓"鞭作官刑"。《礼记·文王世子》中也说:"公族无宫刑,不剪其类"③;贵族犯了死罪同样是要执行的,只是不像普通人那样在公开场合用"弃市"的方法执行,而是由甸师氏用一种叫"磬"的办法将其秘密勒死,不予公开,以维护贵族的颜面。

在司法活动中,凡是遇到人的能力不能辨明是非的疑难案件,也多会通过祭祀礼乐来假托神灵进行解决,此即"神明裁判",以满足人们对公平正义的追求。《礼记·曲礼上》说:"龟为卜,策为筮。""卜"即占卜。在龟甲或兽骨上钻刻,再用火烧灼,甲骨就会发生裂纹。这种裂纹就叫"兆",通过观看裂纹的形状走势来判断吉

---

① 《左传·庄公十八年》。
② 《礼记·曲礼上》。
③ 《尚书·舜典》。

凶。从"非""罪"这类汉字造型来推测，恐怕甲骨上出现横向裂纹较多的为"凶兆"，表达否定性评价；反之则为吉兆。"筮"就是执持蓍草进行排列组合，通过得出的数目来判断吉凶。《易经》八卦六十四爻，应该就是在这一基础上发展出来的。商王几乎是无事不卜、无日不卜。在审理案件时，通常以占卜的方式祈求神意，并用甲骨卜辞作为定罪处刑的依据。对卜辞的解读，由神职人员贞人来负责。比如，现存的甲骨卜辞中就有"兹人井（刑）不（否）"的字样，意思是向神卜问对某当事人是否用刑。如果占卜的裂纹呈现横向的走势，那就是凶兆，证明此人有罪，司法官就会据此对他定罪量刑；反之则不予定罪量刑。在当时的普罗大众看来，贞人的解读也不是他们自己的意思，而是传达神的旨意，神说某人有罪自然就有罪了，神说某人无罪当然就无罪了。这样的判决获得了不证自明的效力，司法审判活动也获得了公信力。神明裁判正是用这样的逻辑，引领大家对国家的法律制度形成价值认同。

第三节　礼乐文化与夏、商、西周的生活方式安全

礼乐是原始时代人们为保障自身的安全而催生的一种文化。进入国家社会，礼乐则成为夏、商、西周维护国家安全的重要文化手段，在塑造人们的生活方式上起到了其他任何手段都无法替代的作用。夏、商两代，天命神权思想盛行，孔子说："夏道尊命""殷人尊神"，礼乐通过敬天祭神的仪式进而发挥规范民众生活的功能。商周以降，人类思想开始由"重神"向"重人"转变，"周人尊礼尚

施"①,礼乐活动的运用场域也发生了变化。国学大师王国维在其《殷周制度论》中也表达了这样的观点,即礼的范畴此时开始从事神的活动转向社会生活领域;之后李泽厚等学者继承和阐发了这一论断。通俗地说,也就是周人对礼乐比以前更重视了。一是运用的人更加广泛。如果说以前的礼乐主要是贵族在使用,那么西周的平民百姓也普遍开始使用。二是运用礼乐的场合更加宽泛了。如果说以前的礼乐主要用来事神致福,西周人民则既用它来祭祀神灵,又将其应用于日常的生活之中。

孔子经常给他的学生讲"克己复礼"。颜渊问他究竟该怎样做呢?子曰:"非礼勿视,非礼勿听,非礼勿言,非礼勿动。"②就是说,人们的言行都得按照礼的规矩来,千万别做违反礼的事。"夫礼者,所以章疑别微,以为民坊者也。"③"坊"就是规则,又通"防",礼的作用就是防止人干出诸如前述的"四非"之举。当人人习惯用这些规矩来约束自己的行为时,就会在外部世界形成相对稳定的生活方式,在内心世界形成相对稳定的文化心理。时至今日我们还能看到这种文化心理的影子。比如,女生在面对男生的某些侵犯行为时会喊"非礼"。正因如此,礼能起到"序民人,利后嗣"④的作用,给老百姓营造井井有条的生活秩序,有利于人类的传承繁衍。夏、商、西周之人,其举止言谈、生老病死、婚丧葬祭、交往应对,无一不在礼的范畴之中。

---

① 《礼记·表记》。
② 《论语·颜渊》。
③ 《礼记·坊记》。
④ 《左传·隐公十一年》。

一、礼乐文化与夏、商、西周的语言文字安全

早在原始酋邦时代,语言已逐渐趋同且出现了文字的萌芽。进入国家社会后,语言向统一方向发展的势头更强劲了。夏有"夏言",又称"雅言",是当时流行于华夏民族居住地区相对统一的语言,也是夏朝的官方语言。故在古语中,"夏"与"雅"常常互通。《左传》作"公子雅",《韩非子》作"公子夏";近年出土的郭店楚简《孔子诗论》中"大雅""小雅"作"大夏""小夏"。《荀子》一书说得更直接:"居楚而楚,居越而越,居夏而夏。"① 意思就是居住在中原夏地的人说的是夏言。商朝继续使用这种语言,但在中期以后,也使用"风"这种地方方言。"迄及商王,不风不雅。"② 及至周代,周人因先祖自后稷开始受夏朝分封,一直以夏人遗民自居③,故奉雅言为标准语。有专家考证认为,现存《诗经》等典籍中的语言就是这种标准语的体现。后来孔子在鲁国讲学,弟子三千来自四面八方,自然是南腔北调。如果没有相对统一的语言,估计教学活动就很难开展。"子所雅言,《诗》、《书》、执礼,皆雅言也。"④ 孔子也许平时说的是鲁国话,但讲授《诗经》《尚书》,或行礼时用的都是雅言。

夏、商、西周礼乐文化的盛行和语言的逐渐统一,为系统性文字的产生奠定了坚实基础。酋邦时期以刻画符号为代表的物象文字发展成商周时期的甲骨文和金文,主要就是在祭祀占卜活动中实现的。现存甲骨文残片有 15 万余片,其中有 4500 个左右的单字,目

---

① 《荀子·儒效》。
② [汉]郑玄笺,[唐]孔颖达疏:《诗谱序》。
③ 杨伯峻:《春秋左传注》,中华书局 1983 年版,第 1307—1308 页。
④ 《论语·述而》。

前能释读的约有1700个，是兼具图画文字与记事文字性能的系统性文字。由于认识能力和科技水平低下，当时的人们对无法解释的自然现象有着敬畏乃至崇拜之情，凡事都要先用占卜的方式进行预测。"殷人尊神，率民以事神，先鬼而后礼。"[①]上自王室贵族、国家大事，下至私人生活，如气候、收成、征伐、田猎、病患、生育、出门，等等，无不求神问卜，以便事先得知吉凶祸福从而决定行止。正是在这些频繁的祭祀占卜活动中，甲骨文得以产生。

甲骨文的出现过程大致如此：第一，遇到需要向鬼神卜问的事，先由神职人员贞人准备龟甲（常用的是乌龟腹甲）、兽骨（常用的是牛肩胛骨），并打磨平整。第二，对甲骨进行"钻凿"，钻出一些浅窝和深槽。第三，进入"灼兆"阶段，即根据祭祀的需要，用火来烧灼钻凿出来的那些窝槽。待烧灼到一定程度，因为受热不均匀，在甲骨正面便会发出"pu"的声音，并在相应部位显现出裂纹，所以这种裂纹被称作"卜兆"。这种噼啪之声往往被理解为神在传达旨意。第四，进入刻辞阶段，即用刀把占卜的内容和结果刻在卜兆的近处，这就是卜辞。完整的卜辞由"前辞（叙辞）""命辞（贞辞）""占辞""验辞"四部分组成。前辞写的是占卜的时间（干支）和人物（贞人、商王）；命辞写的是此次占卜所问的内容；占辞写的是卜兆所显示出来的吉凶，以及未来将发生之事；验辞写的是卜兆预测的结果在事后的应验情况，是等所卜之事有了结果后补刻上去的。

由上而观，甲骨文就是卜辞中的文字，是在祭祀占卜的过程中出现的。由于其具备了书法的三个要素：用笔、结字、章法，体现

[①]《礼记·表记》。

了汉字构造的"六书"①原则，在技术上已经基本成熟，因而被西周的青铜铭文所承袭，出现了"金文"，后又经"篆书""隶书""楷书"等书体的演变传承，一直发展成为今天的现代汉字。甲骨文与同一时期先后出现的古埃及纸草文字、古巴比伦楔形文字和古印度印章文字，并称世界四大最早文字，共同推动了人类文明发展的进程。但时至今日，其他古代文字早已退出历史舞台，成为"死文字"。只有甲骨文一枝独秀，3000多年来一以贯之、气息相通，汉字结构基本没变，即便是从未研究学习过甲骨文的人，看到其中的一些文字，也能识音明义。比如，甲骨文中的"一""二""三"等单字，几乎和我们现在的写法一模一样。这样的文字既是商周时期文化的形式载体，又为保障华夏文明的稳定性和连续性提供了有效手段，成为当时维护国家文化安全的标志性成就，对传承源远流长的中华文化作出了巨大贡献。

二、礼乐文化与夏、商、西周婚姻生活的稳定

《礼记·乐礼》将所有的社会关系分为五类：父子、夫妇、君臣、兄弟、朋友，谓之"五伦"。郑玄注释为："伦，犹类也。"②不同的"伦"，即不同类别的人；不同类别的人要遵守不同的理，这就是伦理。五伦之中，夫妇一伦是最为重要的。《礼记》中说："夫婚礼，万世之始也。"③《易经·序卦》讲得更具体："有天地，然后有万物；

---

① "六书"是指汉字构造和使用的六种方法：象形、指事、会意、形声、转注、假借。"六书"一词始见于《周礼·地官·保氏》，但无具体细目。西汉刘歆《七略》："古者八岁入小学，故周官保氏掌养国子，教之六书，谓象形、象事、象意、象声、转注、假借，造字之本也。"这是对六书最早的解释，后世名称略有变化。

② 《礼记·乐记》，郑玄注文。

③ 《礼记·郊特牲》。

有万物，然后有男女；有男女，然后有夫妇；有夫妇，然后有父子；有父子，然后有君臣；有君臣，然后有上下；有上下，然后礼义有所错。"《史记》中说："夫妇之际，人道之大伦也。礼之用，唯婚姻为兢兢。"① 因为人类社会首先得有夫妇的结合，才能有父子、兄弟，家庭也便由此而生；进而才会有君臣上下、朋友长幼，国家社会亦由此而来。所以礼在婚姻这个环节，规定得尤为细致谨慎。

所谓"文化"，就是文而化之。《易经》中说："观乎人文，以化成天下"②，"文"又通"纹"，是指人类社会知识、智慧、经验、教训的积淀，体现在外部可称作"具文"，表现为文图、文字、文章、文本等。将这样的积淀化入民众的生活，使其思想行为都随之发生变化，这才是文化的要义。婚礼作为"礼之大体"③，就是夏、商、西周关于婚姻生活积淀而成的"文"，民众活生生的婚姻样态就是这些文"化"入实践中的结果。婚姻是婚礼"文而化之"的结果；婚礼是婚姻外在的文化表现，它塑造了当时的婚姻生活方式。

（一）礼对婚姻形式的规定

夏商时期的贵族实行原始部落时代遗留下来的"媵妾婚"制度。媵就是陪嫁，但不仅仅是用嫁妆作陪，还用人陪嫁，即贵族娶妻时，该女子的妹妹或侄女要一起陪嫁过来。传说，唐尧把自己的两个女儿娥皇、女英同时嫁给了虞舜，后来虞舜到南方巡视，在苍梧因公殉职，埋在九嶷山下。二妃前往悼念时抱竹痛哭，泪染青竹，泪尽而死，青竹因被泪水浸染变成斑竹，又称"潇湘竹"或"湘妃竹"。"斑竹一枝千滴泪，点点都是相思情"，这个美丽动人的传说反映的

---

① 《史记·外戚世家序》。
② 《周易·贲卦·彖传》。
③ 《礼记·昏义》。

就是当时的媵妾婚习俗，说白了就是一夫多妻制，是男权时代的外化表征。据《易经》记载，商王帝乙（商纣王之父）嫁女儿给昌伯时就同时有"娣"随嫁。史籍上还有"古者天子娶后，三国来媵，皆有娣侄"[1]"诸侯娶一国，则二国往媵之，以侄娣从"[2]等记载，说明夏商时曾经流行过这种婚姻制度，只不过当时的妻、妾界限不严，处于由多妻制向后来的一夫一妻多妾制过渡的时期。至于平民的婚姻生活，缺乏相应史料的记载，正如孔子所说："夏礼吾能言之，杞不足征也。殷礼吾能言之，宋不足征也。文献不足故也。"[3]正因如此，对夏商时平民的实际婚姻状况就不能妄断了。

及至西周，相关记载就详细多了。其在婚姻形式上形成了明确的一夫一妻制，但贵族可以纳妾，实际上是一夫一妻多妾制。国家还为妻、妾定了名号，如说："天子有后、有夫人、有世妇、有嫔、有妻、有妾""公侯有夫人、有世妇、有妻、有妾"[4]。公侯以下，大夫的正式配偶叫"孺人"，可有一妻二妾；士的正配叫"妇人"，可有一妻一妾。贵族名义上虽然只有一个正式妻子，但妾的数量却没有限制。同时，妻与妾的界限十分严格，这是由宗法继承制决定的，因为妻生的儿子为嫡子，有政治上的继承权；妾生的为庶出，则没有这种权利。如果嫡庶无别，嫡长子继承宗祧和权位的原则就无从维持，势必导致整个宗法秩序的混乱。妾往往是通过买卖而来，"买妾不知其姓则卜之"[5]。

《孟子·离娄》中讲到齐国一个落魄的士，时常到墓地乞讨别人供祭的酒肉吃，回家还吹嘘有人请客，以"骄其妻妾"。可见贵族一

---

[1] 《金史·后妃传上》。
[2] 《公羊传·庄公十九年》。
[3] 《论语·八佾》。
[4] 《礼记·曲礼下》。
[5] 《礼记·曲礼上》。

妻多妾是很常见的。真正实行一夫一妻制的只有平民，"别无滕妾，唯有夫妇相匹而已"①，意思就是平民不可纳妾，只能遵守一夫一妻制的规定。

（二）礼对婚姻条件的规定

西周婚礼中关于婚姻条件，主要有两方面的规定。

一是禁止性规范，即禁止结婚的规定。通行的原则是"同姓不婚"。该原则的确立，一是出于优生的考虑。《左传·僖公二十三年》中说："男女同姓，其生不蕃。"在西周，因姓氏刚刚起源，同姓往往是同宗，血缘关系很近，同姓结婚不利于子女的优生优育和家族的繁衍兴旺。二是基于政治上的原因。《礼记·郊特牲》中说："娶于异姓，所以附远厚别也。""附远"是使异姓贵族来亲附；"厚别"是严格维护宗族内部的伦常关系。异姓联姻，可以通过婚姻关系加强与异姓贵族的联系，扩大自己的政治势力并有利于维护宗族内部的伦常关系。此外，西周婚礼中还有"五不娶"的戒条："逆家子不取，乱家子不取，世有刑人不取，世有恶疾不取，丧妇长子不取。"②即女方具有这五种情形之一的，男方有权解除婚约。

二是义务性规范，即婚姻必须符合礼法规定的成立条件。这就是大家熟知的"父母之命，媒妁之言"，一桩婚姻需要具备这两项前提条件才合法有效。首先，婚姻须有父母的同意才合法。《诗经·齐风·南山》中说："取妻如之何，必告父母。"密国（今甘肃灵台县一带）诸侯康公，曾随周共王（公元前922—前900年）去泾水春游，见到三个美女便将其收归国有，史称"有三女奔之"③。回家后被母

---

① 《论语·宪问》。
② 《大戴礼记·本命》。
③ 《国语·周语上》。

亲训斥一顿，斥责他违背礼数，责令他将三女交周共王发落。可见父母之命是具有约束力的。其次，婚姻须有媒人的说合才有效。《诗经·伐柯》中说："取妻如何，匪媒不得。""媒"在周代是官方机构，叫作"媒氏"，主管户口和做媒。"媒氏，掌万民之判。"①"判"相当于户口本，人出生即予登记，但只在上面写一半，要等结婚后再把配偶的信息写在上面，所以叫"判"。《说文解字》中也说："媒，谋也，谋合二姓。"他们的职责就是"合二姓之好"，帮助两姓男女缔结婚姻。周礼规定，"男不亲求，女不亲许"。由此可见，没有媒证的婚姻，社会是不承认的，该女子的地位只能比同于媵妾。《诗经》作为西周初年到春秋中期的诗歌总集，其中《卫风·氓》就反映了这一条婚礼对民众的文化影响力。氓这位帅哥向美女求婚，结果美女不答应，理由就是"匪我愆期，子无良媒"。不是我要推迟婚期，是因为你没找来媒人。没有媒妁之言的婚姻，女方只能当妾，女子自然不愿意。这就是当时人们对婚姻所抱持的文化心理。

（三）礼对结婚程序的规定

《礼记》中说："聘则为妻，奔则为妾。"②通过"父母之命，媒妁之言"而形成的婚姻叫"聘婚"，不符合这些条件的婚姻就叫"奔婚"，但同样也能得到婚礼的认可，只是女方的法律地位不同。"仲春之月，令会男女。于是时也，奔者不禁。"③春天的第二个月，媒氏要专门把男男女女撮合在一起相会。如果双方看上眼了，私订终身，礼也是不禁止的，只是由此形成的婚姻叫"奔婚"，女方只能当妾。有人说，这个"奔"字是私奔的意思。但按当时的情况来看，这个

---

① 《周礼·地官·媒氏》。
② 《礼记·内则》。
③ 《周礼·地官·媒氏》。

"奔"字解释为私订终身的意思更合理。

凡是聘婚,也就是今天说的明媒正娶,必须经过严格的程序才合法有效,史称"六礼"。就是有六道程序,一道也不能少。

1. **纳采**。男方托媒人向女方求婚。《仪礼·士昏礼》中说:"下达纳采,用雁。"男方父母委托媒人向女方家提亲,还要拿大雁作为信物。主要有两层含义:一是表示诚信,大雁冬去春来,绝不爽时,最为守信;二是喻示忠贞,大雁总是成双成对出入,一只死了另一只也活不长。后世文学家元好问(金元之际)赴并州赶考,见人捕雁。一只雁落网被杀,另一只脱网,见同伴被杀不忍飞走,反而悲鸣不已,最后自己竟投地而死。为此,元好问留下了"问世间情为何物,直教人生死相许"的名句。这一环节用雁为赘礼,有着美好的寓意。即便在现在看来,也不得不佩服婚礼的诗情画意和理想主义色彩。

2. **问名**。问女方的生辰及其生母的姓氏,一是防止同姓为婚;二是问卜于宗庙,请示吉凶。前已述及,占卜的方法就是在龟甲或兽骨上烧,观察其裂纹以判断吉凶。如果裂纹以横向为主,犹如"非"字,表明神显示的旨意为否定性评价,那就是凶兆,反之则是吉兆。若得到的是凶兆,结婚程序就不必再往下进行,以避免造成婚姻悲剧。

3. **纳吉**。占卜纳得吉兆,将结果告知女方家。就像《诗经·卫风·氓》中所说:"尔卜尔筮,体无咎言"。曾几何时,人们总是以此来批判过去的婚姻是父母包办、搞封建迷信,似乎人间的父母人人有原罪,非得把儿女的婚姻搞得凄凄惨惨戚戚不可,这恐怕是不符合人性的。现在的人常说婚姻就像赌博,谁也不知道嫁得怎样、娶得如何。古人正是因为对儿女婚姻的未来无法把握,所以才求神灵昭示,其背后所隐藏的正是父母的爱!

4. 纳征。纳征即纳币,由媒人代男方向女方缴纳聘金。在西周时期,聘金一般情况是五两帛。"凡嫁子娶妻,入币纯帛,无过五两。"①"帛"即丝绸布;"两"不是重量,而是长度单位。一两等于40尺,五两就是200尺,这在当时是一笔很大的财富。纳征之后,婚约即告成立,不得反悔。如果男方家反悔,则无权收回五两帛,且家长会受到相应的惩罚;若女方家反悔,则必须退还五两帛,家长也要受相同的惩罚。

5. 请期。男方家用占卜之法求得结婚吉时,并派媒人赴女方家告知成婚日期,形式上似由男家请示女家,以表示对女家的尊重,故称"请期"。《仪礼·士昏礼》中说:"请期,用雁。"郑玄注:"夫家必先卜之,得吉日,乃使使者往辞,即告之。"

6. 亲迎。男方去女方家迎亲。亲迎的礼俗应当在原始部落时就有了,三代承之。"夏亲迎于庭,殷于堂。"周制则是"亲迎于户"②,传统社会多在晚上举行迎亲。其主要程序是:女家父母在宗庙设酒席,并在门外迎接。新郎驾车前来,捧雁揖让升堂,行叩拜礼,然后下堂驾新娘坐的车等候。《诗经》中"以尔车来,以我贿迁"③(哥哥你驾车来迎接,妹妹我带着嫁妆跟你往)的诗句,说的就是这个意思,后来又衍生出用花轿接亲的风俗。新娘上车,新郎驾车让轮子转三圈,就交予车夫驾驭,自己先行回去,在家门口等候。新娘到家后,共食牲牢、"合卺"、"同酢",婚礼即告结束,婚姻关系正式确立。我们现在的婚礼还流行用婚车接亲、亲友共享喜宴、新郎新娘喝交杯酒、吃同一块糖等做法,正是几千年的礼俗留下来的影子,或者说是一种文化传承。

---

① 《周礼·地官·媒氏》。
② 《通典·第十八天子纳妃后》。
③ 《诗经·卫风·氓》。

三、礼乐文化与夏、商、西周的家庭、个人生活

在家庭层面，礼更是广大民众生老病死、日用常行的指导，简直可以称作生活必备的百科全书，其作用广泛而深入。

（一）在家庭关系上，礼确立了父权家长制

一家之中，父亲为一家之长，处于至尊的地位，子女则处于从属的地位。首先，家长对子女不仅有教令权，甚至有生杀予夺之权。《礼记·内则》中说："父母怒、不说，而挞之流血，不敢疾怨，起敬起孝。"子女受虐待不能控告，"父子将狱，是无上下也"[1]。其次，家长控制家庭的财产权，父母在世，子女"不有私财"[2]。最后，家长对子女还有主婚权。

夫妻之间则以男尊女卑、夫权至上为行为标准，妇女必须绝对服从男人。"幼从父兄，嫁从夫，夫死从子。"[3]对于丈夫，妻子必须坚守从一而终的贞节之道。"一与之齐，终身不改，故夫死不嫁。"[4]丈夫死了，妻子要为其服三年丧，如同子女为父亲服斩衰三年丧一样。在家庭中妇女始终是被支配的角色，"男帅女，女从男"[5]。女人没有独立的人格和地位，一生都在男人的掌控之中。

（二）在个人成长上，礼确立了冠笄制度

冠礼是男性的成年礼。按照周制，男子年满20岁举行加冠礼。此前4到8岁时，头发自然下垂，称"垂髫"；9到14岁时，将头

---

[1] 《国语·周语》。
[2] 《礼记·曲礼》。
[3] 《礼记·郊特牲》。
[4] 《礼记·郊特牲》。
[5] 《礼记·郊特牲》。

发在头顶左右两边各扎成一个结，形如两个羊角，称"总角"（总丱）。《诗经》中就有"总角之宴，言笑晏晏，信誓旦旦，不思其反"①的诗句；到15岁时，要将原先的两个总角解散，扎成一束髻，称"束发"。"束发而就大学，学大艺焉，履大节焉。"②到20岁才戴上特殊的帽子，表示成年，但因还没达到壮年，故称"弱冠"。《礼记·曲礼上》说"二十曰弱冠"，后用"弱冠"泛指男子20岁左右的年纪。按冠礼程序要加戴三次帽子，先是缁布冠，接着是皮弁，最后是爵弁。每次加冠，主持冠礼的大宾都要念一段祝福词。③如此繁杂的冠礼仪式，估计只有贵族才会使用，平民虽然也行加冠礼，但恐怕要简单得多。而且贵族加冠的时间，也会因政治需求或提前，或延后。传说周文王12岁而冠，成王15岁而冠。后世秦王嬴政因其母赵姬不愿他早日亲政，一直拖到他22岁时才举行加冠礼。

笄礼是女性的成年礼。女子3到7岁时"垂髫"；8到14岁时"总角"；到15岁时"及笄"，不再保留以前"总角"的发型，而将头发全部束拢在头顶挽成一个髻，再用笄（相当于簪子）横插在发髻之中，既可以固定头发，又可以作为装饰之用，又称"及笄"，表示女性已经成年，可以谈婚论嫁、生儿育女了。

冠笄之礼，是西周关于成年的礼节仪式，在"五礼"（吉、凶、军、宾、嘉）分类中属于嘉礼的范畴。《礼记·冠义》云："冠者，礼之始也，嘉事之重者也。"冠礼是一个人成长发展的开端，也是嘉礼中的重要内容，因而在当时备受重视。据考证，其源于原始社会末

---

① 《诗经·卫风·氓》。
② 《大戴礼记·保傅》。
③ 《仪礼·士冠礼》："始加（冠）祝曰：'令月吉日，始加元服，弃尔幼志，顺尔成德。寿考惟祺，介尔景福。'再加曰：'吉月令辰，乃申尔服，敬尔威仪，淑慎尔德。眉寿万年，永受胡福。'三加曰，'以岁之正，以月之令。咸加尔服。兄弟具在，以成厥德，黄耇无疆，受天之庆。'"

期青年男女的"成丁礼",到周公制礼时更加系统化,并赋予它特殊的文化意义。作为成年礼,其繁芜的程序和形式,不仅仅在于提醒加冠者在生理上已经成熟,更重要的是要从心理上进行成年教育。"责成人礼焉者,将责为人子、为人弟、为人臣、为人少者之礼行焉。将责四者之行于人,其礼可不重欤!"①对一个成年的人责以加冠礼,就是要让他们担负起四种责任。一是"为人子"的责任。你已经不再是小孩儿,对这个家庭的兴衰要负起责任。二是"为人弟"的责任。你已经是成年的弟弟,家庭对你会有新的标准。三是"为人臣"的责任。你已经是国家臣民中成年的一员,对国家兴亡负有一份责任。四是"为人少"的责任。你能够以一个成年晚辈的身份到社会上行走了,但前辈们会更加严肃地对待你。冠笄礼的这些仪式有助于培养一种"推己及人"的思维模式,并通过由己而家、由家而国的路径发挥出维护国家文化安全的作用。

世界上大多数国家都有成年仪式,但在基督教文化中,每个人都是上帝的孩子,父母作为监护人,只是在生活上养育子女成长,等他们长大成年后就成为独立人,就会从原有的家庭剥离出来变成新的社会主体。中国人则相反,"天下之本在国,国之本在家"②。中国文化的着力点在家,一个人成年之后不仅不能脱离原有的家庭,反而与其关系更加密切。因为他们要在这个家庭中扮演更重要的角色,担负更艰巨的责任。中华民族的家国情怀,就是在这看似细微的礼乐活动中得以养成,从而走上了与西方截然不同的文化道路。然而,中国的成年礼虽然从西周开始传承了数千年,但在近现代西方文化强势输入的大背景下,不得不逐渐隐落直至消亡。当今社会,一些年轻人没有成年意识、缺乏担当精神,既不愿担负起对家庭的

---

① 《礼记·冠义》。
② 《孟子·离娄上》。

责任，又无能力肩负起国家、社会的重托，甚至连自立都困难，以致被称为"啃老族""巨婴"。这当然是多方面因素造成的，但诸如冠礼一类的优秀传统文化的缺失，不得不说是原因之一。

（三）在丧亡殡葬上，礼确立了丧祭制度

生老病死是古往今来都必须面临的生命本真，是任何人无法回避的人生命题，只是古今之人看待生死的态度有所不同。今天的人更注重生命的质量，对死以后的事关注不多、费时较少；古人则不然，重视生更重视死，形成"慎终追远"①的生活态度，即慎重地对待父母亲人去世这件事，定时追忆悼念已离去久远的祖先。为此，礼在丧葬祭祀方面形成了一系列规定，在"五礼"的分类中叫作"凶礼"，在"六礼"（冠、婚、丧、祭、乡饮酒、相见）和"九礼"（冠、婚、朝、聘、丧、祭、宾主、乡饮酒、军旅）的分类中分别叫作"丧礼"和"祭礼"。其目的不仅是使亲人之间的情感得到传承，更关键的是要让一个家族的精神血脉在这种活动中代代相传、永世不灭。子曰："生，事之以礼。死，葬之以礼，祭之以礼。"②意思是父母活着的时候，要按照礼的规定来侍奉他们；父母去世，要按照礼的规定安葬、祭祀。凶礼作为丧亡殡葬之礼，主要有以下两方面的内容。

在治丧环节有各种礼数。"遵礼尚施"的周人针对治丧活动形成了一套相对规范、成熟的行为模式。治丧期间应该是这样处置自己的行为。首先是要哭丧。"奔丧之礼：始闻亲丧，以哭答使者，尽哀；问故，又哭尽哀。遂行。"③大意是按照奔丧之礼，听到亲人的死讯，

---

① 《论语·学而》。
② 《论语·为政》。
③ 《礼记·奔丧》。

要用痛哭的方法来回答报信的使者，哭得差不多了，再问亲人的死因；了解亲人死因后，还要继续哭泣，哭得差不多了，就赶紧去奔丧。谁不按礼数哭丧，谁就会受到惩罚。周代如何惩罚违反奔丧之礼的行为人尚见不到详细记载，但从后世唐律中"匿不举哀"的规定可以看出大概。唐律规定，听到父母死讯不哭、不发丧的，构成犯罪，要处流放两千里的刑罚。关于人去世的称谓，不同身份的人也有不同的叫法。"天子死曰崩，诸侯死曰薨，大夫曰卒，士曰不禄，庶人曰死。"[1] 其次，在殡葬阶段，也必须遵守严格的礼制。"天子坟高三仞，树以松；诸侯半之，树以柏；大夫八尺，树以栾；士四尺，树以槐；庶人无坟，树以杨柳。"[2] "仞"是长度单位，周代一"仞"相当于现在 7~8 尺（1 尺 =0.333 米）。不同身份的人，死后下葬的坟墓规格也不同，以体现人与人之间的高低贵贱。

在守丧环节礼数更多。为去世的父母、亲人守丧，在衣食住行上都有相应的要求，并形成定制，史称丧服制度。其起源于原始人恐惧鬼神的习俗，因担心死者魂魄作祟降灾，故要穿异于寻常的衣服，披头散发、以泥涂面，以防止鬼神认出自己。唐代经学家孔颖达对丧服制度的形成作过这样的表达："三王以降，浇伪渐起，故制丧服，以表哀情。"[3] 三王指夏禹、商汤、周文王。这时的丧服制度，就变成了对死者表达哀思之情的礼俗。为父亲守丧的时间为三年。孔子说："夫三年之丧，天下之通丧也。"[4] 孔子认为，为父母守丧的时间为三年，说是三年，具体施行的时候还是要打折扣的，一般是 27 个月，其他五服以内亲属按亲疏逐次缩短时长。在此期间，有种

---

[1]《礼记·曲礼下》。
[2]《白虎通·崩薨》。
[3]《仪礼·丧服》。
[4]《论语·阳货》。

种禁忌不能违犯。

"衣"要穿丧服，根据守丧者和死者关系的远近来决定穿什么样的服装。总共有五种，俗称"五服"，分别为斩衰、齐衰、大功、小功、缌麻。比如，儿子、儿媳妇为父亲守丧就要穿斩衰的衣服，即不缝边的麻布衣服，民间叫披麻戴孝。谁要嫌这种衣服不好看，非要去穿时尚的服饰，谁就违背了礼数，会受到相应的惩罚。"食"要戒荤吃素，不能喝酒吃肉，最好吃点稀饭、咸菜以表示悲哀。"住"要在父母坟旁搭个茅草棚屋临时居住。《礼记·问丧》中说："居于倚庐，哀亲之在外也。寝苫枕块，哀亲之在土也。"因为自己的亲人在外面回不了家，所以要住在这里陪伴；因为亲人被埋在土里，所以要睡草席、拿泥巴当枕头，以便灵魂沟通，让他们不感到孤单。"行"要杜绝参与一切娱乐活动，以及嫁人娶妻、生儿育女、参加别人的喜宴等。凡是违反这些礼制规则的，统统叫"居丧失礼"。西周会如何惩罚丧期违礼的行为，尚见不到明确记载，可能会以不孝罪论处。

四、礼乐文化与夏、商、西周的社会交往秩序

中国之所以被誉为文明古国、礼仪之邦，就是因为有一整套关乎民众日用常行的礼节仪式。在社会层面，礼为人与人之间如何打交道提供了明确的行为规范，为形成和谐的社会秩序奠定了基础。而这些礼仪在西周时就已经较为成熟。

（一）礼与日常生活交往

成语"对答如流"，就和古时的社交礼节有关。在古代，人与人相见，行什么礼、说什么话都是有现成套路的。比如，初次见面要

说"请问贵姓""请教台甫""敢问贵庚几何,贵府何处",由于大家都很熟悉这样的问话,自然能应答如流。古时见面就问年龄的礼节,叫作"序齿",和今天的情形就大不一样了。现在见面是不问年龄的,尤其是见了美女更不能问年龄;古人问清年龄的目的,在于弄明白用什么样的礼数去跟人打交道。如果对方只比自己大几岁,就要以兄长之礼去对待对方;如果对方比自己大一倍,就要以叔伯之礼去对待对方。由于交往的人的地位、年龄都不同,因此有不同的礼节仪式,常见的有以下几种。

1. "**拱手**"。《尔雅·释诂》郭璞注:"两手合持为拱。"将两手平合抱拳,左在上右在下,用于迎送宾客,是一般性礼节。

2. "**作揖**"。将两手掌合并,拇指朝上,身体略弯,用于敬神和尊长,是更诚厚的礼仪。《周礼·秋官·司仪》中记载,根据双方的地位和关系,作揖有土揖、时揖、天揖、特揖、旅揖、旁三揖之分。土揖是拱手前伸而稍向下;时揖是拱手向前平伸;天揖是拱手前伸而稍上举;特揖是一个一个地作揖;旅揖是按等级分别作揖;旁三揖是对众人一次作揖三下。此外,还有长揖,即拱手高举,自上而下向人行礼。

3. "**趋**"。是指在一些特定场合,卑者、贱者、后辈见了尊者、贵者、前辈等,要以低头弯腰、小步快走的方式向对方行礼,决不能昂首阔步。《论语·子罕》云:"子见齐衰者、冕衣裳者与瞽者,见之,虽少,必作;过之,必趋。"

4. "**拜**"。是指屈膝跪地,头不至地,头与腰保持平衡状态的礼节。《周礼·春官·大祝》云:"辨九拜,一曰稽首,二曰顿首,三曰空首,四曰振动,五曰吉拜,六曰凶拜,七曰奇拜,八曰褒拜,九曰肃拜。"

5. "**长跪**"。是指古人席地而坐,两膝着地,臀部紧贴脚后跟,然后跪起挺身直腰的礼仪,因其间身体加长,所以称作长跪,旨在表示敬意和庄重。

这些礼节当中,拱手、作揖运用最广,沿袭时间最长,但也变得越来越烦琐。甚至有文人学士编出笑话来加以讽刺,说一对夫妇十分讲礼,见人总是拱手让对方先走,妻子怀孕多年都不生小孩儿,后来生出一对双胞胎,须发皆白,相互抱拳行礼说:"您先请,您先请!"近代以来,西方文化传入中国,此礼遂被握手礼取代。著名文化大师林语堂曾调侃,中国文化比西方文化强的,就在这拱手为礼上。西方人握手为礼,容易传染疾病;中国人拱手为礼,"乃卫生之道也"。无论如何,西周在社会层面确定的这些礼,对于构建长幼有序、和谐友善的社会秩序无疑是有很大帮助的。

(二)礼与经济生活交往

人与人发生经济交往,更有相应的礼来进行调整。《周礼·天官·小宰》中记载:"听买卖以质剂""听称责(债)以傅别",意即处理买卖纠纷要凭质剂,处理借贷纠纷要用傅别。质剂就是买卖契约,大型贸易(如奴隶、牛马)用长券,叫"质";小型贸易(如兵器、珍宝)用短券,叫"剂"。傅别是借贷契约,债券剖为两半,合券称"傅",分券称"别",债权人执右券,债务人执左券。

质剂、傅别都不是私契,而是通过国家负责市场的管理人员——质人[①]、司约——来签订的。"凡大约剂书于宗彝,小约剂书于丹图。……其不信者服墨刑。"[②] 重要契约须刻载于宗庙彝器上,一般契约则书写在红色竹帛上。违背诚信破坏契约的,要处以墨刑,让人一望而知其是不守诚信的"老赖"。《周礼·秋官·司约》中说:"司

[①] 《周礼·地官·质人》。
[②] 《周礼·秋官·司约》。

约掌邦国及万民之约剂。"发生纠纷，可以以质剂、傅别为证，见告于官。《周礼·秋官·士师》中说："凡以财狱讼者，正之以傅别、约剂。"故意不履行契约的，要被处以墨刑。与"质剂""傅别"有关的礼，为维护正常的经济秩序提供了必要的法律保障。

五、礼乐文化与夏、商、西周的风俗习惯和禁忌

前已述及，礼乐自商周以降，从重神转向人神并重。受礼乐文化影响，祭祀神灵的活动中逐渐形成了相应的风习，一些重要的风俗、习惯与禁忌也逐渐在人们的日常生活中固定下来。

（一）礼乐与风俗习惯

与风俗习惯有关的礼中尤其以乡饮酒礼、乡射礼最为典型。它不仅仅是一种饮宴或比赛，还承载着重要的文化功能。

1. 乡饮酒风俗

乡饮酒礼，顾名思义，就是乡人以时聚会宴饮的风俗。《仪礼》中专门有《乡饮酒礼》的篇目，属"五礼"分类中"嘉礼"的内容，是周代流行的宴饮风俗。大致可分为四类。第一，乡大夫每三年正月举行一次大比，从乡学中选拔贤才推荐给诸侯、国君录用，并用酒宴招待他们。选拔出来的贤才为客，共五人：最贤能者一人为宾，其次者一人为介，又次者三人为众宾。如果乡学连续招生，则每年都会有人学满三年，因此每年都要举行乡饮酒礼。第二，乡大夫为70岁致仕的老年教师主持礼宾宴饮，不设固定的时间。第三，一州长官州长主持射箭比赛，赛前先行乡饮酒礼，每年春秋各举办一次。第四，一党的长官党正主持举办蜡祭（祭祀有功于农事的八神），同时行乡饮酒礼，每年十二月举行一次。

乡饮酒的习俗起源于上古氏族社会的集体活动。《吕氏春秋》认为，乡饮酒礼是古时乡人因时聚会，在举行射礼之前先举办的宴饮仪式，到周代更为盛行。"凡乡党饮酒必于民聚之时，欲见其化，知尚贤尊长也。"①所谓"民聚"，就是众多乡民聚集于一处。既然是大型集体活动，那么除了宴请贤能之士外，应该还会有众多乡民参与，只不过贤能者是酒宴的贵宾，其他人相当于普通群众。故有学者认为："乡礼区别于家礼（冠、婚、丧、祭），最显著的特征是其举行地点在公共空间（乡学）中，参与者的范围由族人扩大到全乡士人。"②

2. 乡射风俗

乡射礼是民间定期举行射箭比赛的风俗。《仪礼》中有专门的《乡射礼》篇目。每年春、秋两季，各乡的行政长官乡大夫都要以主人的身份邀请当地的卿、大夫、士和学子，在州立学校中举行乡射礼。一般乡饮酒之后，会紧跟着举行乡射，由一名德行卓著、尚未获得官爵的处士担任，称为"宾"。射位设在堂上，箭靶叫作"侯"，设在堂正南方30丈远的地方。射手之间比赛三轮射箭，称为"三番射"。每番比赛以发射4支箭为限。比赛结束，胜方要脱去左袖、戴上扳指、套上护臂、执拉紧弦的弓，表示能射。负方则穿上左袖、脱下扳指和护臂、将弓弦松开，站着喝酒以示自罚，再向胜方射手行拱手礼。

乡饮酒、乡射的风俗，既是西周民间习惯的重要组成部分，又发挥着重要的文化功能。著名史学家吕思勉先生说："古代教育，重于行礼，六礼之中，乡为尤重。"③这里说的"六礼"，是指冠、婚、

---

① 《仪礼·乡饮酒礼》，郑玄注。
② 顾涛：《礼制史上的鹊巢鸠居——乡礼的礼义及其历史演变》，《文史哲》2022年第2期。
③ 吕思勉：《吕思勉读史札记》，上海古籍出版社2005年版，第1398页。

丧、祭、乡、相见六种礼典。其中的"乡"礼，指的就是乡饮酒礼和乡射礼。"射乡食飨，所以正交接也。"① 通过乡饮酒、乡射的大型聚会活动，可以传播正统、良善的思想观念，从而规范人际交往，提高社会文明程度。

首先是提倡礼让恭敬。人与人之间往往会因争强而发生冲突、因傲慢而产生敌意，甚至引发言语争辩和行为暴力。"君子尊让则不争，絜敬则不慢。不慢不争，则远于斗、辨矣。不斗、辨，则无暴乱之祸矣。"② 乡饮酒时，在宾主相见、共饮美酒的过程中，彼此要多次礼让对方，以表示尊重。有学者统计，其中包括"揖让升"9次，"揖升"1次，"揖降"1次，"揖复席"3次，"主人答拜"6次，"宾答拜"13次，"介答拜"4次。③ 如此烦琐的揖让周旋的礼节，目的就是展示恭敬多让的君子风范，以引领大家效仿。就连比赛射箭这种竞技性活动，倡导的也不是争强好胜，而是相互谦让，获胜的不能得意扬扬，要说"承让承让"一类的谦辞；失败的也不能心灰意冷，要说"领教领教"之类的谦辞。这与我们现在体育竞赛宣传的"没有最高只有更高""没有最快只有更快"的精神截然不同。正如孔子所说："君子无所争。必也射乎！揖让而升，下而饮，其争也君子。"④ 比赛射箭开始时双方要作揖礼让，结束后大家一起喝酒，这才是谦谦君子之间的竞争。

其次是提倡敬重尊长。《礼记·经解》中说："乡饮酒之礼，所以明长幼之序也。"地位高者为尊，年龄大者为长。乡饮酒礼中，乡大夫作为主人，主要招待的就是"宾""介""众宾"。乡射礼中获胜

---

① 《礼记·乐记》。
② 《礼记·乡饮酒义》。
③ 顾涛：《礼制史上的鹊巢鸠居——乡礼的礼义及其历史演变》，《文史哲》2022年第2期。
④ 《论语·八佾》。

的人，虽然他们自己必须保持谦虚谨慎，但人们势必投以仰慕的目光。在其他人看来，这些人就是尊者，是值得尊重的人。为什么值得尊重呢？因为他们有贤德、有才华。你要成为这样的人，就只能见贤思齐，才能去坐上席。由此乡饮酒、乡射礼的示范效应就出来了。正如清末学者曹元弼（1867—1954年）所说："节民以礼，乡饮酒、乡射，其事统于官，盖上与民相厉以礼之道，所以使民日迁善而不自知也。"①

同时，乡饮酒礼对长者也给予了相应的尊重。"乡饮酒之礼，六十者坐，五十者立侍，以听政役，所以明尊长也；六十者三豆，七十者四豆，八十者五豆，九十者六豆，所以明养老也。民知尊长养老，而后乃能入孝弟。民，入孝弟，出尊长养老，而后成教，成教而后国可安也。"②上面的人讲话、安排事情，60岁的人坐着听，50岁的人站着听；吃饭的时候，60岁的3盘菜，70岁的4盘菜，80岁的5盘菜，90岁的6盘菜。之所以有这样的仪式，就是为了让大家懂得尊敬长者、知道怎么养老。大家都明白了这些道理后，回家自然会孝敬老人、尊敬兄长，教育的目的就达到了。教育的目的达到了，国家自然就会安宁稳固。于此，风俗习惯作为文化的表层元素，其维护国家安全的功能遂得以显现。

（二）礼乐与生活禁忌

禁忌是从原始社会的鬼魂崇拜中产生的。原始人由于对大自然和自身构造认识不清，认为人死后灵魂还在，这便是鬼魂。因为害怕鬼魂降灾，人们便用祭祀的办法来免灾；同时还认为只要把鬼神

---

① 曹元弼：《礼经校释》卷五，本书编委会编：《续修四库全书》经部第94册，上海古籍出版社2002年版，第177页。
② 《礼记·乡饮酒义》。

供奉到位，就会得到它们的保佑。但人们又担心在这些活动中一不小心得罪了鬼神，于是就形成了种种禁忌。中国从原始社会步入夏商时代，鬼神观念仍然盛行，大多数禁忌的出现都与此有关。随着人们对客观事物认识的加深与文明的进步，禁忌与鬼神信仰的联系越来越不那么直接，而是朝着民众的日常生活转变。尤其是进入西周，周人"事鬼敬神而远之"[①]，所形成的禁忌虽然仍可以找到与鬼神信仰联系的轨迹，但与之联系更紧密的则是人类的生活、生产活动。

1. 关于祭祀活动的禁忌。依周代礼制，春天举行祭祀所用的牺牲是有忌讳的。"牺牲"就是供祭祀使用而宰杀的牲畜，常用的有牛、羊、猪，色纯为"牺"，体全为"牲"。《礼记·月令》规定，孟春"命祀山林川泽，牺牲毋用牝"。大意是，春天的第一个月，即农历正月，祭祀山林川泽不能将雌性动物作为牺牲。仲春"祀不用牺牲，用圭璧，更皮币"。意思是二月祭祀更是完全不能使用牺牲，而改用圭璧、皮革和布帛来替代。显然，这些禁忌的产生不再是出于对鬼神的畏惧，而是为了确保家畜维持正常的繁殖能力，这样的禁忌对提高农业生产的效力也大有帮助。

2. 关于山林川泽的禁忌。周代礼制中形成了大量保护自然环境的禁止性规范，春、夏二季都有相应的禁忌。例如孟春"禁止伐木"；仲春"毋竭川泽，毋漉陂池，毋焚山林"，即不允许将河流、池塘的水放干，不允许在山林中烧火。孟夏"毋伐大树"，即夏天的第一个月（农历四月），不允许砍伐大树，只能砍伐小树供家用或农用；仲夏"毋烧灰""毋用火南方"，即不允许烧灰，也不允许在南方放火，以避免引起山林火灾，因为夏天多吹南风；季夏"乃命虞人入山行

---

① 《礼记·表记》。

木，毋有斩伐"，即令主管人员进山巡视，不许砍伐树木。

3. 关于野生动物的禁忌。孟春"毋覆巢，毋杀孩虫，胎夭飞鸟，毋麛毋卵"，即忌掏鸟窝，忌杀幼虫，忌杀怀胎的母畜和刚刚会飞的小鸟，忌伤害刚出生的幼兽和各种鸟蛋。季春"田猎罝罘，罗罔，毕翳，餧兽之药，毋出九门"，即打猎用的捕兽网、捕鸟用的网、长柄的网、射猎用的隐蔽性工具、毒害野兽用的毒药，统统禁止出城门；同时"命野虞无伐桑柘，鸣鸠拂其羽，戴胜降于桑"，即令主管田野山林的官员不要砍伐桑树和柘树，以便让斑鸠、戴胜鸟在上面自由飞翔。孟夏"毋大田猎"，各种动物正处于生长期，忌举行大型狩猎活动。①

上述禁忌主要是围绕环境保护而生成的，同时还形成了"以时禁发"②的观念，也就是按照时间顺序，有规律地利用自然资源，既有禁止，又有开放。《吕氏春秋》谓之"制四时之禁"③。若只有开放而没有禁忌，就会破坏自然循环的生态链；若只有禁止而无开放，又不利于民众的正常生活，故这些禁忌多集中在春夏两季，"到七月而纵之"④，到秋天就逐渐放开了，以达到"两相养，时相成"⑤的理想状态。从文化安全的角度讲，这些禁忌有助于民众对农耕文化形成价值认同，热爱春种、夏耕、秋收、冬藏的生活方式，从而使当时的文化长期处于稳定的状态。《诗经》作为西周初年以来的民歌总集，其中"春日载阳，有鸣仓庚""鸤鸠在桑，其子七兮""鸤鸠在桑，其子在梅"⑥等佳句，正是对人与自然和谐相处的纵情歌唱。

---

① 《礼记·月令》。
② 《荀子·王制》。
③ 《吕氏春秋·上农》。
④ 《睡虎地秦墓竹简·田律》。
⑤ 《黄帝四经·姓争》。
⑥ 分别见《诗经》之《七月》篇、《鸤鸠》篇。

第二章　春秋战国的国家文化安全

夏、商、西周的国家文化安全建设采用礼乐模式,然而到春秋战国时期礼崩乐坏,导致价值观混乱、人心迷失,人的生活方式也变得无所归依。正如司马迁所说:"《春秋》之中,弑君三十六,亡国五十二,诸侯奔走不得保其社稷者不可胜数。"①原有的礼乐再也无法为国家的文化安全提供有效支持。那么,现在又该用什么样的思想、什么样的方法来维护各诸侯国的文化安全呢?值此前所未遇之大变局,各种思潮风起云涌,诸子百家各异其说,分别提出了治国理政的思想主张。其中以道、儒、墨、法四家为显学,而真正对中国历史产生重大影响的思想流派,又首推儒、法两家。儒家提倡以"仁礼"经世,法家主张以"法·律"治国。这些经世治国的思想主张都具有综合性特征,几乎是政治、军事、法律、经济、文化无所不包。用现在国家安全学的眼光观之,它既是一种政治安全、军事安全思想,同时又是一种文化安全思想。

---

① 《史记·太史公自序》。

第一节　法家的国家文化安全思想与实践

法家不像其他思想流派有明确的师徒传承，他们是一群政治家、实干家，如春秋时齐国的管仲，郑国的子产、邓析；战国时魏国的李悝，韩国的申不害，秦国的商鞅等。从学术师承的角度讲，他们之间的关系几乎都是八竿子打不着的，只是因为他们在治国理政上有着相同的主张，形成了一个思想上的共同体，故被后世称作法家。其共同之处在于，他们都特别重视"法"或"律"在国家治理中的作用，并用"刑"来保障法或律的施行。

当时的法和律，与今天我们常说的法律法规不同，二者是不连用的，各有各的含义，其产生、演变和发展脉络大致如此：春秋时期礼乐已失去社会治理功能，无法建立起有效的秩序，到公元前7世纪，管仲（？—前645年）主张用"法"来进行治理，"威不两错（措），政不二门，以法治国，则举错（措）而已"[①]。他最早提出了"以法治国"的口号[②]，但未见他制定专门的法典。

到公元前6世纪，一批实践中的改革家将夏、商、西周用来保障礼乐施行的制裁手段——刑——从礼当中抽离出来，制成了专门的法典，用于治国理政。郑国执政子产于公元前536年在铜器上公布了一部法典，史称"铸刑书"[③]。该国大夫邓析对这部刑书不满，又在竹简上私自编写了一部法典，史称"竹刑"，估计比子产的刑书更完善。公元前501年，郑国执政驷歂杀了邓析，却将"竹刑"公之

[①] 《管子·明法》。
[②] "故法治者，治之极轨也，而通五洲万国数千年间，其最初发明此法治主义以成一家言者谁乎？则我国之管子也。"梁启超：《管子传》，中华书局1943年版，第14页。
[③] 《左传·昭公六年》。

于国予以实施。① 公元前513年,晋国赵鞅、荀寅将范宣子所著刑书铭刻在一个铁鼎上予以公布,史称"铸刑鼎"。②

到公元前5世纪下半叶,魏国李悝(公元前455年—前395年)吸收各国刑书、刑鼎的精髓,编纂《法经》六篇,分别为《盗法》《贼法》《囚法》《捕法》《杂法》《具法》。"法"作为一种迥异于"礼"的国家治理手段,正式登上历史舞台。③ 李悝亦因此被后世誉为法家第一人,此前的管仲、子产、邓析等则被誉为"法家先驱"。

到公元前4世纪中叶,商鞅在秦国主持变法。《唐律疏议》称"商鞅传授(《法经》),改法为律",即把"法"改名为"律"。从此,"律"成为中国古代基本法典的定名,沿袭至清代而不改。兹以下图表示之。

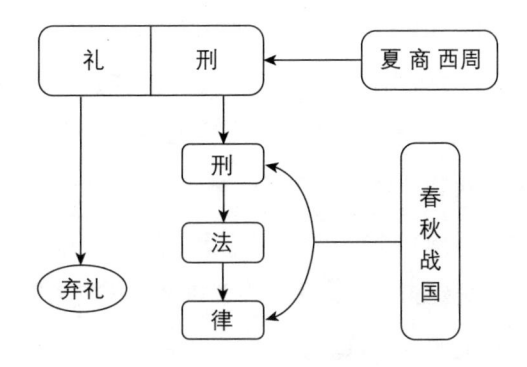

依照人类学的观点,法律归根结底是文化的一个方面。春秋战国时法家主张用于治国的"法"或"律",既是一种制度设计,又

---

① 《左传·定公九年》。
② 《左传·昭公二十九年》。
③ 吕思勉认为,自《法经》之后,从秦律到《大清律例》,"法典遂前后相承,有修改而无创制矣,故《法经》实吾国法典之本也。"吕思勉:《先秦史》,上海古籍出版社2005年版,第392页。

是一种文化手段。从制度的角度考察，它能够建立相应的法律秩序；从文化的视角观察，它能维护国家文化安全。文化的功能在于培育价值观、塑造生活方式。当一个国家的价值观和生活方式处于相对稳定的状态，那么文化就是安全的。法家主张的"法·律"治国方式也正是从这两方面来实现其文化安全功能的。

一、用"法·律"培育国家的价值观体系

夏、商、西周时期，国家以礼作为评判是非善恶的最高价值标准，到春秋战国时礼乐崩坏，国家失去了评判是非善恶的统一标准，或者说评判标准变得混乱，大家都不知道该怎么想、怎么做才是正确的。正如司马迁所说，春秋时大臣杀害国君的有36个，诸侯国被人灭国的有52个，诸侯王被追杀得四处奔走有家难回的更是不计其数。为什么？"察其所以，皆失其本已。"[1] 意思是分析其原因就是失去了根本。这个根本就是价值观。价值观混乱，就没有评判是非善恶的标准，君王可以视臣民如草芥，臣民也可以视君王如寇仇。面对这样的局面，法家认为，只有用"法·律"才能为一个国家培育起价值观体系，凝聚起人心，才能在群雄"争于气力"[2]的乱世中得以保全，国家安全才有保障。

（一）奉"法·律"为国家最高的文化评判价值

首倡"以法治国"的管仲说："君臣上下贵贱皆从法，此谓为大治。"[3] 大意是君臣上下高低贵贱各阶层的人都依照法来办事，这样国

---

[1]《史记·太史公自序》。
[2]《韩非子·五蠹》。
[3]《管子·任法》。

家就能达到大治的理想境界。在此，法就成了国家最高的评判价值，人人得从行动上服从，君王也不例外。"明君置法以自治""令尊于君"①，意思是圣明的国君既然制定了法律、颁行了法令，就不能只拿这些规矩去管别人，还得拿它来管住自己，法律的地位比国君还要尊崇。商鞅反复劝告："圣王者不贵义而贵法，法必明，令必行，则已矣"②；又说："不可以须臾忘于法。"③大意是君王不要崇尚空洞的仁义而要推崇具体的法律，一旦法令制定出来，就必须照章执行，要让人时时刻刻都不要忘了法律这根准绳。韩非子则说："法者，编著之图籍，设之于官府，而布之于百姓者也。"这说的是法律之所以要编著在图籍之上，就是要老百姓看得到，然后才知道如何去遵守。《尹文子》一书表达的观点更绝对："百度皆准于法。"④"度"者，标准也。即不管什么样的标准，最后都得以法律的标准为标准。

然而，做到让人在行动上去遵守法律，仅仅是解决了制度层面的问题，还没有解决文化层面的问题。只有人人从思想上认可法，都觉得这些"法·律"模式是正当的、合理的，才能解决文化中的价值认同问题，进而引领民众去相信它、亲近它、运用它，形成一套统一的价值观体系。这就需要从正反两方面来努力：一方面要防止来自反面的思想质疑，避免削弱法律的权威性。慎子就说："法立则私议不行"⑤，法律一旦公布实施，就不允许私下议论；李悝说得更严重："议国法令者诛，籍其家及其妻氏"⑥，即私下议论国家法令的要杀头，家人和妻子也要被收为官奴。法家居然主张用重刑去惩罚

---

① 《管子·法法》。
② 《商君书·画策》。
③ 《商君书·慎法》。
④ 《尹文子·大道上》。
⑤ 《慎子·逸文》。
⑥ 《晋书·刑法志》引《新论》。

私下讨论国法的人，这在今天看来是十分荒唐的，但在当时，其目的就是防止人们质疑法律，如果心存疑问还怎么谈得上形成思想认同？若无法形成思想认同，价值观塑造就成了难题。

另一方面要从正面进行合理论证，以增强法律自身的正当性。欲将法律打造成人人必须遵循且愿意遵循的最高标准，单靠重刑恐吓也不是办法，还得讲道理。战国末期法家思想的集大成者韩非子说："法者，宪令著于官府，刑罚必于民心"①，又说："是故禁奸之法：太上禁其心，其次禁其言，其次禁其事"②，意思是禁止臣民做违反法令的事只是最低的层次，高明一点的是禁止臣民发表不合法的言论，最上乘的境界则是让臣民内心不生出违法的念头。在韩非子看来，要想使法律成为大家都自愿相信、自觉践行的价值观，还得从内心去解决问题。如何让民众发自内心地相信法律是合理且不可置疑的，商鞅的这一段论述显得更接地气。他说："法令者，民之命也，为治之本也，所以备防民也。为治而去法令，犹欲无饥而去食也，欲无寒而去衣也，欲东而西行也，其不几亦明矣。"③大意是，法令是老百姓的命，是国家治理的本。治国理政没有法令，就相当于不想挨饿又不吃饭，不想受冻又不穿衣，想去东边却向西出发，那是办不到的。商鞅用这些不证自明的道理来说明法律的合理性和正当性，自然更容易令人接受。

（二）用强制教育的方法养成"法·律"价值观

法律乃是国家制定或认可的并以国家强制力保障实施的行为规范，是一种外在的规则、规矩，或者说是一种工具，并不是天然就

---

① 《韩非子·定法》。
② 《韩非子·说疑》。
③ 《商君书·定分》。

具备价值属性。如果仅仅从理论层面去论证法律就是国家最高价值标准，恐怕难以服众，必须采用具体的举措来加深民众对法律的认识、理解，这样才能逐渐将法律的判断变成民众内心的价值判断。对此，法家代表人物有着深入的思考，并设计了可资操作的办法。比如商鞅建议秦孝公设置主管法律教育的官吏，在全国范围内推广法律教育，"圣人必为法令置官也，置吏也，为天下师，所以定名分也"①。后来韩非子进一步提出"以法为教""以吏为师"。他们设计出一套相对成熟而系统的教育方法，对促使民众以法律作为评判是非善恶的标准起到了极大的作用，国民的价值观也在这一过程中逐渐得以形塑。

其一，明确教育主体。"为法令，置官吏"②，大意是国家要设置主管法令的官和吏，作为进行法律教育的老师，其他人没有这个资格。当年秦孝公问，搞这么一套法律出来，怎么才能让老百姓知道呢？商鞅建议，从中央到地方都设置相应的官吏，在中央的殿中府设一名法官，御史府设一名法官、一名法吏，丞相府设一名法官；地方的县衙门设法官、法吏各一名。各级主法官吏都要从朴实、厚重而又懂法的人中选拔，"朴足以知法令之谓者，以为天下正"③。用今天的话说就是要任用德法兼修的人。因为法律本身就表现出极强的工具性，有德无才的人去讲，讲不清楚；有才无德的人去讲，就成了"豁嘴念经——念歪了"，反而把人给教坏了。

其二，厘定教学内容。商鞅主张"壹教"，就是要统一教学内容。"圣人之为国也，壹赏、壹刑、壹教。"④国家必须坚持统一的宣

---

① 《商君书·定分》。
② 《商君书·定分》。
③ 《商君书·定分》。
④ 《商君书·赏刑》。

传教育口径，向民众灌输以法治国的理念，进而把民众的思想统一进"法·律"模式建立的架构中来。韩非子说得更明确，"故明主之国，无书简之文，以法为教"①。就是将国家法令作为唯一教学内容。要把法律条文、赏罚规定给老百姓讲清楚，让他们明白什么样的行为会得到奖赏，什么样的行为会受到惩罚。这样他们对法律才会有预期，长此以往就能形成法律信仰。

要达到这样的效果，对法律这个唯一的教学内容也须有严格要求。第一，法律条文要详尽。国家法令对需要裁断的事情一定要规定得周全细致。"书约而弟子辩，法省而民讼简，是以圣人之书必著论，明主之法必详尽事。"②法律文书太过简约，学习法律的弟子就会对文意产生争辩；条文太过省略，民众就会轻视法律而随意挑起诉讼。所以，法律规定必须详尽。第二，法典用语要简明。"故圣人为法必使之明白易知，名正，愚知遍能知之。"③即法言法语的表达要简单明了、通俗易懂，使愚人智者都能懂得，不能在法典中使用"微妙之言"。"微妙之言，上智之所难知也。今为众人法，而以上智之所难知，则民无从识之矣。"④这样的语言，即使是上等的聪明人也很难搞懂，将其写在法律之中，老百姓更无法理解了。"其教易知，故言用。"⑤只有讲授得简单易懂，法律的规定才会得到有效的运用。第三，法律内容要统一而稳固。"法莫如一而固，使民知之。"⑥法律内容统一周延，才不会使法条之间出现冲突。如果法律针对同样的行为做出不同规定，就会导致"依法打架"的弊端，民众必然会产生

---

① 《韩非子·五蠹》。
② 《韩非子·八说》。
③ 《商君书·定分》。
④ 《韩非子·五蠹》。
⑤ 《韩非子·用人》。
⑥ 《韩非子·五蠹》。

困惑。法律中的规定稳固，民众知道什么行为会导致什么法律后果，才会对这套法律充满预期。如果朝令夕改，民众就不会相信国家的法律，内心的价值评判就会因失去依托而变得漂浮不定。

其三，严格教学程序。第一，国家法令一式多份，以便分别保管、相互核对。正本由各级法官、法吏保管，作为"法教"的教材和解答各种法律咨询的依据；副本由君王保管，放在殿中府的禁室中锁起来，防止有人篡改其中的内容，"有敢剟定法令，损益一字以上，罪死不赦"。第二，主法官吏对前来咨询的百姓和其他官吏要认真解答。将解答内容写在一个长一尺六寸的符券上，注明年、月、日、时，所问法令的名称等。符券一式两份，左券交给咨询人，右券由官吏自己保管。即便该官吏去世，下一届官吏也能够按照券书记载进行解答，防止咨询结果前后不一。出土的《云梦秦简》中有一大批《法律答问》的竹简，可证明这一要求在秦国确实得到了贯彻执行。第三，主法官吏有严格的教学责任。百姓或其他官吏前来咨询，若主法官吏没有回答他们，而他们中又有人犯罪，且刚好是他们想咨询的法令中所指向的罪名，就要用这个罪名来制裁未回答问题的法官或法吏。比如，秦律中规定，小野猪进入人家，主人只能将它赶走，不能杀死，否则"赀二甲"。如果有人因不懂这条法律而擅杀了小野猪，那么没给当事人讲清楚该法令的法官或法吏，就要被罚缴两副铠甲。第四，当主法官吏以外的其他官吏在施政过程中以非法手段对待民众，民众也要来向法官、法吏请教。法官、法吏将相关法令所规定的罪名告诉民众，民众就能用法官、法吏的话去警告其他官吏，督促其依法执政，所以"更不敢以非法遇民"。同时，百姓明晰了法令的规定，就不能动不动就去告状缠诉，于是

"民不敢犯法以干法官也"①，冒犯法官的威严。

（三）禁绝一切妨碍"法·律"价值观培育的学说与思想

为将"法·律"所追求的价值标准，打造成人人必须信奉的核心价值观，法家不仅在思想上加强理论宣传，而且在实践中积极推进法律教育。除此之外，还对任何可能妨害这种价值观形成的学说进行严格规范。商鞅在"壹教"的主张中就表达了这一思路。"所谓壹教者，博闻、辩慧、信廉、礼乐、修行、群党、任誉、清浊，不可以富贵，不可以评刑，不可独立私议以陈其上。"②意思是上述九种可能阻碍法治推行的学问，要统统排斥在教育范围之外，也不能让讲授这些学问的人获得富贵，更不准许他们议论国家的政令刑法。时值春秋战国之乱世，各种思想流派层出不穷，各家学者"从事于谈说，高言伪议，舍农游食，而以言相高也"③。他们高谈阔论，专说大话、空话博人眼球混饭吃。上朝议论治国的办法，无不七嘴八舌、各执其说，国君被各种说法搞糊涂了，大夫被各种言论弄混乱了，民众也心无定所不愿务农。整个国家没有统一的价值标准，思想一片混乱，力量便无法聚集起来，更没有办法在争霸战争中求得安全，所以只有用法律来统一大家的思想，国家才有希望。

韩非子的理论进一步将需要禁绝的学说流派归纳为"二无"说，即"无书简之文""无先王之语"④。"书简之文"是指刻写在书简上的其他学派的思想观点和经典著作，如儒家的《诗经》《尚书》《易经》《周礼》《乐》《春秋》等。"先王之语"指的是古往今来那些圣贤的

---

① 《商君书·定分》。
② 《商君书·赏刑》。
③ 《商君书·农战》。
④ 《韩非子·五蠹》。

经典语言，如尧、舜、禹、汤、文、武、周公等。书简上存载的大都是先王之语，先王之语也都刻写在书简之上，因而这两者是"一分为二"又可"合二为一"的关系。研究传习这二者的学说又被称作"文学"，跟今天文学的概念完全不同。而干这一行、吃这碗饭的人，则被称作"文学之士"。在这里，韩非子所指的主要就是儒家学者。在他看来，这些流派的思想学说对国家推行法治、形成统一的文化价值观大大有害，所以必须严加禁止。

首先，"书简之文"与法治精神相冲突，无法为国家凝聚起统一的价值观。韩非子认为"书简之文"所承载的各个学派内部不统一，"儒分为八，墨离为三"，不过是"杂反之学"，怎么可以拿来治国理政呢？当世之显学，首推儒墨。儒家奉孔子为至尊，但"自孔子之死也，有子张之儒，有子思之儒，有颜氏之儒，有孟氏之儒，有漆雕氏之儒，有仲良氏之儒，有孙氏之儒，有乐正氏之儒"。墨家奉墨子为至尊，但"自墨子之死也，有相里氏之墨，有相夫氏之墨，有邓陵氏之墨"。各学派内部分出不同的支脉，各自主张的思想也不统一，不过是"杂反之辞"。他们"言无定术，行无常议"，极易把人的思想搞乱。"杂反之学不两立而治，今兼听杂学缪行同异之辞，安得无乱乎？"[①]大意是杂反之学传播的杂反之辞，观点相互对立，彼此无法相容，如果任其同时存在并加以采用，必然会使人的价值标准产生混乱，君主治国的思路和方法也会随之混乱。

其次，"先王之语"与法治精神相冲突，会破坏人们对法律的信仰。韩非子认为先王之语的核心就是"仁义"，假如一个君王看到罪犯要受刑罚就痛哭流涕，决定不对他用刑，这就是仁。但如果按法律规定又不得不对罪犯用刑，那么君王就面临着是否屈"法"以求

---

① 《韩非子·显学》。

"仁"的矛盾。可见,仁义治国就相当于守株待兔、缘木求鱼,不过是空想罢了。"是故乱国之俗,其学者则称先王之道,以籍仁义,盛容服而饰辩说,以疑当世之法而贰人主之心",言必称先王仁义之道,必然会破坏人们对法律的信心,会动摇国君推行法治的决心;"故举先王言仁义者盈廷,而政不免于乱"①,国家政治就难免混乱,统治就难以稳固。再加上先王之语的真伪也值得怀疑,比如儒家、墨家都说自己这一派传承的是真的,但尧舜这些先王都去世3000多年了,谁来证明这些语言的真假呢?"无参验而必之者,愚也;弗能必而据之者,诬也。"②没有证据验证的话却要当真,那不是蠢吗?不能当真的话还要依据它来治国,那不是骗人吗?所以,对于这些无从考据的"先王之语"自然应予禁绝。

最后,"文学之士"的行为和主张,会导致人们对法律产生怀疑。在韩非子眼里,"文学之士"会离间民众与法律的关系。"学道立方,离法之民也,而世尊之曰'文学之士'。"③文学以提倡仁义为宗旨,法律以执行严格为特征。给老百姓讲温情脉脉,他们自然会亲近你;如果讲的全是铁面无情,他们自然会远离你,这就叫"儒以文乱法"。这样的人依照法律本应被治罪惩罚,即"夫离法者罪",结果国君反而对他们礼遇有加,岂不是与法的精神背道而驰吗?哪怕有十个黄帝这样的先王同时来治国,也无法把国家治理好。而且,用"文学之士"的思想治国,还会使民风变坏。"今修文学、习言谈,则无耕之劳而有富之实,无战之危而有贵之尊,则人孰不为也?"④他们只知道夸夸其谈,"不治而议论"⑤,既没有劳动的辛苦却有吃有

---

① 《韩非子·五蠹》。
② 《韩非子·显学》。
③ 《韩非子·六反》。
④ 《韩非子·五蠹》。
⑤ 《史记·田敬仲完世家》。

喝，又没有打仗的危险却有头有脸富贵逼人。谁不愿意成为这样的人呢？人们纷纷效仿，就没人愿意农耕、没人愿意打仗了，国家的经济、军事就会越来越贫弱。对文学之士及其主张应当禁绝。"工文学者非所用，用之则乱法。"①所以，文学之士及其主张应当禁绝，因为他们会破坏国家法律。

二、用"法·律"价值观体系塑造新的生活方式

法家抛弃了传统的礼义而拥抱"法·律"，将其打造为国家的价值观体系，并力求用它来塑造新的生活方式。当然，这并不意味着对传统文化的全然摒弃，对于曾经的优秀文化元素，尤其是不影响新型价值观形成的文化内容，还是要传承维护的。比如，齐法家在继承礼乐时代"束发右衽"的服饰文化上便作出了很大的贡献。春秋战国时的法家主要分为两大类：一类是齐法家，另一类是秦晋法家。公元前7世纪中叶，齐国北部、西部的少数民族山戎和狄人实力强大，经常进犯齐国周边的燕国和邢国（今河北邢台）。这些被侵犯的国家在文化上与齐国同源，都属于华夏文化圈，不但国家政权受到威胁，文化安全也面临危险。法家先驱管仲辅佐齐桓公，联合周边国家，成功抵挡住戎狄的入侵，得到各国的拥戴，捍卫了华夏诸国的政治、文化安全。对此孔子赞扬说："微管仲，吾其被发左衽矣。"②

当然，"法"和"律"作为法家提倡的新型价值观体系，对它的提倡与弘扬，也必然会带来生活方式的更新。在文化当中，价值观体系与价值理念（或曰价值观念）是两个不同概念。前者是一个有

---

① 《韩非子·五蠹》。
② 《论语·宪问》。

机的、系统的复合体，而后者是单个的、具体的价值追求。比如，现行的社会主义核心价值观，就是一套体系，下面又包含了12种具体的价值理念：国家层面的富强、民主、文明、和谐；社会层面的自由、平等、公正、法治；个人层面的爱国、敬业、诚信、友善。按照这一思维脉络来分析法家的"法·律"价值观体系，同样也包含了一些具体的价值理念，如"富国""强兵""奉法""移风易俗"等。在不同价值理念指导下就会形成相应的新生活方式；而新的生活方式反过来又会促使价值观得到更进一步的稳固，国家文化安全就在这种运行机理中得以实现。下面我们以推行法家思想最成功的秦国为例来进行分析。

（一）"富国"理念与重视耕织的生活方式

秦国在秦孝公统治（前381—前338年）以前是出了名的贫穷落后。秦国地处西部，长期受西戎文化影响，遂与中原诸侯国产生了地理和文化上的隔阂，最终导致"诸侯卑秦，丑莫大焉"[①]。公元前361年，秦孝公发布求贤令，广招天下人才。法家代表人物商鞅带着魏国李悝制定的《法经》来到秦国，得到秦孝公重用而主持变法。商鞅认为秦国地广千里、资源丰富，而国家却贫弱如斯的原因在于人心不聚、思想不统一。国内民众或学西戎放牧，或弃农从商以免受劳作之苦，或给宗室贵族帮工混吃混喝，大家都不把农耕当回事。"夫农者寡而游食者众，故其国贫危。"[②]在农业时代，农耕是最重要的产业，如果一国之中从事农业的人少，游走他乡觅食的人多，那么国家必将贫困、危亡。商鞅认为"国作壹一岁，十岁强；作壹十

[①]《史记·秦本纪》。
[②]《商君书·农战》。

岁，百岁强；作壹百岁，千岁强；千岁强者，王"[1]。即国家集中力量耕作一年，就会在十年内变得强大，以此类推，自然会走向富强而实现"王天下"的目的。所以治国最重要的是"令民归心于农。归心于农，则民朴而可正也"[2]。然而靠什么来凝聚人心，培育起人人乐于农耕的意愿呢？就必须靠"法"或"律"。

人性都是趋利避害的。"民之内事，莫苦于农。"[3] 老百姓最不愿干的恐怕就是农活儿了，但又希望得到好处。于是国家用法律的方式规定："利出一孔。"[4] 意思是你只能从一个渠道去获取，这个渠道就是农耕。秦国出台了《为田开阡陌令》《垦草令》等法令，废除以前奴隶制贵族作为土地界线的阡陌封疆，将土地分配给小农，确立土地私有制，鼓励民众开荒、种地、养蚕、织布，史称"为田开阡陌封疆，而赋税平"。百姓从事农业耕织且收获多的，可以给国家多上缴粮食布匹，国家给予政策优惠。"僇力本业，耕织致粟帛多者复其身。"[5] 所谓"复其身"就是免除徭役。这一政策力度很大，相关史料显示，当时每个成年男丁要为国家服劳役一个月、戍边三日。通过缴纳农副产品可以免除这几十天急难险重的差役，对绝大多数人而言是很有诱惑力的。更为诱人的还有纳粟拜爵的政策，即百姓多缴粟帛可以获得爵位，"农有余粮，使民以粟出官爵，官爵必以其力，则农不怠"[6]。商鞅为秦国制定了军功爵制度，共有 20 级爵位，最低的为公士，最高的为彻侯。军功爵包括两大类："武爵"，即按照军功的高低授予的爵位；"粟爵"，即依照缴纳粮食布匹数量的多

---

[1] 《商君书·去强》。
[2] 《商君书·农战》。
[3] 《商君书·外内》。
[4] 《商君书·弱民》。
[5] 《史记·商君列传》。
[6] 《商君书·靳令》。

少授予的爵位。至于缴纳多少粟帛能获得一级爵位，目前还见不到直接的史料记载，从秦王政四年（公元前243年）的情况来看："百姓纳粟千石，拜爵一级。"①有生之年可以通过农耕的办法能够改变自己的身份，获取贵族资格，提高社会地位，这可谓史无前例的大变革。这一制度设计对树立劳动光荣、农耕至上的观念起到了极大的文化推动作用，不但直接助推了"富国"价值观的培育践行，也塑造了广大民众安于农耕的生活方式。

为了让更多的人投身农业经济建设，商鞅还以律令的形式制定了一系列配套制度。其一，厘定户籍制度。"四境之内，丈夫女子皆有名于上，生者著，死者削。"②借此使国家对从事农耕生产的人口数量有总体把握，明晰"壮男、壮女之数，老弱之数"③，以便制定相应的政策措施。其二，抑制商业发展。典型举措便是禁止粮食买卖，"使商无得籴，农无得粜"。农民粮食卖不出去不受影响，可以交到官府去换爵位，商人买不到粮食，生意就没法儿做。同时，"贵酒肉之价""重关市之赋"，提高农副产品价格，加重商业税收，进一步挤压商人的利润空间。这样一来，"农逸而商劳，……则农事必胜"④。从事农耕遂成为一个很安逸的职业，而经商却变成了一个无利可图的行当，此时想向外迁徙又被户籍制度管束着，商旅之人便逐渐转变成耕织小农。其三，招徕外国人来秦垦种。商鞅建议秦孝公向全天下发布优惠政策：其他诸侯国的人来秦，三年不服徭役、不参加军事战争；开发秦国境内坡地、土山、湿地的，十年不交赋税。"者于律也，足以造作夫百万。"⑤把这些政策写在律令之上，足以吸引上

---

① 《史记·秦始皇本纪》。
② 《商君书·境内》。
③ 《商君书·去强》。
④ 《商君书·垦令》。
⑤ 《商君书·徕民》。

百万人到秦国务农。这些积极的土地政策，吸引了各国的小农来秦国谋发展，大大充实了秦国的人口，扩大了土地的开垦面积，增强了秦国的军力和国力。

商鞅用法家推崇的"法·律"价值观为秦国打造出了"富国"的价值理念，由此推出各种政策措施，以促进农耕生产，使得秦国经济实力快速提升。百余年后，韩非子（约前280—前233年）是这样评价的："公孙鞅之治秦也，设告相坐而责其实，连什伍而同其罪，赏厚而信，刑重而必。是以其民用力劳而不休，逐敌危而不却，故其国富而兵强。"[1] 公元前237年，法家另一位著名人物李斯在《谏逐客书》中说道："孝公用商鞅之法，移风易俗，民以殷盛，国以富强，百姓乐用，诸侯亲服，获楚、魏之师，举地千里，至今治强。"[2] 由此可见，"富国"这一核心价值不仅引领秦国走向强大，出现"国以富强""至今治强"的兴盛局面，同时也使得奴隶社会的土地王有制向封建社会的土地私有制转变，为民众塑造出不同于三代的新生活方式，出现了"百姓乐用"的小农经济形态。

（二）"强兵"理念与"勇于公战"的生活风气

在争霸战争中，经济实力是基础，军事力量是保障，然而"民之外事，莫难于战"[3]。打仗是要死人的，谁都不愿去，这是人的本性。虽然秦民受戎狄风俗影响，剽悍无惧、好勇斗狠，但往往是出于私利，"秦之野人，以小利之故，弟兄相狱，亲戚相忍"[4]，而缺乏公利意识。这种私斗的风气大大削弱了国家的军事实力，"兵弱者，

---

[1]《韩非子·定法》。
[2]《史记·李斯列传》。
[3]《商君书·外内》。
[4]《吕氏春秋·高义》。

民多私勇"①。要想将私利转化成为国家而战的勇气，使他们"勇于公战而怯于私斗"②，就需要凝练统一的价值观，"强兵"的理念由此而出。商鞅认为"国待农战而安"③，国家必须依靠强大的经济和军事实力才能安全。具体到军事上，要做到"兵出必取，取必能有之"④才能称得上强兵。为此，商鞅以颁行律令的形式推出了一系列强军措施。

首先是禁止私斗。"为私斗者，各以轻重被刑大小。"⑤这一规定既维护了国内秩序的稳定，改变了野蛮落后的民风，又有助于将民众的勇力转化到为国作战的"强兵"事业中。其次是制定军功爵制，又可称为"尚首功"政策。"有军功者，各以率受上爵"⑥，即按照士兵斩杀敌人首级的数量来计算军功、奖励爵位。如果在战场上杀敌太多，取头不便怎么办？后来就演变为取敌左耳来计算。按照商鞅制定的律法："斩一首者爵一级，欲为官者为五十石之官；斩二首者爵二级，欲为官者为百石之官。"⑦砍回一个敌人的脑袋，奖励一级爵位，想做官的，给他一个俸禄为五十石的官做，以此类推。结合其他史料来看，似乎待遇还不止这些，另有更多的政策配套："能得甲首一者，赏爵一级，益田一顷，益宅九亩，除庶子一人"⑧，即获得一级爵位的人还要给予一顷耕田、九亩宅基地、家里一人免赋税徭役等福利。反之，"其战，百将、屯长不得首，斩；得三十三首以上，盈论，百将、屯长赐爵一级"。秦时，五人小组的领导叫屯长，一百

---

① 《商君书·画策》。
② 《史记·商鞅列传》。
③ 《商君书·农战》。
④ 《商君书·靳令》。
⑤ 《史记·商君列传》。
⑥ 《史记·商君列传》。
⑦ 《韩非子·定法》。
⑧ 《商君书·境内》。

人的长官为百将，选拔出来的这些长官，武力肯定比一般士兵强悍，因此在战场上的表现要求也高，如果这些将领在战场上没能砍回敌首，就会被处斩；如果一百人的团队砍回来三十三颗脑袋，就算完成指标，百将、屯长各赐一级爵位。将士如果在战场上战死，"其官级一等，其墓树级一树"①，也就是说每多一级爵位，政府会在他们坟旁多栽一棵树。

重赏之下必有勇夫，尤其是赐爵位、益田宅的大力度奖赏，对于那些没有社会地位的庶民百姓而言，简直是天大的好事。只要能奋力砍一个脑袋回来，身份就由平民变成了贵族，这样的政策无疑具有强大的诱惑力和极大的鞭策力。军功爵制大大提升了秦军的战斗力，使其成为六国闻之色变的虎狼之师。其他国家的人曾经将秦军与山东诸国的军队作比较："山东之卒，被甲冒胄以会战，秦人捐甲徒裼以趋敌，左挈人头，右挟生虏。"②意思是山东诸国的士兵要穿上盔甲才上阵打仗，秦军竟然脱掉铠甲赤膊上阵，左手提着人头，右手还挟持着活的俘虏，活脱脱一副杀红眼的恶魔形象。估计在他们眼里，手里抓住的已不再是人头和俘虏，而是一级级爵位的凭证。

商鞅用"强兵"的价值理念为秦国凝聚起了人心，逐渐形成了迥异于他国的生活风气，"民勇于公战，怯于私斗，乡邑大治"③。民间甚至出现了亲属间相互劝勉作战的场景："父遗其子，兄遗其弟，妻遗其夫：'不得，无返！'"④即父亲对儿子说，哥哥对弟弟说，妻子对丈夫说："去打仗吧，砍不到敌人的脑袋就别回来！"这是一种何等震撼的场面！即便他们在战场上战死，望着亲人坟旁多栽的树木，

---

① 《商君书·境内》。
② 《史记·张仪列传》。
③ 《史记·商君列传》。
④ 《商君书·画策》。

家人也会感到无上光荣。

（三）"奉法"理念与"令行禁止"的行为习惯

秦国地处西北边陲，渐染戎狄风气。"秦人之从情性、安恣睢、慢于礼义故也"①，民众自由自在惯了，莫不行为散漫、率性而为，缺乏规则意识。当年秦穆公就遇到一件典型案例，他的骏马跑丢了，郊外一群秦人捡到后，根本不管马是不是别人遗失的财物，立即杀掉煮来吃了，一起吃肉的有300多人。"吏逐得，欲法之"②，官吏抓住他们后，本来要依法办理，秦穆公考虑涉及的人太多，就把他们给放了，还送酒给他们喝。此案可证，大多数秦人是没有法纪观念的。再加上他们为了一些田间地头、鸡毛蒜皮的私利，动不动就搞大规模械斗，私斗成风，严重影响社会秩序。要想改变这种社会风气，必须用统一的价值理念来加以引导，那就是"奉法"，即人人遵奉法律为最高标准、至上权威的良好形象。为了达到这一目的，商鞅采取了一系列变法措施，取得了良好的效果。

其一是"改法为律"。商鞅在秦国主持变法，他把以前李悝在《法经》中使用的"法"这个概念改为了"律"。《唐律疏议》记载："商鞅传授（《法经》），改法为律。"做这样的改动是有着深刻的文化含义的。"律"的本义可能与"音律"有关，是一种调音或定音工具，具有规范、标准的意思。③《说文解字》云："律，均布也。"段玉裁注："律者，所以范天下之不一而归于一。"《尔雅》云："律，常也。"规范、统一、恒常，应是律的引申义。"改法为律"是为了在

---

① 《荀子·性恶》。
② 《史记·秦本纪》。
③ 关于"律"的本义及相关探讨，可参见陈寒非：《"律"义探源》，《现代法学》2013年第3期。

当时纷繁复杂的法律形式之上，确立一种"规范、统一、恒常"的法。它虽然也是法的一种，却是所有法当中的基本法、最高法，从而区别于国君或其他长官随时发布的命令。从此以后，历代王朝的基本法典都以"律"相称，从秦律到清律皆然。这里的"律"不仅是法律意义上的行为规范，也是文化意义上的价值观。

凡是违反律这一价值评判的行为，不管对象是什么样的人都要在文化上给予否定性评价，并在法律上给予相应的制裁。"自卿相将军以至大夫庶人有犯国禁、乱上制者，罪死不赦。有功于前，有败于后，不为损刑。有善于前，有过于后，不为亏法。"[1]秦孝公的太子嬴驷触犯了新法，商鞅认为："法之不行，自上犯之。"[2]那法律之所以难以推行，就是因为这些身处高位的人带头犯法。但本案的太子毕竟是政治接班人，对他不便处罚。于是便把太子傅（太子的老师）公子虔揍了一顿，同时又将太子师（太子的又一种老师）公孙贾判处黥刑，在脸上刺字。于是便"刑其傅公子虔，黥其师公孙贾。明日，秦人皆趋令"。自第二天开始，秦人无不乖乖地遵守国家颁行的律令法条，逐渐培养起规则意识。

其二是使民信法。法律仅颁布严刑峻法让人不得不遵守，那只是法律自带的强制力在起作用；而要使人人相信国家现行的法律制度，并自觉自愿地去履行，那就需要文化发挥功效了。"疑行无名，疑事无功"，当初商鞅在为秦孝公设计出一整套的律令法条后，并没有急着颁布施行，原因就在于"恐民之不信"，于是就有了文化史上传为佳话的"徙木立信"。商鞅在都城南门立起一根三丈高的木头，贴出告示说，谁能将木头搬到北门去，赏十两黄金。大家都觉得奇怪：天下哪有这样便宜的好事？没人去搬。第二天又贴告示，将奖

---

[1]《商君书·赏刑》。
[2]《史记·商君列传》。

赏提高到50金,结果有人将木头搬到了北门。商鞅果然赏了他50金,由此"以明不欺",用这一行动提升了民众对法律的信任。

商鞅推行法治的效果十分明显,"行之十年,秦民大说,道不拾遗,山无盗贼,家给人足"①。这样的法律实践使得秦人的行为习惯逐渐发生变化,"其言谈者必轨于法"②,即大家都能够自觉地用法律来约束自己的言行,甚至连妇女儿童都动不动"言商君之法"③。令人感叹的是,正是商鞅为秦国打造的这种"令必行,禁必止"④的生活模式,最终将他自己逼上了绝境。秦孝公死后,太子嬴驷登基,即秦惠文王,公子虔便告发商鞅谋反,商鞅只好四处逃亡,来到一个客栈要住店。按照商鞅给秦国制定的新法,留人住宿,客人姓名、从何处来、到何处去,都必须问清,否则是犯罪。商鞅正遭通缉,哪敢说出真实身份。客栈老板说:"商君之法,舍人无验者,坐之。"商鞅只好无奈地长叹而去,最终被杀。商鞅死了,但他的"法·律"还活着。百年后,韩非子说:"及孝公、商君死,惠王即位,秦法未败也。"⑤秦国的法律非但没有就此荒败,甚至传到了韩国,成为很多家庭的藏书,"今境内之民皆言治,藏商、管之法者家有之"⑥。千年后,北宋王安石赋诗赞道:"自古驱民在信诚,一言为重百金轻。今人未可非商鞅,商鞅能令政必行。"

(四)"移风易俗"理念与上下井然的生活秩序

秦国因长期与戎狄或战或合,交集甚密,遂渐渐远离华夏文明

---

① 《史记·商君列传》。
② 《韩非子·五蠹》。
③ 《战国策·秦策》。
④ 《韩非子·饰邪》。
⑤ 《韩非子·定法》。
⑥ 《韩非子·五蠹》。

的范畴而走向夷狄化。商鞅说："始秦戎翟之教，父子无别，同室而居。"①意为秦国推行戎狄的风俗教化，父子兄弟妻室儿女都住在同一房屋之中。无男女之别、无长幼之分，与中原诸国提倡的"父子兄弟之礼，夫妇妃匹之合"②大相径庭，表现出母系氏族时代的习惯特征。文化的落后不仅使秦国被东方各国歧视，更大大地限制了它自身的发展。这种男女杂居的生活方式难免会导致乱性乱伦，一是不利于优生优育；二是有可能引起血缘代际的混乱。这在华夏文明圈看来，几乎与野人无异，完全是在开文化倒车，以致儒家学派竟然形成"儒者不入秦"的惯例，连"出国留学"都不愿走秦国这一方，实在是太伤自尊了！从经济的角度审视，这种杂居生活形成的大家庭，对国家征收赋税也造成了困难。因为当时是按户征税，无法掌握各个家庭内部究竟有多少人口、多少劳动力。既不需要去掌握，又没能力去弄清。而且，在大家庭中，年轻人有老人可以依靠，不干活儿也饿不死，容易形成懒散怠惰的风气，滋生古代的"啃老族"。

要想改变这样的现状，同样得有相应的价值观来加以引导，那就是"移风易俗"。为此商鞅在公元前356年—前350年这几年中连续颁发了两道《分户令》。第一道法令规定："民有二男以上不分异者，倍其赋。"即一家有两个或两个以上的儿子成年，就必须分家另立户籍，否则要加倍征收赋税。该法令的经济意义重大，试想：家里有两个成年儿子，不分家就是一个大家庭，只能收一份户赋；分家以后就变成了三个小家庭，就可以收三份，国家经济总量立刻成几何倍数增加。第二道法令规定："令民父子兄弟同室内息者为禁，

---

① 《史记·商君列传》。
② 《商君书·画策》第十八。

置令、丞，凡三十一县。"①父子兄弟妻室儿女不允许同住一屋，违反者将处以重刑。为了使上述法令在民间能真正得到贯彻落实，商鞅将秦国的地盘分成31个县，县下依次设乡、邑、里、亭、什、伍的基层组织，推行"什伍连坐"制，一家犯法其他四家必须告发，否则同罪。由于法令执行力度大，"居五年，秦人富强，天子致胙于孝公，诸侯毕贺"②。周天子和东方诸侯之所以向秦孝公表示敬重，不仅是因为秦国强大，也因为它在文化上已经从野蛮迈进文明，脱离了戎狄之风。正像商鞅曾经得意地说："今我更制其教，而为其男女之别。"③通过法律教化，秦国形成了男女有别、父子有序的风俗习惯，真正融入了华夏文化圈，自然容易得到认可。

公元前263年，儒家思想的集大成者荀子打破了"儒者不入秦"的惯例，亲自到秦国游历调研。经过一段时间的居住和考察，他对秦国的民风有这样一番感慨："入境，观其风俗，其百姓朴，其声乐不流污，其服不佻，甚畏有司而顺，古之民也。及都邑官府，其百吏肃然，莫不恭俭、敦敬、忠信而不楛，古之吏也。入其国，观其士大夫，出于其门，入于公门，出于公门，归于其家，无有私事也；不比周，不朋党，倜然莫不明通而公也，古之士大夫也。观其朝廷，其朝闲，听决百事不留，恬然如无治者，古之朝也。"④儒、法两家原本势同水火、彼此互绌，但荀子在亲身经历之后，也不得不发出由衷的赞叹：秦国百姓朴实无华，官吏忠于国家，贵族公而无私，朝廷治理高效，整个社会从上到下都在法制的轨道上有序运行，颇有古风。由此可见法家用"法·律"价值体系来移风易俗的效果是十

---

① 《史记·商君列传》。
② 《史记·商君列传》。
③ 《史记·商君列传》。
④ 《荀子·强国》。

分显著的。

综合上述秦国推行的文化安全建设的实践可以看出,法家正是利用文化中价值观体系的培育,去塑造民众新的生活方式;而新生活方式又反过来巩固了"富国"、"强兵"、"奉法"和"移风易俗"的价值理念,从而凝聚起人心,培养了"大秦一家"的文化心理。正如《诗经·秦风·无衣》所咏:"岂曰无衣,与子同袍。王于兴师,修我戈矛。"这无疑是对爱国情怀的高歌颂扬,必将在维护国家安全的实践中起到强大的文化支撑作用。据统计,战国末年一些诸侯国往往出现内奸,最后导致灭国,而秦国几乎没有出过内奸。这既是严苛的秦法进行外部强制的结果,又离不开文化在不知不觉中所产生的内在作用。

第二节 儒家的国家文化安全思想与实践

"礼崩乐坏"使得春秋战国时期的人们思想迷失、行为混乱,法家的应对方法就是用"法·律"治国。儒家则与之相反,主张以"仁义"经世。从文化安全的角度审视,就是用"仁义"来凝聚价值观、塑造生活方式。

那么"仁义"究竟是什么?在儒家看来,"仁"就是人心,指人内在的心智。有了这种心智,就具备了判断是非善恶的能力并保持求是行善的态度。孔子说:"仁者,人也。"[①] 孟子说:"仁,人心也。"人之所以有别于其他动物,不仅是因为人具有两足、无毛且直立的

---

① 《中庸》第二十章。

生理特征，更因为人具有判断是非善恶的心智，而动物没有。这种使人能近善远恶的心智，用朱熹的话讲便是"天理""人情"，用王阳明之言表达即"良知"，用今天的话说就是常情、常理、常识。但人心是藏在内部的，无法直接观察到。如何判断一个人内心的善恶，就得有外在的参照系，那就是"义"。故孟子说："义，人路也。"[①] 义就是用来观察人有无是非善恶之心的路径。具体怎么来观察？《礼记》中说："义者，宜也。"北宋理学家程颐说："顺理而行，是为义也。"[②] 一个人的言行从表面上看，如果能判断出它是对的、是合理的，就叫作义；反之则是不义。由此可见，仁和义是一种表里关系，仁是内在的心态，义是外在的表现。内心有仁，则外在就会有义；外在不义，则内心肯定不仁。综上，"仁义"就是一套评价是非善恶的价值观体系，甚至是人类与生俱来的评判标准。

春秋战国之时，夏、商、西周礼乐所代表的价值观体系崩溃，法家主张用"法·律"重新构建一套价值观体系，儒家则主张挖掘传统礼乐当中最根本的价值基础——人心。礼乐作为一套外显的规则体系，会随时势变化而变化，但其内在的人心是永远不会变的，那就是"仁"。孔子对礼治的崩坏虽然痛惜不已，然而往者不可谏，来者犹可追，于是他提出了"仁"的概念，用于补救礼治失落而引发的社会问题。据统计，《论语》一书中，"仁"字出现了109次。孔子说："人而不仁，如礼何？"[③] 人若是缺乏内心的仁，光有礼乐制度也难以约束。换言之，礼作为具象的制度易变，仁作为抽象的精神却长久；只要能抓住"仁"这一核心，并用于指导制度设计与改造，人间制度必将获得永不枯竭的生命力。孟子承其旨趣，大力倡

---

① 《孟子·告子》。
② 《二程遗书》卷十八。
③ 《论语·八佾》。

扬"仁政"。到孔孟这里,"仁"作为国家制度赖以存续与发展的文化基因的奥秘,首次得到揭示和强调。后世学者对此给予高度评价,郭沫若先生在《十批判书》中誉之为"人的发现"①。从文化学的意义上讲,儒家就是主张用"仁义"去构建一套新的价值观体系。相较于法家"法、律"体系,儒家这套体系具有更深厚的人性基础,容易获得更广泛的价值认同,不仅对于全社会统一思想、形成合乎时宜的生活方式大有裨益,并且在维护国家文化安全方面发挥着巨大作用。

一、儒家"仁义"经世思想在国家对内文化安全建设中的作用

儒家的运思模式在于"推己及人",与道家"推天道以明人事"的路数刚好相反。道家的理论是从自然天道说起,然后层层落实,最后说到人间的各种物象,所以人们通常认为道家是一种出世的学说。儒家则是从人最内在的人心——"仁"说起,然后推到人与人的关系,最后从自然天道那里寻找终极依据,因而被认为是一种入世的学说。正因为其具有入世的特质,所以对中国传统文化产生的影响就广泛而深远。

在儒家看来,"仁"作为内在的人心,其重要性是在人与人打交道的过程中体现出来的。清代思想家阮元说:"凡仁,必于身所行者验之而始见,亦必有二人而仁乃见。若一人闭户斋居,瞑目静坐,虽有德理在心,终不得指为圣门所谓之仁矣。"②意思是一个人有没有仁心,必须考察他的言行才能看得出来,也必须在人际交往中才能看得出来。一个离群索居的人,其胸臆之间有无仁心,既不重要又

---

① 郭沫若:《十批判书》,东方出版社1996年版,第82页。
② [清]阮元:《论语·论仁论》,《揅经室一集》卷八。

无从发现。所以儒家更注重的是，如何将一颗仁心推运到人与人的关系上去。《说文解字·人部》释："仁，亲也，从人从二。"仁的字形构造为"人"与"二"的结合，意指用亲的态度去处理人与人的关系；梁启超先生认为"仁"就是"二人以上相互间之同类意识"[①]，即你希望别人怎样对待你，你就应该怎样去对待别人，这就是民间常说的"将心比心"。

于是，将"仁"推运在不同的人际关系上，就会产生相应的价值标准。运用于父子之间，便有了"父慈子孝"的要求；运用于夫妻之间，便有了"夫妇以义"的要求；运用于君臣之间，便有了"君仁臣忠"的要求；运用于长幼之间，就有了"兄友弟恭"的要求；运用于普通社会关系之间，则有了"朋友有信"的要求。故而"仁义"思想就是一套价值观体系，其下还包含一系列具体的价值观念。著名哲学家冯友兰先生说："惟仁亦为全德之名，故孔子常以之统摄诸德。"[②]忠、孝、节、义、悌、礼、智、信、廉、耻等各种道德，全在"仁"的统率之下。钱穆先生也说："'仁'即人心之最高境界，孔子亦以此为教。"[③]儒家的想法就是通过教化的方法，用"仁"所统揽的这些道德为天下之人凝练统一的价值观，并形成与之相适应的生活方式。当全社会的价值观统一了，生活方式稳定了，国家文化便处于安全状态，政权统治也将变得牢固。正如习近平总书记所说："核心价值观，其实就是一种德，既是个人的德，也是一种大德，就是国家的德、社会的德。国无德不兴，人无德不立。"[④]

---

① 梁启超：《先秦政治思想史》，东方出版社1996年版，第82页。
② 冯友兰：《中国哲学史》（上册），中华书局1961年版，第101页。
③ 钱穆：《孔子传》，海南出版社2021年版，第140页。
④ 《习近平谈治国理政》第一卷，外文出版社2018年版，第168页。

(一)铸牢"孝""义"等价值观念,维护家庭秩序的和睦

传统社会乃"家国天下",只有在家庭层面构建起团结和睦的秩序,国家才能稳固。而欲使家庭有序,就必得用人人信服的价值观念来加以维系。《易经》有言:"父父,子子,兄兄,弟弟,夫夫,妇妇,而家道正。正家而天下定矣。"[①] 只有大家都能恪守"父慈子孝""兄友弟恭""夫义妇节"的价值观念,才能使不同的家庭角色做到心往一处想、劲往一处使,出现"家和万事兴"的局面。孝悌节义的价值观念是由内在的"仁"派生出来的,但如果不进行教育培养,任其自由地疯长,"仁"也不一定能生长出这样的观念,有可能明明种下的是黄豆,长出来的却偏偏是狗尾巴草。所以最能反映儒家思想的童蒙读物《三字经》开篇就说:"人之初,性本善;性相近,习相远。苟不教,性乃迁;教之道,贵以专。"可见儒家对教化的方式看得最重。当然,这也与他们的身份有关,因为大多数儒学传人都不是当权者,也无法为国家制定政策,只能多搞教育,在由"学在官府"的教育模式转向学在民间的历史潮流中发挥自己的作用。他们坚信,只要能长期坚持教育感化,就能够将孝悌节义培养成民众崇尚的家庭道德并使之内化为人同此心、心同此理的价值观念和文化心理,真正发挥出"修身""齐家"的功能,起到维护文化安全的作用。

首先,树立"孝悌"观念,保障家庭稳定。 儒家认为,"孝""悌"是家庭中最重要的价值观念。《论语》中说:"孝悌也者,其为人之本欤!"[②]"孝"即子女对父母尽孝;"悌"即弟妹对兄姐恭敬,这是做人的根本。当然,这里还包括父母对子女要慈爱,兄姐对弟妹要爱护,所谓"父慈子孝""兄友弟恭"是也。既有研究表明

---

① 《周易·家人卦》。
② 《论语·学而》。

人类情感是下倾的，也就是上对下倾注的感情，往往要多于下对上的回报。凡是正常的父母，都能做到对子女慈爱，而要求子女像父母对待他们那样无私地去孝顺父母，相对就困难一些，所以这里只提"孝""悌"，而未及"慈""友"，因为后者无须提倡往往就能实现。为什么说孝悌是根本？《弟子规》作了很好的诠释："弟子规，圣人训。首孝悌，次谨信。泛爱众，而亲仁。"为人弟妹子女的，首先要讲的就是孝悌，然后要谨言慎行、诚实守信，之后再是要泛爱大众，这样就接近"仁"的初心了。反过来解读就是，"仁"这颗本心首先推出的就是孝悌的价值观念，然后才是谨信、爱众等其他价值观念，因而在文化教育中必须给予"孝悌"第一位的重视。

孔子作为中国古代最负盛名的大教育家，"弟子三千，贤人七十二"[1]，在当时就有很高的知名度和超强的影响力。他在传道授业的实践中，尤其注重孝道教育。《仲尼弟子列传》称："孔子以为（曾参）能通孝道，故授之业。作孝经。"[2]孔子认为曾参能够通达传承孝道思想，就把这方面的知识传授给了他，还编著了专门的教材《孝经》。当然，现有学者认为《孝经》不是孔子著的，而是汉代人所编，"作孝经"的字眼也不是司马迁写的，而是后人增补进去的，如此云云。不管这些观点是否成立，都无法否认孔子当年为弟子们讲过孝道这一事实，而且综合其他史料来看，其教学内容也有一定的体系，用现在的分类理论来描述，至少包括以下三个方面。

一是物质层面的孝。"曾子曰：孝有三，大孝尊亲，其次弗辱，其下能养。"[3]曾子即曾参，他的孝道知识肯定是孔子教的。他说孝道有三个层次，最低级别的就是"能养"，也就是从物质层面满足父母

---

[1] 《史记·孔子世家》载："孔子以诗书礼乐教，弟子盖三千焉，身通六艺者七十有二人。"
[2] 《史记·仲尼弟子列传》。
[3] 《礼记·祭义》。

的需求，照顾他们的衣食住行。具体如何养也是有一套说法的，以"食"为例，就要这样来照顾父母："五十异粻，六十宿肉，七十贰膳，八十常珍，九十饮食不离寝，膳饮从于游可也。"①

二是精神层面的孝。鲁国权贵孟懿子问什么是孝，孔子回答："无违。"后来弟子樊迟帮孔子驾车时，孔子又把这个知识点教给了樊迟，说"无违"就是在尽孝的过程中不要违背礼制的规定。但从相关史料记载来看，"无违"又有其他解读："曾子曰，孝子之养老也，乐其心，不违其志。"②在这里"无违"又变成了不违背父母意志。表面上看来，孔子在这一点上的教学内容不统一，教出来的学生各说不一，实际上却是统一的。因为不违背父母意志本就是礼制中的规定，是孝道对子女在精神层面上作出的要求：子女对父母在行为上要顺从，即"孝顺"；在态度上要恭敬，即"孝敬"。所以当另一个弟子子游又来问孝时，孔子回答："今之孝者，是谓能养。至于犬马，皆能有养。不敬，何以别乎？"③意思是现在那些尽孝的，不过是最低层次的"能养"之孝。用这样的方法，犬马也可以养。对待父母，若只有能养而没有孝敬，那就和养犬马没有区别了。而做到孝敬最难的，就是对父母要长期保持良好的态度，这就是孔子回答弟子子夏问孝时所说的"色难"④。脸色重要啊！只有子女脸上长期挂着关心的微笑，父母脸上才会露出幸福的微笑。

三是宗教层面上的孝。当父母去世后，子女应妥善地办理丧事、进行祭祀、寄托哀思。孔子对樊迟说："生，事之以礼；死，葬之以礼，祭之以礼。"⑤为此他还提出了守丧三年的丧服学说，并与另外一

---

① 《礼记·王制》。
② 《礼记·内则》。
③ 《论语·为政》。
④ 《论语·为政》。
⑤ 《论语·为政》。

个弟子发生了矛盾。宰予说守丧三年时间太长,"三年不为礼,礼必坏;三年不为乐,乐必崩"。孔子问他守多长时间合适,宰予说守一年就够了。孔子又问他:君子守丧三年,其间吃美食不觉得香,听音乐不觉得快乐,住豪宅不觉得舒坦,你说守一年就够了,请问你心安吗?宰予回答:"安。"孔子无言可对,只好说:你觉得心安,就这样去做吧。等宰予出门后,敦厚的孔子居然骂了一句"予之不仁也"[①]。因为他认为,小孩从出生到三岁左右,走哪里都是父母背着抱着,一刻也不能放松,所以父母去世后,子女也应该为父母守丧三年,这就是"仁",就是将心比心。而宰予对父母都不能做到将心比心,显然是一个没有仁心的人,所以伟大如孔子者也忍不住爆了粗口。

孝的价值观念直接派生出来的就是"悌",因为子女是父母生养的。在家庭中,"兄友弟恭"无疑就是"父慈子孝"的放大,《弟子规》中的"兄道友,弟道恭;兄弟睦,孝在中",说的正是这个意思。如果说"孝"调整的是纵向的亲属关系,那么"悌"调整的就是横向的亲属关系,加强这方面的教育宣传,对形成团结和谐的家风非常重要。儒家认为,一个讲孝悌的人步入社会,一般会遵礼守信;如果入仕为官,大都能做到敬忠报国。"其为人也孝弟,而好犯上者,鲜矣;不好犯上,而好作乱者,未之有也。"[②]这一套"移孝作忠"的教育模式,从文化学的角度讲,就是由爱家上升到爱国的价值观养成模式,其论证逻辑也是非常高明的。因为父母子女之间的血缘最近、情感最深,要求子女对父母敬孝、弟妹对兄姐恭敬,估计谁也不会产生质疑,更不可能公开站出来反对。于是孝悌的价值观念便获得了坚实的理论支点,很容易得到芸芸众生的广泛认同。

---

① 《论语·阳货》。
② 《论语·学而》。

其次，树立"节义"观念，加固婚姻关系。这里需要专门交代，前面提到仁义是儒家设计的一套价值观体系，包含一系列具体的价值观念，如孝悌、忠信等，前者是属概念，后者是种概念。此处的"节义"，与"仁义"之间也是种属关系。将仁义运用于父子之间就有了"孝义"，运用于君臣之间就有了"忠义"，运用于夫妻之间就有了"节义"。节义是维系夫妻关系的价值观念。"义"的范畴大于"节"，既是规范丈夫的标准，又是约束妻子的规则；"节"却是只约束妻子的。在传统农业社会，丈夫是家庭中的主要劳动力，他能撑得起家里这片天，就是"义"；妻子专心操持家务，修德守节就是"义"，反之就是不义。所以《礼记·婚义》中说："夫妇有义。"这种价值观念对稳定婚姻关系十分重要。

在这种价值观念的支配下，解除婚姻关系必须有正当理由。有理由而离婚就是"义"；没有理由想离婚就离婚则是"不义"，应该受到道德的谴责和律法的约束。当时的离婚叫"出"或"去"，是指男方休弃妻子，是一种单方解除婚姻关系的行为。也就是说，离婚的主动权始终掌握在男人手上。但男方也不能任性而为，必须是女方有"七出"中的某一种情形，才能休妻。根据《大戴礼记·本命》的记载，"七出"的顺序分别为不顺父母、无子、淫、妒、口多言、有恶疾、窃盗。妻子不孝顺丈夫的父母可以休，理由是"逆德"。妻子生不出儿子来可以休，理由是"绝嗣"，即无法传宗接代。但无子休妻得有个考察期，不能说结婚没几年不生儿子就休，从后世的情况来看应该是到女方满50岁[①]。而妻子到50岁，家庭中很可能出现"与更三年丧"的变故，即为公婆守丧，此时就又不能休妻了。妻子犯"淫"可以休，理由是"乱族"，因为这样的妻子所生子女来路或

[①] 《唐律疏议》卷十四：《户婚》，"妻年五十以上无子，听立庶以长。即是四十九以下无子，未合出之"。

辈分不明，会造成家族血缘的混乱。妻子犯"妒"可以休，理由是"乱家"，妻子忌妒、凶悍如河东狮，会造成家庭不和。妻子有"恶疾"可以休，理由是"不可共粢盛"，即不能一起参与夫家的祭祀，会怠慢祖先的神灵。妻子"多言"可以休，理由是"离亲"，妻子喜欢说闲话，会影响家庭和睦。妻子犯"盗窃"可以休，理由是"反义"，干了违法犯罪的事，谁也不能容忍。

同样，因为有这种价值观念的指导，妻子在三种情况下，丈夫是不能解除婚姻关系的，叫作"三不去"："有所取无所归，不去；与更三年丧，不去；前贫贱后富贵，不去。"这是对夫家离婚的限制性标准。东汉经学家何休对此解释：结婚时老婆带了很多嫁妆，说明她娘家境况很好，后来娘家破落了，老婆无处可去，这就是"有所取无所归"，不能休妻，理由是"不穷穷也"。妻子和丈夫一起为公婆守了三年丧的，叫作"与更三年丧"，不能休妻，理由是"不忘恩也"。丈夫娶妻时贫贱，后来升官发财或出名了，属于"前贫贱后富贵"，不能休妻，理由是"不背德也"[①]。反之，"穷穷"就是将娘家已经败落的妻子往绝路上逼；"忘恩"就是忘记妻子为丈夫家守丧敬孝的恩德；"背德"就是违背道德良心，类似于现在说的"男人有钱就变坏"。这三种行为都明显违反"义"的价值标准，社会应予以谴责，国家当加以禁止。由此可见，儒家提倡的"节义"观念，在一定程度上展现了思想家们的人文关怀，即便在今天看来，也是温情而有借鉴价值的。也正因为如此，其理论具有了天然的情理基础，更容易在文化上形成价值认同。即便儒家学说在春秋战国时期并不为统治者所青睐，很难用国家强制手段去进行推广，但由于其自身的魅力，也能得到民众自发的认可和践行，对构建稳定的婚姻生活

---

① 《大戴礼记·本命》。

起到了文化支撑的作用。所以到汉代"罢黜百家，独尊儒术"之后，"七出""三不去"的理论逐渐被写进法典之中，成为官方认可的调节婚姻生活的核心价值观。

（二）提倡"礼""让"等价值观念，促进社会秩序的和谐

儒家认为，人在家中要讲"孝""义"，来到社会上，则要讲"礼""让"，社会关系才能和谐。"礼"在夏、商、西周是最高价值标准，也是一个综合性概念，政治、军事、法律、文化几乎无所不包，但到春秋时期已被破坏。此时儒家提倡的"礼"已不再是原来那套礼了，只是其中关于人与人如何打交道的礼节仪式。礼仪注重的是人际交往中的容止言行，要做到仪态适宜、举止有度、尊老爱幼、以和为贵，等等，是指导文明社会建设的价值观念，所以儒家从多方面论证了它的重要性。首先，礼仪是人类区别于动物的文明标志。《诗经》中说："相鼠有皮，人而无仪；人而无仪，不死何为？……相鼠有体，人而无礼；人而无礼，胡不遄死？"[1]你看那老鼠都有肉有皮，而有些人却不讲礼仪；人要是没有礼仪，还不如死掉算了。可见在儒家眼中，缺乏礼仪的人甚至连动物都不如。其次，礼仪是个人立足于社会的基本素质要求。孔子曾站在庭院中独自思考人生，他儿子孔鲤想偷偷跑到庭院外去玩耍，结果被孔子发现。孔子大声问他："学礼了吗？"孔鲤说："没有。"孔子剋道："不学礼，无以立。"[2]意思是你不学习礼，今后怎么在这世上安身立命呢？

正因礼仪如此重要，所以儒家特别重视这方面的教化，其教学重点大致可以概括出以下三方面。一是对仪容的要求。人在社会上行走，不可以像野蛮人一样披头散发、衣着奇异，否则会被视为对

---

[1] 《诗经·相鼠》。
[2] 《论语·季氏》。

人无礼。《论语·雍也》中说:"文质彬彬,然后君子。"①《弟子规》作为阐发儒家经典的古代童蒙教材,对究竟如何穿戴说得更具体:"冠必正,纽必结。袜与履,俱紧切。"这与今天正式场合"衣冠不整者请勿入内"的要求可谓旨趣相通。二是对行为的要求。即"或饮食,或坐走。长者先,幼者后""路遇长,疾趋揖。长无言,退恭立"。对年龄比自己大的长者、地位比自己高的尊者,见面要行礼,坐卧、行走、饮食要请他们先。现在有些家教严的家庭,还保留长辈不动筷子晚辈就不能先吃的餐饮习惯。三是对言语的要求。"尊长前,声要低;低不闻,却非宜。进必趋,退必迟;问起对,视勿移。"就是说在尊长面前说话,声音不能太高也不能太低;回答他们问话,目光要正视对方,不可左顾右盼、心不在焉。这样的教学内容,对构建和谐的社会生活秩序是很有用处的,即便在今天看来,也具有一定的借鉴意义。

儒家提倡的"让",是一项脱胎于礼,而又具有独立内涵的价值观念。孔子的一个学生子禽问子贡,老师到邦国去探访政事情况,是用什么方法获取的消息?"子贡曰:夫子温、良、恭、俭、让以得之。"②子贡回答,老师用的是温、良、恭、俭、让这五种办法。可见"让"在儒家思想体系中,是一个区别于其他价值概念的独立概念。"礼之用,和为贵。"③礼的用处,就是要建立"和"的社会秩序。在人口繁密、社会资源相对紧张的环境中,每个人的生活外延都难免与他人重合乃至冲突;再加上人性是趋利的,正如荀子所说:"今之人性,生而有好利焉,顺是,故争夺生而辞让亡焉。"④如果大家都

---

① 《论语·雍也》。
② 《论语·学而》。
③ 《论语·学而》。
④ 《荀子·性恶》。

缺乏后天的教化养育，人人顺应本性而为，就会产生争夺，失去辞让之心。所以只有"让"才能为"礼"与"和"之间搭起桥梁；只有懂得谦让，才能达到"和"的境界。但是这种让，不是一味地无原则地忍让，而是要遵守礼的节制，做到依礼而让，即"礼让"。一旦这种价值观念深入人心，那么社会和谐必能达成所谓"一家仁，一国兴仁；一家让，一国兴让"①是也。

儒家看重的礼让，主要可分出两个层次。一是对人的礼让，这种让体现在人际交往的礼节当中。比如，人与人见面要作揖行礼，然后让尊长先走，即"揖让"。《礼记》中记载的"抚式"就是典型的贵族之间的揖让之礼。"国君抚式，大夫下之；大夫抚式，士下之；礼不下庶人。"②即诸侯国国君坐在车上与大夫相见，只需在车上手扶车轼（车上的横木）向大夫行礼，大夫则要下车来给国君行揖礼，并让对方先离开；大夫与士相见行礼，则以此类推，但这样的礼就不适用于庶人了，因为他们本来就没车坐，见了贵族可以直接在地上行揖让之礼。二是对利的礼让，即在利益面前做到谦让不争。如果说前一种让是一种形式上的象征性谦让，那么后一种则是实质性的利益让渡。"君子喻于义，小人喻于利"③，接受过礼仪道德教化的君子，他们通达明晰义的重要性，为了追求精神上的义，宁可放弃物质上的利。《周礼》曰："讼，谓以财货相告者。"④在古代为争物质财货而去官府打官司叫讼，孔子说："听讼，吾犹人也。必也使无讼乎！"⑤即孔子说他审理财货案件跟其他人一样，另外，他还教化人们不必为蝇头小利去打官司，而应将更多的精力放在更重要的事务上。

---

① 《礼记·大学》。
② 《礼记·曲礼上》。
③ 《论语·里仁》。
④ 《周礼·秋官·司寇》，郑玄注。
⑤ 《论语·颜渊》。

在春秋战国的纷争乱世，儒家这一套关于礼让的价值观念，对民众的生活方式究竟有没有影响呢？结合相关史料考察，答案是肯定的。《资治通鉴》记载："子击出，遭田子方于道，下车伏谒。子方不为礼。"子击是战国时魏文侯的太子，也就是后来的魏武侯。田子方是孔子的徒孙，被魏文侯请去当老师。子击在路上碰到田子方，连忙下车伏地作揖行礼，而田子方却没有回礼。于是子击质问他："是富贵的人没礼貌呢，还是贫贱的人没礼貌？"言外之意是讽刺田子方又穷又没规矩。田子方说，当然是贫贱的人无礼，富贵的人哪里敢无礼呢？国君无礼待人就会丢掉国家，大夫无礼待人就会丢掉封地。国家和封地丢了，你还能去哪里再找？但贫贱的人就不一样了，无礼就无礼，大不了穿起拖鞋辞职换单位，到哪里找不到贫贱的日子过呢？听了田子方的这番话，子击不但不生气了，反而向他表示感谢。由此推测，礼让的学说在有一定身份地位的人群中还是有市场的，他们需要用温文尔雅的礼仪、雍容大度的礼让来招贤纳士，以巩固自己的地位。

中华民族之所以成为举世公认的礼仪之邦，与儒家倾力打造的礼让价值观有着密不可分的关系。正如鲁迅先生说："中国又原是'礼让为国'的，既有礼，就必能让。"[①] 曾经有西方人惊讶于古代中国没有自己的宗教，但其实我们这一套较为完整的礼让思想体系，已具备了宗教的功能或实际发挥了宗教的作用。宗教旨在对灵魂与肉体的关系、人与人的关系、人与物的关系进行思考并提出解决方案，教导人们降低欲望，以减缓三大关系之间的冲突进而达致平衡。中国先秦时虽没有宗教，但儒家的礼让价值观，同样强调要节制欲望，也可以对这三大关系进行有效的调谐，有助于人们养成约束自

---

① 鲁迅：《准风月谈》，人民文学出版社1958年版，第87页。

我、尊重他人的意识，形成举止文雅、长幼咸宜的秩序。故孔子之教不是宗教但胜似宗教，是一种世俗宗教，无须去庙堂皆可传习。当礼让的精神深深嵌入中国人的灵魂，不仅与人打交道讲礼，甚至在利益、争端面前也能保持礼让的态度，在军事、外交上还能坚持先礼后兵的宽容。"夫唯不争，天下莫能与之争"①，意思是，面对纷争一方都已经弃权了，纠纷自然无法升级，社会关系将重归于平复。英国著名哲学家罗素就说："对备受西方野蛮之苦的人来说，中国的礼让显得十分怡然。"②这正是中华文化区别于西方文化的亮点。

（三）弘扬"忠""信"等价值观念，确保国家秩序的稳固

"儒有不宝金玉，而忠信以为宝。"③儒家不把金玉当作宝贝，却把"忠""信"这两种观念视若珍宝。因为在他们看来，这些无形的观念是维系国家文化安全、确保国家政权稳固的精神力量，远比那些有形的黄金、美玉重要。可见他们对文化价值观的塑造寄予了高度的重视。

"忠"的观念，较之"孝"为后出。就现有研究而言，甲骨文中并无"忠"字，西周金文中虽有"忠"字，但出现时间较晚。在宗法分封的时代，一家一族就是一国，家族最尊贵的长者就是国家最高统治者，尽孝于家族就是敬忠于国家。"故忠可包含于孝之内，无须专提忠之道德。然至春秋时，臣与君未必属于一族或一'家'。异国异族之君臣关系逐渐代替同国同族之君臣关系，于是所谓忠遂不得不与孝分离。"④正因为忠已成为一个独立的价值概念，对国家政

---

① 《道德经·第二十二章》。
② ［英］罗素：《中国问题》，学林出版社1996年版，第162页。
③ 《礼记·儒行》。
④ 童书业：《春秋左传研究》，上海人民出版社1980年版，第269页。

权统治的安全又至关重要,所以它进入了儒家关注的视野,成为仅次于孝的研究重点和讨论热点。《尚书》《论语》《春秋》《左传》《孝经》等儒家经典,论及忠的言论随处可见,诸如"使民敬、忠以劝"①,"公家之利,知无不为,忠也"②,等等。要其大义,就是要求臣民对国家君主尽忠诚之义务。故后世《说文》云:"忠,敬也,尽心曰忠。"③为了让更多的人相信忠的观念,并形成价值认同,先秦儒家围绕忠的观念展开了两方面的论述。

一是以孝论忠。对于多数民众而言,他们离君主太远了,直接对他讲要忠君,民众势必感到茫然;但对他们讲要孝顺父母,就能引起共鸣。所以孔子就说:"孝慈则忠。"④意思是一个人只要在家能做到"父慈子孝",那就是忠了。因为国是由一个个小家构成的,大家都讲孝慈,家庭就和睦;家庭和睦,国家自然就稳固。当有人问孔子为何不从政时,他回答:"《书》云:'孝乎惟孝,友于兄弟,施于有政。'是亦为政,奚其为为政?"⑤对父母孝顺,对兄弟友爱,这就有助于国家政治了。在家安心践行孝友的观念就相当于从政,又何必亲自去从政呢?这话说得确实有道理。一个人根本无法接触到国家事务的时候,他对忠的认识肯定是朦胧的。只要他有孝慈观念,一旦有机会接触国事,如从政、打仗,自然就明白了什么是忠。费正清进一步解释:中国的"社会单元是家庭而不是个人,家庭才是当地政治生活负责的成分,在家庭生活中灌输的孝道和顺从,是培养一个人以后忠于统治者并顺从国家现政权的训练基地"⑥。

---

① 《论语·为政》。
② 《左传·僖公九年》。
③ 《说文解字·心部》。
④ 《论语·为政》。
⑤ 《论语·为政》。
⑥ [美]费正清:《美国与中国》,商务印书馆1987年版,第17页。

二是强调对等。先秦儒家提倡的忠,并非只要求臣民单方面对君主尽义务,对君主也有相应的义务要求,所谓"君仁臣忠"①,就表现出了忠的对等性特征。鲁定公曾经问孔子君臣之间该如何相处。孔子回答:"君使臣以礼,臣事君以忠。"②意思是君王任用臣子要符合礼的规范,不能任性;臣子为君主办事要忠诚,无有二心,强调的是彼此都有对应性的责任。在其他地方,孔子也反复强调了这一观点:"所谓大臣者,以道事君,不可则止。"③孟子又说:"君有过则谏,反复之而不听,则去。"④就是说君主不按规矩办事,大臣可以选择不为他服务;君主犯了错误还不听规劝,大臣可以选择远离而去。孟子对此也有进一步的论述:"君之视臣如手足,则臣视君如腹心;君之视臣如犬马,则臣视君如国人;君之视臣如土芥,则臣视君如寇仇。"⑤如果说孔子的态度有点像徐志摩的诗:"悄悄的我走了""不带走一片云彩",那么孟子的态度则像鲁迅的杂文,一定要快意恩仇。忠在孔孟的论证之下,成为有助于维护政权稳固、国家安全的价值概念,且蕴含着限制君权滥用的意味,具有历史进步性。后世儒学强调臣民对君主承担单方义务的愚忠与其不可同日而语。

儒家认为,"信"和"忠""孝"一样,都是由"仁"推演出来的价值观念。反过来说,对信的践行也就是"求仁成仁"的方法或者途径。子张问孔子该怎样接近"仁",孔子对曰:"能行五者于天下为仁矣。"这五大成"仁"的路径便是:"恭,宽,信,敏,惠。恭则不侮,宽则得众,信则人任焉,敏则有功,惠则足以使人。"⑥由此

---

① 《礼记·礼运》。
② 《论语·八佾》。
③ 《论语·先进》。
④ 《孟子·万章下》。
⑤ 《孟子·离娄下》。
⑥ 《论语·阳货》。

可见,"信"和"恭""宽""敏""惠"一样,皆为"仁"的表现和展示。成中英先生对此也给出过精彩的论释:"'信'具有内发性与推展性,是基于'仁'与'诚'而来的个人和社会的凝聚力,可视为'仁'的推展、'诚'的凝聚。"① 在国家、社会治理中,"信"具有非常重要的作用,"信,国之宝也"②。后世司马光甚至将儒家提倡的"信"直接上升到了国家安全的高度。他说:"夫信者,人君之大宝也。国保于民,民保于信。非信无以使民,非民无以守国。是故古之王者不欺四海,霸者不欺四邻,善为国者,不欺其民,善为家者,不欺其亲。不善则反之,欺其邻国,欺其百姓,欺其兄弟,欺其父子,上不信下,下不信上,上下离心,以至于败。"③ 所以必须加强对诚信价值观的培育。

首先,"信"是提升个人道德修养的重要内容,也是维系社会秩序的根本保障。孔子提倡"内不欺己,外不欺人"。这里的"内不欺己",就是指一个人做人做事要诚实。《说文·言部》曰:"信,诚也。"又说:"诚,信也。"内心有诚的心态,外部才会有信的行为。有的事虽然瞒得住别人,却瞒不住自己的良心。自己的良知是怎么想的,言语上就应当如实地表达,行动中就要照实去执行。故孔子说:"君子义以为质,礼以行之,逊以出之,信以诚之,君子哉。"④ 诚实守信是修成君子人格的重要品质,有了它一个人才能通过修齐治平的路径去为社会和国家作更多的贡献。反之,一个人若缺乏诚信,就会失去在社会上立足的基点。孔子说:"人而无信,不知其可也,大车无輗,小车无軏,其何以行之哉?"⑤ 即人若是没有信用,就

---

① 樊浩:《中国伦理精神的历史建构》,江苏人民出版社1992年版,第15页。
② 《左传·僖公二十五年》。
③ 司马光:《资治通鉴·周纪二》。
④ 《论语·卫灵公》。
⑤ 《论语·为政》。

像大车没有𫐄、小车没有𫐐而套不牢牲口一样，根本无法前行。由此可见，"信"是人之为人的基本品格，人若无信，就无法做人，别人也不愿与之交往，因而很难立身处世，更谈不上为社会作贡献。

其次，"信"是国家施政执法时必须遵循的基本原则。在孔子看来，当权者必须做到"道千乘之国：敬事而信，节用而爱人，使民以时"①，因为"宽则得众，信则民任焉"②。政府、国家之信如此重要，以至于"民无信不立"③。这里的信乃是民众对国家、政府的一种信任，实则就是一种民心。如果政府不讲诚信，老百姓就不会相信这个政府，而且民众相互之间也难以形成诚信的风气，这样的国家是立不起来的，早晚得垮台。国家层面的诚信建设，关键是上面的人要带头。"上好礼，则民莫敢不敬；上好义，则民莫敢不服；上好信，则民莫敢不用情。"④而且对诚信的运用也要讲究方式和方法。"君子信而后劳其民，未信，则以为厉己也。信而后谏，未信，则以为谤己也。"⑤统治者要在得到民众的信任之后才能去叫他们做事；没有得到信任就去役使他们，民众就会认为统治者是在虐待自己。大臣们要在得到君主的信任之后再去进谏；没有得到信任就去进谏，君主就会以为大臣们是在冒犯自己。

正因"忠""信"的价值观念有着上述重要意义，故而孔子教育弟子时便将其作为教学重点。《论语》中记载："子以四教，文，行，忠，信。"⑥这正说明孔子教导学生的时候，已将忠、信列为其课堂上的主要内容之一。儒家的这种教化，对于将"忠""信"观念培育成

---

① 《论语·学而》。
② 《论语·尧曰》。
③ 《论语·颜渊》。
④ 《论语·子路》。
⑤ 《论语·子张》。
⑥ 《论语·述而》。

大众心悦诚服、身体力行的价值观起到了极大的文化涵养作用。如春期末期楚国的申鸣（？—公元前479年），事父极孝，担任楚国国相时，带兵讨伐"白公之乱"，结果叛军抓住申鸣的父亲，将其作为人质要挟申鸣投降。申鸣果断进攻，杀死白公，平定叛乱，但其父也被叛军杀害。凯旋后，申鸣发出悲叹："食君之食，避君之难，非忠臣也；定君之国，杀臣之父，非孝子也。"[1]在忠孝两难之间，最终他以自杀来解脱这种难以平复的内心冲突，由此可见"忠"的价值观对世人的影响之大。再如曾参，受老师孔子言传身教的熏陶，自觉将"与人交而不信乎"[2]作为每天进行自省的戒律之一，奉"信"为人生准则并自觉践行，还留下了"曾子杀猪"[3]这一千古流传的诚信教育范例，又借此可知"信"的价值观在当时的传播之广。

二、儒家"华夷之辨"思想在对外文化安全建设中的意义

春秋以降，周边夷狄纷纷进入中原，带来了异质文化的交流碰撞。虽然中原各国各自的文化也有不同，但主流都是华夏文化，与夷狄文化无论是在价值观上还是在生活方式上都有着十分明显的差异。为防止夷狄文化对华夏文化造成危险和破坏，儒家提出了"华夷之辨"（或称"夷夏之辨"）思想。作为一个政治文化概念，其最早由孔子提出，经由《春秋》及其三传（《公羊传》《左传》《穀梁传》）以及历代儒士群体的阐发，逐渐成为处理不同族际关系乃至

---

[1] 刘向：《说苑·立节》。
[2] 《论语·学而》。
[3] 《韩非子·外储说左上》——"曾子之妻之市，其子随之而泣。其母曰：'女还，顾反为女杀彘。'适市来，曾子欲捕彘杀之，妻止之曰：'特与婴儿戏耳。'曾子曰：'婴儿非与戏耳。婴儿非有知也，待父母而学者也，听父母之教。今子欺之，是教子欺也。母欺子，子而不信其母，非以成教也。'遂烹彘也。"

国际关系的重要准则,同时也是中国古代对外维护文化安全的思想指导。"

早在西周,就已经出现了"华夏"的概念。周天子分封的诸侯国,"自号华夏,成为当时的主干民族"①。"夏"的概念与种族有关,周朝先祖自后稷开始受夏朝分封,其封地大约相当于后来秦晋一带②,故周人一直以夏人遗民自居,遂有"夏"之称。③而"华"的概念由来,则与地名有关。钱穆先生在《国史大纲》中引《国语》"前华后河,右洛左济"之文,认为"华"乃嵩岳之别称,是以"华夏"乃由地理名词上升为族群观念。④"夷"泛指居处于华夏周边的异族,由于地理位置不同,种族名号各异,故其称呼也很繁杂。按照《礼记·王制》的说法:"中国戎夷,五方之民",东方曰夷,西方曰戎,南方曰蛮,北方曰狄,各有不同的语言和生活习惯。到西周中后期,"王室遂衰,戎狄交侵,暴虐中国"⑤。周幽王时,申戎、缯、西夷、犬戎直捣宗周,最后导致西周灭亡。

进入春秋时期,"南夷与北狄交,中国不绝若线"⑥,四夷威逼华夏的势头愈猛,华夷杂处的局面愈烈。四夷之间或离或聚,离则力量分散,便依附华夏、归化为民;聚则势力增大,便滋扰中国,乃至灭国绝祀。有学者根据《春秋》经传粗略统计,发现此一时期夷狄侵扰中国或诸侯讨伐夷狄的事件和战争时常发生,进而得出"终春秋之世,戎狄之患,无时或无"⑦的结论。正是在这一激荡不已的

---

① 许倬云:《西周史》,台北:联经出版事业公司1984年版,第119—120页。
② 《左传·昭公九年》载:"王使詹桓伯辞于晋,曰:'我自夏以后稷,魏、骀、芮、岐、毕,吾西土也。'"
③ 杨伯峻:《春秋左传注》,中华书局1983年版,第1307—1308页。
④ 钱穆:《国史大纲》,商务印书馆1994年版,第12页。
⑤ 《汉书·匈奴传》。
⑥ 《公羊传·僖公四年》。
⑦ 陈致:《夷夏新辩》,《中国史研究》,2004年第1期。

民族冲突与融合的时代潮流中,"华夷之辨"的思想应运而生。如果说以前的"华"与"夷"尚是一种区分血缘与地缘的族群概念,那么此时的"华夷"则是一种既包含种族、地理区分,又包含文化差异的政治文化概念。儒家主张的"华夷之辨",既包括要严防夷狄对华夏的军事入侵、政权颠覆,可视为一种军事安全和政治安全思想,又包括要防止外来文化对本土文化的威胁与破坏,可视为一种文化安全思想。正如学者顾立雅所指出的那样:"所谓'华夏'概念的基准自古以来都是文化上的。中国人有其独特的生活,独特的实践文化体系,或冠之以'礼'。合乎这种生活方式的族群,则称为'中华民族'。"[①]因而华夷之辨更重要的意义,在于维护中华民族生活方式和文化体系的稳定性与延续性,是中国古代对外文化安全思想的典型代表。其中又包括三种相对成熟的理论形态,并在不同的历史时期发挥出维护文化安全的作用。

(一)"严夷夏之防"理论及其文化安全功能

华夷之辨重在文化之"防",防止外来文化对本土文化的破坏,以维护华夏文化的先进性。《说文解字》曰:"辨,判也。"[②]其本义为判别、区分。如何判识华与夷的区别,标准是多重的,根据不同的标准会得出不同的结论。目前学术界的研究,基本坚持"三重标准"论。一是血缘:华与夷为不同的血缘种族;二是地缘:两者居住的地理位置不同,华夏居中国而夷狄处边远;三是文化:华与夷各自有着自己独特的文化传统。华夷之辨的"辨"是手段,其目的是"防",即古之所谓的"严夷夏之防",防止夷狄对华夏的威胁、入

---

① Herrlee G.Creel, *Origins of the Statecraft*, *Chicago and London*, The University of Chicago Press, 1970, p.197.
② 《说文解字·刀部》。

侵与破坏，由此凸显出该思想的国家安全意味。

按思想史的演变发展规律来分析，一种思想提出伊始，往往带有理想化色彩，随时间推移、条件变化，则会因不断修正而走向实用。最初的华夷之辨，应该是一种整体意义上的"夷夏之防"思想，即对夷狄全面设防，是一种美好愿望。"春秋内其国而外诸夏，内诸夏而外夷狄。"①《左传·定公十年》载："裔不谋夏，夷不乱华。""裔"即远的意思，"裔夷"即远夷。孔子认为，华夷之间应有一定的地理界限，应保持一定的距离，以保障诸夏国家的安全。《春秋》三传反复强调这一主张，如"不以夷狄之主中国"②"不以夷狄之执中国"③"不以夷狄之获中国"④"不使夷狄之民加乎中国之君也"⑤。从地理位置上防止夷狄进入华夏，确保彼此之间互不干涉、互不侵犯，各自保持自身政治、经济、文化的独立性，这当然是最理想的状态。

然而，理想很丰满，现实很骨感。春秋战国时期，诸侯征战不断、民族迁徙频仍，此前"华夏处内而夷狄居外"的格局已经被打破，华夷杂处成为不得不面对的现实，此时强调华与夷的种族和地理区分已失去客观条件。在此情势之下，维护华夏文化不被破坏便成了最后一道防线。站在国家安全的角度考察，文化包括外显的生活方式和内在的价值观念。不同国家之间和族际的军事行动，很快可以使地理疆域发生变化，却很难轻易改变被占领土地上民众的生活方式和价值观念。既然按疆域上"内诸夏而外夷狄"的方式设防，已经是防不胜防，倒不如退而求其次，在文化上设防。张星久教授

---

① 《公羊传·成公十五年》。
② 《公羊传·哀公十三年》。
③ 《公羊传·隐公七年》。
④ 《公羊传·庄公十年》。
⑤ 《穀梁传·襄公七年》。

说:"在这些研究中比较一致的看法是,在'华夷之辨'的三个方面的标准或三层基本含义中,'华''夷'之间的种族之分、居住区域上的内外之别相对比较次要,而文化标准亦即是否认同、实行华夏礼乐文化,才是辨别'华''夷'更根本、更重要的标准。"[①]因而"华夷之辨"更准确地讲是一种文化意义上的"夷夏之防",即对夷狄由全面设防转变为局部设防,以维护华夏文化的安全,是中国古代典型的文化安全思想,并在以下几方面展示出维护国家文化安全的功能。

第一,在华夷文化交流中,为辨识文化的先进与落后、精华与糟粕提供思想工具。

《左传·定公十年》疏云:"中国有礼仪之大,故称夏;有服章之美,谓之华。华、夏一也。"从文化显性层面的生活方式来看,华与夷的差异是明显的。"华"已进入农耕文明,服饰以"束发右衽"为风尚;夷则处于游牧、渔猎或采集文明,服饰以"被发左衽"为标志。东夷"被发文身",南蛮"雕题交趾",西戎"被发衣皮",北狄"衣羽毛穴居","中国、夷、蛮、戎、狄,皆有安居、和味、宜服、利用、备器,五方之民,言语不通,嗜欲不同"[②]。《左传·襄公十四年》载,姜戎驹支对范宣子曰:"我诸戎饮食衣服不与华同,贽币不通,言语不达。"此处也表明了华夏与夷狄在语言文字、衣食住行上的不同。

从文化潜在层面的价值观念来看,二者的差异更为明显。在政权组织上,华夏认同君主分封制,提倡尊王忠君;而夷狄大都处于部落联盟时代,奉行力者为王的观念。故孔子在《论语·八佾》中说:"夷狄之有君,不如诸夏之亡也。"在国家与社会治理上,华夏

[①] 张星久:《政治情境中的"华夷之辨"——秦汉以后"华夷之辨"的历史语境与意义生成》,《武汉大学学报》(哲学社会科学版),2015年第5期。
[②] 《礼记·王制》。

认同自有的礼乐政刑体系，崇尚忠孝仁义；而夷狄则处于依赖民族习惯进行管理的粗放阶段，崇尚武力征服。秦穆公与由余的一段对话正好反映了这种差别："中国以诗书礼乐法度为政，然尚时乱，今戎夷无此，何以为治，不亦难乎？"[①]

两相比较，华所代表的华夏文化从整体而言具有先进性，当然不排除其内部也有部分糟粕；夷所代表的少数民族的文化相对落后，但不能否认其内部也有优秀文化元素。比如，华夏的礼义文化，比起夷狄的部落文化就具有明显优势，这就是孔子所说的"中国礼义之盛，而夷狄无也""夷狄虽有君长而无礼义，中国虽偶无君，……而礼义不废"[②]。意思是因为华夏有礼义作为制度保障，有利于国家长治久安和持续发展，所以即便偶尔没有君长，礼义制度也能够得以沿袭，可以维护社会秩序不致大乱；夷狄虽有君长，但没有礼义制度的支撑，难以维持长久的稳定。华夷之辨的要义就在于判别华与夷彼此文化的不同，注意区分先进与落后、精华与糟粕，才能更好地做到"防"，进而落实好"怎么防""防什么"的操作性问题。用现代语言表达，就是在处理本土文化与外来文化关系上，要防止落后文化对先进文化造成破坏，以增强本土文化的稳定性；同时也要注意吸收外来文化中的精华，以提升本土文化的凝聚力。

第二，在华夷文化碰撞中，为抵御外来落后文化的威胁与破坏提供理论武器。

如春秋时诸侯杞国（今河南杞县），国君本为姒姓，乃夏王后代，是正宗的华夏族。因邻近东夷，受其影响，在第九任君主杞成公（？—前637年）、第十任君主杞桓公（前637年—前567年）时期，抛弃华夏文化，改用夷礼。《左传》杜预注文中说："杞，先代

---

① 《史记·秦本纪》。
② 《论语·八佾》。

之后，而迫于东夷，风俗杂坏，言语衣服有时而夷。"对这种"以夷乱华"的文化倒退行为，"华夷之辨"思想是必须给予强烈批判的，以防止更多诸侯国的效仿，避免对华夏文化造成全方位的破坏。公元前633年，杞桓公前往鲁国会见鲁僖公，奉华夏文化为正统的鲁僖公对杞桓公自然是很瞧不起的，史称"公卑杞，杞不共也"。"不共"即"不恭"。因为杞国不仅是杞君一人用夷礼的问题，还在国内推行夷狄教化，致使整个杞国有了夷狄化的趋势，对华夏文化安全造成威胁，故在鲁国看来是很不恭敬甚至是很危险的行为。后世孔子作《春秋》时，将杞成公、杞桓公直接称作"杞子"。① 杞国国君的爵位本来是"伯"，故意将其贱称为"子"，表达了儒家对杞国抛弃华夏礼义而采用夷狄文化的批判态度。

　　华夷之辨不仅为思想领域抵制外来落后文化的渗透提供了价值指引，亦为实践领域防止外来文化威胁贡献了理论武器。鲁定公十年（前500年），齐鲁举行夹谷之会，齐国官员"请奏四方之乐。……于是旍旄羽被矛戟剑拨鼓噪而至"。音乐是文化最外显的载体之一，这里的"四方之乐"，就是夷狄的礼乐。对这种"以夷乱华"的行为，孔子当场提出抗议，说："吾两君为好会，夷狄之乐何为于此？"遂要求齐国官员立即阻止。"景公心怍，麾而去之。"② 齐国本为华夏正宗，当孔子指出使用夷狄之乐不妥时，齐景公也感到惭愧不已，只好将乐队赶出会场。又如战国时，楚人许行宣扬"神农之言"，主张人人都应参加农业生产，"与民并耕而食"。孟子认为"物之不齐，物之情也"③，鼓吹人人亲事农耕，实为"南蛮鴃舌之人，非先王之道"，违背了人类社会分工协作的发展趋势，是从文明向

---

① 《左传·僖公二十七年》。
② 《史记·孔子世家》。
③ 《孟子·滕文公上》。

野蛮倒退的"变于夷"的行为，阻碍了文化进步。所以他援引《诗经·鲁颂》"戎狄是膺，荆舒是惩"之义，主张效法周公，抵御"戎狄"的文化侵蚀。①

第三，在华夷文化冲突中，对维护华夏文化先进性和稳定性的行为提供舆论支持。

春秋时期齐国管仲辅佐齐桓公，北御山戎，西击狄族，确保华夏文化不受外来威胁。对此孔子感叹地说："微管仲，吾其被发左衽矣！"②意思是如果没有管仲，华夏子民"束发右衽"的生活方式就会被夷狄的"被发左衽"所取代。这显然是基于国家文化安全所发出的言论。华夷之辨不但会对主动维护华夏文化先进性的行为大加赞扬，对被动认同华夏文化的举动也会进行褒奖。如前述的杞国国君杞成公、杞桓公，因接受东夷文化被孔子在《春秋》一书中贬称为"杞子"，后来杞桓公或许是迫于中原诸侯对他的蔑视"杞用夷礼，故贱之"，又舍弃了夷礼。18年后，即公元前615年，杞桓公再度来鲁国会见鲁文公，孔子记载此事件的笔调大变："文公十二年，杞伯来朝。"杜预在注文中说："复称伯，舍夷礼。"③意思是孔子此处之所以改称他为"杞伯"，就是因为他舍弃了夷礼，重新回归到了华夏文化正统。

（二）"用夏变夷"理论及其文化安全功能

"华夷之辨"实为文化之"变"，主张用先进文化去影响落后文化，促进文化共同进步。

华夏与四夷作为不同的种族，其血缘虽难以改变，但文化是可

---

① 《孟子·滕文公上》。
② 《论语·宪问》。
③ 《左传·文公十二年》。

变的。在频繁的族际交往中，无论是本土文化还是外来文化都不是铁板一块，而是会随时势发生变化。"华夷之辨"不但主张要防止外来落后文化的冲击，还要留意文化在交流碰撞中可能发生的改变，并力图引领文化转变的正确方向，即要用先进文化去改变落后文化，而不是反其道而行之，以期增强华夏文化的感召力、影响力。当然，其也注重吸收外来文化中的优秀成分，以增强华夏文化的凝聚力。这样的思想，对提升华夏文化的综合实力、维护古代国家文化安全大有裨益。

首先，注重用华夏先进文化去改造夷狄的落后文化。依历史眼光观之，先秦时期的华夏文化，较之夷狄文化在整体上具有先进性，所以要在防止夷狄落后文化对华夏文化冲击破坏的同时，注重用华夏先进文化去影响夷狄。这就是《孟子·滕文公上》中所说："吾闻用夏变夷者，未闻变于夷者也。"孟子的主张实发端于孔子的言论。《论语·子罕》记载，"子欲居九夷。或曰：'陋，如之何？'子曰：'君子居之，何陋之有？'"孔子曾想到九夷之地居住，有人不理解他为何要到不开化的地方去。孔子回答说：君子住在那里，怎么还会鄙陋呢？由此可以看出孔子对华夏文化保持的高度自信，即使居于"九夷之地"，只要用华夏文化去施以影响，就能引领夷狄由蛮荒向文明进化。故《四书集注》对此解释说："君子所居则化。"

由于华夏文化的相对先进性，其对夷狄文化进行影响是完全可能且可行的，实践中的例子也不鲜见。早在孔孟明确提出这一思想之前，就已经有了具体的观念和做法。比如，东方徐戎（周初建立徐国，分布于今淮河中下游一带），本是东夷中最为强大的一支，曾数次联合淮夷等抗周，后因受华夏文化影响，进而依附诸夏，这正是文化安全史上用夏变夷的实际操作。公元前645年，《左传·僖公十五年》载："春，楚人伐徐，徐即诸夏故也。""即"乃靠近、接触之意。徐戎本为蛮夷，却在文化上向华夏靠近，南方蛮夷荆楚对此不满，所以兴兵攻伐。正因如此，为了保障夷狄学习先进文化的行为不受蛮横干涉，奉华夏文化为正统的中原诸侯有义务为徐国提供支援。同年三月，鲁僖公、齐桓公、宋襄公、陈穆公、卫文公、郑文公、许僖公、曹共公正式联军，发兵救援徐国。

再来看楚国，先祖鬻熊本是周文王的部属，其曾孙熊绎在周成王时被分封于楚蛮，姓芈氏，居丹阳（今湖北宜昌）。"鬻熊之嗣，周封于楚。僻在荆蛮，筚路蓝缕。"[1]因楚国长期处于荆楚蛮荒之地，在文化轨道上逐渐偏离华夏正统而走向蛮夷化。演及楚武王（前740—前690年）时期，甚至以蛮夷自居。公元前706年，楚武王讨伐随国。随曰："我无罪。"楚曰："我蛮夷也。今诸侯皆为叛相侵，或相杀。我有敝甲，欲以观中国之政，请王室尊吾号。"[2]依仗有强大的兵甲军队为后盾，完全是一副"我是蛮夷我怕谁"的口气，大有在政治上与周王室分庭抗礼、文化上与中原华夏南辕北辙的势头。然而华夏文化在当时的先进性，并不会因楚国的蛮横而自行消解，也不会因兵戈铁甲而阻隔其传播。

在长期的历史变迁中，楚国自觉或不自觉地受到强大的华夏文化的熏染，如语言文字。据文献记载分析，许多楚人都通晓夏言，至少楚国贵族是如此，至于文字，更是采用流行于中原且为周朝各国各族通用的文字——夏文；在制度设计上，楚国最初在蛮夷地区创设的县制，亦是周朝固有的文化成果，楚国只是将其作为行政区域的命名。至少到楚共王（前590—前560年）时期，楚国已形成了"抚有蛮夷，以属诸夏"的民族政策。楚共王去世时，大臣讨论其谥号时说："赫赫楚国，而君临之，抚有蛮夷，奄征南海，以属诸

---

[1]《史记·楚世家》。
[2]《史记·楚世家》。

夏，而知其过，可不谓共乎？"①"共"有团结之意。由此可以看到，楚国的文化演变轨迹已从曾经的我行我素姿态，转变为向华夏文化学习的态度，这加速了荆楚文化的华夏化进程。久而久之，其文化与华夏文化的面貌就显得十分相近了，进而成为中华文化的重要组成部分，楚人也因崇尚中原礼乐文化而变成华夏的一员。正如汉代大儒董仲舒论述夷夏关系时所说："春秋无通辞，从变而移。今晋变而为夷狄，楚变而为君子。"②

由上述事例可以推知，一种思想的产生绝不是横空出世，而是对实践中已有的经验、教训的总结提炼。孔子生于公元前551年，卒于公元前479年，孟子（约前372—前289年）则生活于战国时期，学界公认"夷夏之辨""用夏变夷"是儒家的主张，显然孔孟之前的徐戎、楚蛮由夷入夏的进程，并不是受这种思想的指导，而是为该思想的产生提供了现实素材和观念支撑。正因为历史或现实中已经有了相应的做法，才会在此基础上诞生相应的思想。"用夏变夷"思想诞生后，又反过来为华夏文化改造周边各少数民族文化起到了普遍的指导意义。

其次，留意吸收外来夷狄文化中的精华。《易经》的基本精神在于"不易""变易""简易"，充满思辨色彩，这样的思辨精神自然也会渗透于"华夷之辨"的理论之中。虽然华夏文化相对较为先进，可以使夷狄文化整体发生改变，但相对落后的夷狄文化也有内在精华，那它会不会使华夏文化局部发生改变呢？依照《易经》的观点，答案当然是肯定的。"孔子之作《春秋》也，诸侯用夷礼，则夷之；

---

① 《左传·襄公十三年》。
② 《春秋繁露·竹林》。

进于中国，则中国之。"①夷狄"进于中国"也就是"变夷入夏"，有两个方面。一是人。指夷狄之人因学习尊奉华夏文化而变为华夏之民。此时的"变夷入夏"与前述的"用夏变夷"可以互释互通，是一个问题的两个方面。"用夏变夷"的推行主体当为华夏，而"变夷入夏"的推行主体则为夷狄，两者的共同目的都是推动夷狄向华夏转化，中华民族正是在这种变数中不断发展壮大的。二是文。夷狄文化中的精华部分，在华夷交往中能够被华夏所吸收，变成华夏之文，从而使中华文化更具凝聚力和安全性。

先秦时期在文化上"变夷入夏"的典范，当推赵武灵王（前340—前295年）的"胡服骑射"②。赵国北邻"三胡"：林胡、楼烦、东胡。胡人作为游牧民族，擅长骑射，习惯穿窄袖短衣、革靴长裤，较之于中原各国的车战步兵上衣下裳、宽袍大袖的穿戴要轻灵得多。"骑射，所以便山谷也；胡服，所以便骑射也。"③因而赵国在和"三胡"多次交锋中屡屡失利，武灵王便酝酿"变胡服、习骑射"的计划。这种变化虽然是军事建设上的改革举措，但也涉及文化上的改变，即生活方式的变化，按照华夷之辨中"严夷夏之防"的理论形态是行不通的，但华夷之辨中"变夷入夏"的理论形态却能为改革提供思想支持，从武灵王与大臣的对话中可以看到这一点。他说："夫服者，所以便用也；礼者，所以便事也。圣人观其乡而顺宜，因

---

① ［唐］韩愈著，钱仲联、马茂元点校：《韩愈全集》，上海古籍出版社1997年版，第121页。有学者认为，"进于中国，则中国之"是《公羊传》对孔孟夷夏观的发展。"《公羊传》的'夷夏之辨'思想，从思想渊源来讲，是导源于先秦孔孟的夷夏观念。其一是重视宣扬'异内外'的思想，也就是要严夷夏之别。其二，《公羊传》对夷狄仰慕、遵守礼义者则'中国之'。其三，《公羊传》对中国违背礼义者以'夷狄之'，这与先秦孟子的'吾闻用夏变夷者，未闻变于夷者也'的夷夏观相比，是一个重要发展。"汪高鑫：《汉代民族关系与夷夏之辨》，《人文杂志》，2011年第2期。

② 《战国策·赵策二》。

③ 《日知录》卷二十九。

其事而制礼，所以利其民而厚其国也，……是以圣人果可以利其国，不一其用，果可以便其事，不同其礼。"①细思其中的核心就在一个字：变。文化礼俗绝不是一成不变的，为了利国便事，必须作出相应的改变。如果说华夷之辨的"防"，防的是落后文化对先进文化的冲击；那么对外来文化中的精华就不宜一刀切式地防，而应该用好其中的"变"字，既可以"用夏变夷"，又可以"变夷入夏"，以增强文化的包容性。

赵国通过"胡服骑射"的改革，"北破林胡、楼烦"②，对北方"三胡"取得了压倒性优势。赵国改革的成功，亦对其他华夏诸国产生了极大影响，各国陆续建立自己的骑兵部队，军事实力大为加强。从文化角度考量，"胡服骑射"无疑是践行"变夷入夏"思想的成功典范，是华夏族主动向周边少数民族学习的有益尝试。它使人们清楚地认识到，即使总体上"四夷"的发展水平落后于华夏，但其文化中也有值得华夏族学习的长处，华夷之间的文化互鉴才是提升文化实力、维护文化安全的有效途径。

（三）"王者无外"理论及其文化安全功能

"华夷之辨"旨在文化之"合"，主张华夏文化与经改造的四夷文化融合发展，铸成中华文化"多元一体"的结构。"王者无外"是《公羊传》中提出的主张，语见《隐公元年》《僖公二十四年》。在"华夷之辨"的语境中考察，其义是指帝王当以天下为一家，不应该将夷狄排除在外，而应将其与华夏视为一体。正如晋代葛洪在《抱朴子·逸民》中说："王者无外，天下为家，日月所照，雨露所及，皆其境也。""王者无外"是对"华夷之辨"前两种理论形态的进一

---

① 《史记·赵世家》。
② 《史记·匈奴列传》。

步发展，如果说"严夷夏之防"强调的是本土文化与外来文化的差别，要防止外来夷狄文化对本土华夏文化的冲击；"用夏变夷"强调的是先进文化与落后文化的差别，要用华夏先进文化去改变夷狄落后文化；那么现在的"王者无外"则是要淡化这些差别而求同存异，强调的是一体，无论是东夷西戎还是南蛮北狄，只要信奉华夏文化，其与华夏族都是一体的，再无本土和外来之分、先进与落后之别，都是王者治下的一员。

当然，这样的主张在《公羊传》作者公羊高所处的战国纷争时代，只能是一种美好的理想。但其作为"华夷之辨"中的高级理论形态，却在后世的公羊学中得到了深入阐释且日趋完善。汉代大儒董仲舒是将《公羊传》发展成为公羊学的关键人物，他在论夷夏关系时提出了"王者爱及四夷"[①]的观点，正是对"王者无外"理论的继承与发展。在他看来，夷与夏可分为中国、大夷、小夷三类，按照"《春秋》无达辞。从变从义，而一以奉天"[②]的标准，不管是夏还是夷，其行为违背了礼义，就得"夷狄之"；无论大夷、小夷，其行为符合礼义，就得"中国之"。对于那些经过"用夏变夷"过程，进而仰慕华夏文化、遵守礼义道德的夷狄，应当给予充分肯定，当以中国之民一体相待。因为"天子受命于天，天下受命于天子"[③]，天下之人都是君王的臣民，夷狄自然也不例外。

作为公羊学的集大成者，东汉末年的何休将"王者无外"这一理论发展到了一个新高度。他根据《公羊传》的"三世"说（"所传闻世""所闻世""所见世"），提出了自己的"三世"说，认为夷狄在这"三世"中是不断进步发展的：在"衰乱"世，诸夏尚未统一，

[①] 《春秋繁露·仁义法》。
[②] 《春秋繁露·精华》。
[③] 《春秋繁露·顺命》。

无所谓夷夏之分；到"升平"世，夷狄已"可得殊"[①]，这才有了"夷夏之辨"；再到"太平"世，夷狄通过学习华夏文化而不断进化，已经由野蛮进至文明，与诸夏没有太大区别，自当一体待之。"至所见之世，著治太平，夷狄进至于爵，天下远近小大若一。"[②] 此时的华与夷，不论地域的远近、族群的大小，彼此是一样的，夷狄也能与华夏享受同等待遇。这是一个没有夷夏之别的一统社会，不但实现了政治、种族的统一，更实现了文化的统一。何休的这一设想在他那个时代虽然并不现实，但后世的历史进程却证明了这一思想的重要价值。不同民族之所以能在不断的冲突融合中凝聚为中华民族，不同文化之所以能在不断的交流碰撞中发展为中华文化，与"王者无外"的理论指导不无关系。

综合上论可知，"华夷之辨"作为儒家提倡的一种文化安全思想，为中国古代处理本土文化与外来文化的关系提供了理论指导。在辨明华与夷的文化差别的基础上，主张"严夷夏之防"，防止外来落后文化对本土文化的冲击与破坏，以维护华夏文化的稳定性与连续性；主张"用夏变夷"，既要用先进文化去改造落后文化，又要吸收外来文化中的积极元素，提升华夏文化的影响力和开放性；主张"王者无外"，推动华夏文化与经改造后的夷狄文化共存共荣，共同构成"一体多元"的中华文化。这些特征和性能使中华文化在长久的历史时期内处于相对安全的客观状态，且具备持续发展的能力。秦汉以降的国家对外文化安全建设实践，正是在"华夷之辨"思想指导下展开的。

[①] 阮元：《十三经注疏·春秋公羊传注疏》卷十八，中华书局2009年版，第4988页。
[②] 阮元：《十三经注疏·春秋公羊传注疏》卷第一，中华书局2009年版，第4774页。

秦汉魏晋隋唐卷

认同与共识：
国家文化安全史略

第一章　秦汉时期的国家文化安全

中华民族的发展史，一定意义上来说是一部治乱兴衰史，无数的政治家思想家为谋治乱避衰之道，建治国安邦之策，上下求索，皓首穷经。① 诚然，中国自古以来就不缺乏忧患意识，所以孟夫子早云："生于忧患，死于安乐！"② 忧患意识无时无刻不激发着先贤们对治乱避衰、治国安邦不懈探索。然治乱是手段，安邦是目的。正如太史公司马谈所言："天下一致而百虑，同归而殊涂。"③ 想要实现国家长治久安的目的虽然同归，但对治乱的思考方式和实施手段却是殊途。

周兴近800年，靠的是一个"礼"字来维系，所谓"道德仁义，非礼不成；教训正俗，非礼不备；分争辨讼，非礼不决；君臣上下，父子兄弟，非礼不定；宦学事师，非礼不亲；班朝治军，莅官行法，非礼威严不行；祷祠祭祀，供给鬼神，非礼不诚不庄"④。"礼"是周代上至天子、下及百姓的行为规范之标准，如果违反"礼"的规定，就可能受到刑罚的制裁，即"出礼入刑"。但任何事物的发展并非一成不变，而

---

① 包心鉴：《忧患意识与治国安邦——读周溯源著〈千年忧思〉》，《江苏社会科学》，2010年第8期。
② 《孟子·告子下》。
③ 《论六家要旨》。
④ 《礼记·曲礼》。

是会经历发生、发展、鼎盛和衰退的过程，这也是历史演进的基本规律。自周代礼崩乐坏，中国随即进入了一个较长的大混乱时期，史称春秋战国。春秋之时已是"弑君三十六，亡国五十二，诸侯奔走不得保其社稷者，不可胜数"①。到了战国，更是"强国事兼并，弱国务力守"②。

所以，诸子百家以自己的卓识和智慧为谋求国家安宁寻找治乱良方。先是法家找到取代周代礼治的"法治"，通过在秦国的推行而大获成功，为世人所接受，也助秦国完成了一统六国的不世之功。然秦朝二世而亡，"法治"也被质疑只能成一时之效，而无法真正实现国家长治久安，故汉初推崇黄老道家的"无为而治"。这种虚静自守、节欲少事的治理方式，带来了汉初70年之兴。同样地，汉景帝时发生的七国之乱，也让"无为而治"利守不利攻的缺陷暴露无遗。最终，在董仲舒进献《天人三策》，汉武帝独尊儒术的背景下，中国找到了真正适合国情的治理路线，即将儒家的"礼"与法家的"法"进行有机融合，形成大一统中央集权政治下的"礼法合治"路线。这条治国路线从秦汉时期基本确立，到魏晋南北朝进一步融合演进，至隋唐成熟定型，"礼""法"水乳交融、合二为一，这种治理模式也一直延续到清代，成为维护国家内外各个层面文化安全之根柢。

---

① 《史记·太史公自序》。
② 《商君书·开塞》。

第一节　秦汉时期的国家文化安全思想概论

一、秦朝"缘法而治"思想与国家文化安全

秦朝虽是中国历史上第一个大一统的封建王朝，但国祚较短，仅存续不到 16 年就灭亡了。汉代时人在总结秦亡教训之时，常用"暴秦"称之，并以"酷法"相与联系，一时间深入人心，以致世人只见秦随法亡，却多忽视秦因法兴。

事实上，秦之"法治"不是无本之木，其思想之形成有着深刻的文化背景。早在春秋初期，法家先驱管仲就提出"以法治国"[①]，将法视为治国安邦的重要举措。后来商鞅在秦国变法，结合自己的实践经验，又强调"缘法而治"[②]，明确将"法"作为明主治国理政的重要原则和根本方式。韩非还进一步指出应当奉法为尊，即"无书简之文，以法为教；无先王之语，以吏为师"[③]。法家之所以对法如此推崇，缘于法有诸多利于国家治理的性质和功能，且多是礼所不具备的。

例如，法具有公开性，"是故智者知之，愚者不知，不可以教民；巧者能之，拙者不能，不可以教民"[④]。这是对"议事以制，不为刑辟"[⑤]礼治旧传统的驳斥。

"法"也具有公正性，"法制礼籍，所以立公义也。凡立公，所

[①]《管子·明法》。
[②]《商君书·君臣》。
[③]《韩非子·五蠹》。
[④]《管子·乘马》。
[⑤]《左传·昭公六年》。

以弃私也"[1]。为了保障绝对公正，法家提倡以"事断于法"[2]来代替人治旧传统。

"法"还具备平等性，"法不阿贵，绳不挠曲。法之所加，智者弗能辞，勇者弗敢争。刑过不避大臣，赏善不遗匹夫"。这是对"礼不下庶人，刑不上大夫"[3]旧传统的否定。不仅如此，法家还描绘出"君臣上下贵贱皆从法"[4]的美好愿景。虽然在君主专制时代无法实现，但能看到其"法治"革新精神。

"法"的古体字是"灋"，《说文》有解："灋，刑也。平之如水。从水；廌，所以触不直者，去之，从（廌）去。"据此可见，法如水般平正，如廌般正直，法家所理解、阐述的"法"是有理据的。

另外，法家对于君权的强化也超出以往任何时期、其他任何学派。《管子·明法》有云："威不两错，政不二门。"正是阐明了君主的威势具有唯一性，有谓"万乘之主，千乘之君，所以制天下而征诸侯者，以其威势也"[5]。既然君王治国依赖于至高无上的权力，那么如何强化君权便成了当务之急。从维护"法治"的角度来看，法家主要通过两个方面来实现君王集权。

其一，君王独占立法权。法是一国之内人人须遵守的行为规范和行事标准，是"国之权衡"[6]。谁掌握了立法权便成为规则的制定者，其他人只能是被法律规制的对象。正如《管子·君臣》所云："天子出令于天下，诸侯受令于天子，大夫受令于君，子受令于父母，下听其上，弟听其兄。"法家构建的国家"法治"秩序中，制定

---

[1]《慎子·威德》。
[2]《邓析子·转辞》。
[3]《礼记·曲礼》。
[4]《管子·任法》。
[5]《韩非子·人主》。
[6]《商君书·修权》

法律的权力只能是君王一人专享，臣子只能严格依法办事，谨守君王制定之法，民众任何行为都应当唯君王之法为标准，不能有任何僭越资格。立法权让君王直接拥有最高的话语权，可以令出必行，一呼百应，从而对整个国家的治理和发展状态产生重大影响，所谓"一言正而天下定，一言倚而天下靡"①是也。

其二，君王主导执法权。《管子·重令》有载："安国在乎尊君，尊君在于行令。"这段话有个鲜明逻辑，国家安宁以尊君为前提，而君尊与否则在于行令是否有效。所谓行令，即施行君王的法令，用今天的话来说就是法律的实施，包括执法司法等活动。②如果说立法权是君王权势的坚实后盾，那么执法权则是其威势的直接体现。立法权虽尽归君王一人独享，但执法权的行使却无法由君王亲力亲为，而是常常需要臣子的协助，甚至由臣子代为行使这项权力，有谓"法者，君臣之所共操也"③，但这样就埋下了"权柄下移"的致命隐患。为了防止重蹈"礼乐征伐自诸侯出"④的覆辙，法家警示人君道："法政独出于主，则天下服德；故威势分于臣，则令不行。法政出于臣，则民不听；故明主之治天下也，威势独在于主，而不与臣共；法政独制于主，而不从臣出。"⑤所以，臣子行使执法权必须在君主价值观的主导下完成。法家强调臣子守法，实际上就是要求他们不能假公济私，曲法妄断。换言之，既不能与君王的意识形态和利益相冲突，更不能凭借执法权的行使，瓜分君王的法权，进而对其无上权势造成威胁。

法家的尊君之论在犯上僭越、祸起萧墙层出不穷的春秋战国时

---

① 《太平御览》引申子语。
② 崔永东：《〈管子〉中的司法思想初探》，《管子学刊》，2013年第3期。
③ 《商君书·修权》。
④ 《论语·季氏》。
⑤ 《管子·明法解》。

代，不仅极为有利于维护诸侯国国内统治的稳定和安全，对于保护君王得享"法治"成果更具有十分积极的意义。

因此，秦自孝公就将法家的"法治"理念视若珍宝，并将之积极运用在治国理政的方方面面。他在位期间就实现了"民以殷盛，国以富强；百姓乐用，诸侯亲服"[①]的宏图霸业，此后"法治"仍持续发挥治乱兴国的作用，"自孝公以至于始皇，世世为诸侯雄"[②]。待秦朝建立，秦始皇不仅全盘延续"法治"路线，声称"治道运行，诸产得宜，皆有法式"[③]，还对现有法家"法治"思想进行包装。他借用战国时期阴阳家的"阴阳五行""五德终始"学说，提出："周得火德，秦代周德，从所不胜。方今水德之始……事皆决于法……然后合五德之数。"[④]这就是"水德说"，既然秦朝以"水德"为国运，那么"从水"之法作为维护国家治理和运行的基本制度乃是理所当然，这便是秦始皇推行"法治"的理论依据。

法家的"法治"如一剂猛药，在春秋战国的混乱时代，被实践证明是拥有治乱奇效的治国良方。虽然秦朝速亡，但不应只看到法家之法利攻不利守的缺憾。实际上法家"法治"思想经过春秋执政者管仲、子产萌芽，战国李悝、吴起、申不害、商鞅、韩非等政治家、思想家的探索、发展和完善，已经给想要实现富国强兵的诸侯国带来了曙光，在短期内，"法治"方针足以实现国家安全，包括国家政权稳固不被推翻、政治制度稳定不被改变、统治阶级的意识形态得到有效维护，等等。从文化层面来看，"法治"作为法家思想的核心价值观，亦是历代执政者维护统治，实现国家长治久安的不可或缺

---

① 《史记·李斯列传》。
② 《盐铁论·论功》。
③ 《史记·秦始皇本纪》。
④ 同上。

的一部分，这在汉以后礼法合流的漫长实践过程中足可得见。

二、汉初"无为而治"思想与国家文化安全

"无为而治"是道家创始人老子提出的治国安邦之道，是一种以"柔"见长的治安思想理论，所以《吕氏春秋》说"老聃贵柔"[①]。所谓"无为"，并非无所作为、坐以待毙，而是强调执政者不过度有为，不横生事端，一言一行要合乎天地法则和自然规律，即"人法地，地法天，天法道，道法自然"[②]。

"无为而治"作为老子的最高政治理想，它的具体操作方式是从"道法自然"中引申出"弱用之术"的贵柔哲学，再运用于现实。[③]这种治国方式，既是老子贵柔智慧运用于政治的结果，又为执政者提供了一套全新的治理思路。换言之，老子的"无为而治"，其要点在"贵柔用弱"。

"贵柔用弱"的方法有很多，翻看《老子》，诸如不争、守雌、守静、不欲、不盈、知足、知止、善下、曲全、不为先等均在此列，举而言之。

1. 不争

《老子》八章有云："水善利万物而不争。"既然在老子眼中天下至柔的水都有不争的特性，那么不争正是运用柔弱的具体表现。不争的好处也是显见的，它可以让不争者通过以退为进的方式保持潜在的力争状态，从而达到"天下莫能与之争"[④]的不败境地。另从老子所处的时代环境来看，诸侯争强，天下人争利的现象比比皆是，

[①]《吕氏春秋·不二》。
[②]《老子·二十五章》。
[③] 马作武:《先秦法律思想史》，中华书局2015年版，第198页。
[④]《老子·六十六章》。

老子提出"圣人之道，为而不争""不尚贤，使民不争"显然也是反其道而倡行柔弱之术。

2. 知足

法家曾看到每个人都具有趋利避害的天性，他们追名逐利的行为至死方休，因此提出行赏罚来利用这种人性以实现富国强兵。老子也敏锐地观察到了这点，只是与法家尚刚用强的方式不同，他告诫那些既得利益者要懂得见好就收、急流勇退，因为"祸莫大于不知足"①。其内在的道理也很简单，功成名就者往往会因为不满足，继续逞强争利，但一时的强大往往也是早衰的开始，这是不合道的行为，只有"知足不辱，可以长久"②。

3. 善下

身居高位的人往往凭借其无可匹敌的权势恃强凌弱，视他人于无物。老子从自然界观察到"江海所以能为百谷王者，以其善下之，故能为百谷王"③。江海之所以能成为百川汇流之地，全因为它善下的地位。人与人之间，身居高位者若不降低姿态，谦善处下，势必被众人所抛弃，成为失道寡助的孤家寡人。而善下之术的运用，虽然柔弱行之，但常得民心，可以稳固权位，取得"居其所而众星共之"④的良好效果。进而推之，国与国之间若能发挥"大国以下小国，则取小国；小国以下大国，则取大国"⑤的奇效，便可化干戈为玉帛，实现和平共处。

老子深信"无为而治"才是维持国家安宁，实现天下大治的康庄大道。对于无为的治理效果，老子也成竹在胸："我无为，而民自

---

① 《老子·四十六章》。
② 《老子·四十四章》。
③ 《老子·六十六章》。
④ 《论语·为政》。
⑤ 《老子·六十一章》。

化；我好静，而民自正；我无事，而民自富；我无欲，而民自朴。"①他还描绘了一幅"无为而治"下的美丽画卷："使有什伯之器而不用，使民重死而不远徙。虽有舟舆，无所乘之；虽有甲兵，无所陈之。使人复结绳而用之，甘其食，美其服，安其居，乐其俗。邻国相望，鸡犬之声相闻，民至老死，不相往来。"②这也是老子心中的理想国。

当然，老子的"无为而治"虽然是另辟蹊径的治国大智慧，但该理论并非无懈可击。荀子就指出老子："有见于诎（屈），无见于信（伸）。"③也就是说，老子单方面强调贵柔用弱，又陷于绝对的无为，使得其缺乏实际可操作性。事实上，老子还极度排斥与人相关的制度、文化，对曾经为周朝带来兴盛的礼，以及当时法家所践行的法都极力否定。他认为这些人为构建的制度和文化是违背自然规律的。然而，脱离了人的作用去谈治理，无异于缘木求鱼。

因此，有学派将托古而来的黄帝学与老子治国理论相结合，创设出了黄老之学，这个形成于战国，成熟于秦汉的学派亦称黄老学派。该学派致力于弥补老子之学的理论缺陷，积极地探索"无为而治"的现实可操作性。他们认为刚与柔同等重要，应兼而用之："圣人正在刚柔之间，乃得道之本。"④同时，黄老学派并不否定制度、人文的重要性："故执道者之观于天下也，无执也，无处也，无为也，无私也。是故天下有事，无不自为刑名声号矣。刑名已立，声号已建，则无所逃迹匿正矣。"⑤也就是说，圣人执道观天下，顺势所行而不妄为，但天下各事确实是在刑名、声号这些有为的前提下达到

---

① 《老子·五十七章》。
② 《老子·八十章》。
③ 《荀子·天论》。
④ 《淮南子·氾论训》。
⑤ 《黄帝四经·道法》。

无不自为的。因此，黄老学派格外重视治国理政中居于核心地位的"法"。法既是决断是非黑白的准绳："是非之分，以法断之；虚静谨听，以法为符。"①又是公正无私的治国之具："法度者，正之至也。而以法度治者，不可乱也。而生法度者，不可乱也。精公无私而赏罚信，所以治也。"②

黄老学派理论发展与完善下的"无为而治"在汉初大放异彩，成为高祖、惠帝、文帝、景帝四代帝王始终坚守的治国指导思想，仅不到70年光景，汉朝就从上至"天子不能具钧驷"，下至"齐民无藏盖"③的凋敝景象，实现了王朝复兴："国家亡（无）事，非遇水旱，则民人给家足，都鄙廪庾尽满，而府库余财。京师之钱累百巨万，贯朽而不可校。太仓之粟陈陈相因，充溢露积于外，腐败不可食。众庶街巷有马，阡陌之间成群，乘牸牝者摈而不得会聚。守闾阎者食粱肉；为吏者长子孙；居官者以为姓号。人人自爱而重犯法，先行谊而黜愧辱焉。"④这也充分说明，"无为而治"思想确实能够起到促进国家复兴，维护国家和平与安宁的作用。

三、汉中后期"礼法合治"思想与国家文化安全

黄老学派的"无为而治"革故鼎新地缔造了中国封建史上第一个盛世——文景之治。但正所谓"福兮祸所伏"，一片欣欣向荣的王朝复兴景象下，却埋藏着诸多隐患："网疏而民富，役财骄溢，或至兼并豪党之徒，以武断于乡曲。宗室有土公卿大夫以下，争于奢侈，室庐舆服僭于上，无限度。"此时，"无为而治"思想中"利守不利

---

① 《黄帝四经·名理》。
② 《黄帝四经·君正》。
③ 《史记·平准书》。
④ 《汉书·食货志》。

"攻"的消极因素开始逐渐凸显。

一是无法从根源上解决内忧外患。汉初的外患，主要是与邻国关系紧张，冲突不断。北边匈奴时常无故寇边，南边越王赵佗反复无常，多次背约自立。面对敌国外患，汉执政者通常奉行"柔节先定，善予不争"①，以隐忍和防备为先，主要采用和亲、游说等方式，试图通过"以德报怨"的做法化解矛盾。但直至景帝末，却仅能维持一个"时时小入盗边，无大寇"②的局面。国内方面，其忧患主要是汉中央与藩国的矛盾。汉朝廷奉行"无为而治"，任地方自由发展，导致藩国实力坐大，进而与中央朝廷相抗衡，一些心怀异志的诸侯甚至想要取而代之。吴王刘濞以"清君侧"名义掀起的"七国之乱"，便是明证。

二是经济过于宽松导致国富民贫。汉兴之初，一直致力于恢复生产，振兴经济，故采用的是极为宽松的经济政策，如减轻赋役、松弛商贾、鼓励开垦等，基本上将国家干预降至最低。宽松的环境确实利于经济的增长，短短几十年国家便积累了大量财富，但这些财富非是勤力耕种在广袤土地上的民众所有，而是垄断在官僚贵族、富商巨贾、乡党豪绅等少数人手中。为此，贾谊曾上疏文帝："今汉兴三十年矣，而天下愈屈，食至寡也，陛下不省邪？未获耳，富人不贷，贫民且饥，天时不收，请卖爵鬻子，既或闻耳。曩顷不雨，令人寒心，壹雨尔，虑若更生。天下无蓄若此，甚极也。"③贾疏正是当时国富民贫的真实写照，而这个关乎国计民生的大问题始终未能彻底解决。

三是过度的"无为"不利于法制建设。秦亡首患，在于用法太

---

① 《黄帝四经·称》。
② 《汉书·匈奴传》。
③ 《新书·忧民》。

严，这是汉初执政者的共识，从高祖约法三章始，就极力提倡宽法慎刑，意图杜绝秦法严苛之弊。惠、文、景帝执政期间，虽然也确实有一些法制变革尝试，如宽松法网、减轻刑罚、审慎断狱等，但由于奉行清静无为、节欲少事，始终未能积极投身于法制建设，故无法从根本上涤除从秦代承袭而来的"纯本于法家"[①]之严苛精神。

这些消极因素也阻碍着执政者欲从根本上解决国家内忧外患，以实现长治久安的决心。然从"无为"转向"有为"，节欲转向多欲，是不可阻挡的历史潮流，这从景帝主战匈奴、拒绝和亲、力削藩国、集权中央等做法已见端倪。

有鉴于"七国之乱"给汉王朝政权、制度的稳定造成了极大危害，元光元年（前134年），刚接过政权的汉武帝就迫不及待地举贤良文学之科，谋求可以"传之亡穷，而施之罔极"[②]的治国之道。数百应试学士之中，唯董仲舒的《天人三策》奏论颇得圣心。汉武帝与董仲舒以三问三答的方式，大谈经世策略。董仲舒认为应当遵照儒家经典《春秋》的"大一统"政治论，加强中央集权，维护君主专制统治。而《春秋》正是一部名教之书，旨在"尊王而贬抑诸侯、大夫、陪臣之僭越"[③]，有着使"乱臣贼子惧"的巨大威慑力。董仲舒还强调："《春秋》大一统者，天地之常经，古今之通谊也。"[④]《春秋》"大一统"的政治论可谓深得汉武帝之心，于是汉武帝采纳了董仲舒"诸不在六艺之科孔子之术者，皆绝其道，勿使并进"[⑤]的建言献策，开启了独尊儒术的新时代。此后，汉代执政者积极用儒家之礼，融合改造汉家承袭而来的秦法，走向"礼法合治"的治国路线。正

---

① 瞿同祖：《瞿同祖法学论著集》，中国政法大学出版社2004年版，第373页。
② 《汉书·董仲舒传》。
③ 马作武：《先秦法律思想史》，中华书局2015年版，第56页。
④ 《汉书·董仲舒传》。
⑤ 《汉书·董仲舒传》。

因为此，汉武帝的政治方针被称为外儒内法、阳儒阴法。用汉宣帝的话来讲，就是"汉家自有制度，本以霸王道杂之"[①]。无论王道、霸道孰多孰少，国家大一统是前提条件，也是根本原则。在汉以后的两千年封建社会发展的历史长河里，它在绝大多数时期都起到了维护国家政治统一、社会稳定和经济发展，以及人民生活安定有序之功效。

第二节　秦汉时期国内文化安全建设实践

一、秦汉时期维护价值观念的文化安全建设

（一）"海内一统，定于一尊"：维护政治层面的价值观安全

政治安全的核心在于保护政权和制度的安全，即国家政权稳固不被颠覆，政治制度稳定不受干预。从文化价值观的层面来讲，实现政治安全的着力点在于维护国家政治的主流意识形态。凡有利于树立和保护政治意识形态的文化政策均在此列，它包括政治思想的强化和政治制度的建设。

秦始皇一统六国后，建立了一个统一的中央集权封建国家。彼时的大秦帝国，无论疆域的辽阔程度抑或民族文化的多元性都是史无前例的。如何维持新王朝的稳定有序，是秦始皇及其核心统治阶层亟待思索和解决的问题。通过《史记》《睡虎地秦简》等传世文献和出土文献的记载，不难看到，秦朝主要是从树立统治者权威、维

[①]《汉书·元帝纪》。

护现有法律制度、确立新的行政体制、加强思想文化专制等方面展开。

1. 议定"皇帝"尊号

在古代，最高统治者的个人权威与安危是与国家安全紧密联系在一起的。先秦诸子百家无论如何争鸣，对于尊君基本上都持肯定态度，有谓"安国在乎尊君"①。事实上，当时礼崩乐坏、国家动荡不安的一个重要缘由就是"犯上僭越"层出不穷，所以才有孔子对诸侯"八佾舞于庭"②发出"是可忍、孰不可忍"的感慨。是以丞相王绾、御史大夫冯劫、廷尉李斯联合博士官，上奏秦王政，请求议定"皇帝"尊号。秦以前，皇和帝是没有连用先例的，古有"三皇五帝"之说，但都是分别称之。皇帝尊贵主要体现在三个方面。一是享有专属第一人称称谓，唯皇帝才能自称"朕"。在此前这个称谓是社会各阶层随意使用的，名臣皋陶与大禹议政时说"朕言惠可厎行"③，诗人屈原在《离骚》中也赋道"朕皇考曰伯庸"。二是皇帝姓名需要避讳。出土文献《语书》有这么一段记载："是以圣王作为法度，矫端民心，去其邪避（僻），除其恶俗。"④经考证，"矫端民心"原本应为"矫正民心"，改"正"为"端"实为避秦王政的名讳。自秦开此先例，避讳便成为历代皇帝享有的无上权力。三是皇帝拥有最高法权。皇帝发布的任何号令，均以"制诏"形式发布。皇帝行使法权，令出必行，无须和大臣商议。如秦始皇不愿意后人妄议自己功过，就下令废除了《谥法》。此后皇帝可以随意定法，主宰生杀大权也被视为理所当然。总之，"皇帝"称号的议定和出现并非偶

---

① 《管子·重令》。
② 《论语·八佾》。
③ 《尚书·皋陶谟》。
④ 睡虎地秦墓竹简整理小组编：《睡虎地秦墓竹简》，文物出版社1978年版，第15—17页。

然，它不仅是神化君权的重要手段，而且在统治阶级看来，建立专制主义中央集权的统治，最重要的乃是加强皇权。[①]

2. 别黑白定于一尊

首先是思想上定于一尊，秦始皇采纳李斯进言，"史官非秦记皆烧之。非博士官所职，天下敢有藏诗、书、百家语者，悉诣守、尉杂烧之。有敢偶语诗书者弃市。以古非今者族。吏见知不举者与同罪。令下三十日不烧，黥为城旦。所不去者，医药卜筮种树之书。若欲有学法令，以吏为师"[②]，将思想文化专制推向极致。其次是制度上定于一尊，六国既已不复存在，新王朝应有统一的国家制度，因此"分天下以为三十六郡，郡置守、尉、监。更名民曰'黔首'……一法度衡石丈尺。车同轨。书同文字""朝贺皆自十月朔。衣服旄旌节旗皆上黑。数以六为纪，符、法冠皆六寸，而舆六尺，六尺为步，乘六马"[③]。最后是法律上定于一尊，以"水德说"为推行"法治"的理论根据，将上至国家大事、下至百姓生活均纳入法律的调控范围。《泰山刻石》还有记载："诸产得宜，皆有法式。"虽是歌功颂德之语，但从《睡虎地秦墓竹简》来看，大凡经济领域的农业生产、畜牧业、粮食保管、运输、手工业生产、商品交换、徒工培训、市场管理、徭役、渔业、林业、天灾的控制等，均有相应的法律加以规定。[④]亦可知言符其实。

秦朝虽没能如秦始皇所愿"二世三世至于万世，传之无穷"[⑤]，但围绕国家"大一统"的政治建设是开创性和奠基性的。到了汉武帝时，周代遗留下的分封制犹存，中央政权岌岌可危。受汉惠帝

---

① 林剑鸣：《秦汉史》，上海人民出版社2019年版，第50页。
② 《史记·秦始皇本纪》。
③ 同上。
④ 武树臣：《法家法律文化通论》，商务印书馆2017年版，第429页。
⑤ 《史记·秦始皇本纪》。

除《挟书律》的影响，先秦诸子文化思想再度复兴，这对国家统治思想的冲击也是巨大的。因此，董仲舒以儒学为根基，借《春秋公羊传》开篇："春王正月，元年者何？君之始年也。春者何？岁之始也。王者孰谓？谓文王也。曷为先言王而后言正月？王正月也。何言乎王正月？大一统也。"①发挥其内在的微言大义："何以谓之王正月？曰：王者必受命而后王。王者必改正朔，易服色，制礼乐，一统于天下。"②此外，董仲舒还从"王"的字义上试图解释和强化其统治权，他说："古之造文者，三画而连其中，谓之王。三画者，天地与人也，而连其中者，通其道也。取天地与人之中以为贯而参通之，非王者孰能当是？"③这为王者一统天下找到了理论根据，极有利于加强皇权和中央集权。就当时"师异道，人异论，百家殊方，指意不同，是以上亡（无）以持一统"的现状，他继而提出思想文化一统论："诸不在六艺之科孔子之术者，皆绝其道，勿使并进。"即以儒家思想为国家统治思想，其余邪魅杂说没有存在之必要。在董仲舒看来，思想文化一统乃是政治一统的必要条件，也只有实现了思想文化的统一，才能够维护和保障政治统一，进而形成国家乃至天下一统之局面。

秦之"大一统"和汉之"大一统"虽然理论内核不同（前者源于法家思想，后者源于儒家思想），但出发点以及最终目的是一致的。经过秦汉在思想文化层面对"大一统"价值观的强化，无论是王侯将相还是布衣百姓，都始终支持国家统一。历代王朝无论分与合，是中原汉族政权还是少数民族政权，也都将维护华夏一统视作毕生之志。

---

① 《公羊传·隐公元年》。
② 《春秋繁露·三代改制质文》。
③ 《春秋繁露·王道通三》。

（二）"王霸并用，礼法结合"：维护法律层面的价值观安全

王道与霸道并用的政治论虽是汉宣帝教育太子时首次提出，但这种执政理念早在春秋时期就已经萌芽。《左传》有这么一段记载，"仲尼曰：'善哉！政宽则民慢，慢则纠之以猛。猛则民残，残则施之以宽。宽以济猛，猛以济宽，政是以和。'"从孔子宽猛交替的政治思想中，已然能看到王道与霸道兼用之雏形。而这种政治论具体到法律层面，就集中表现为王道之礼与霸道之法相结合。当然，孔子本人是复古派，坚持"克己复礼"①，对法和刑是比较排斥的。孔子强调："道之以政，齐之以刑，民免而无耻。道之以德，齐之以礼，有耻且格。"但他低估了世道衰乱的速度，到了战国孟子已感叹："徒善不足以为政，徒法不能以自行。"②待荀子时，法家所主张的"法治"已大行其道。一方面，荀子见到法家"法治"的治理效果，不得不承认法家治乱有方的事实（见《荀子·强国》）。另一方面，他承孔孟之道，又要坚守儒家德礼教化为先的基本原则。因此，荀子试图调和礼法、德刑关系上的矛盾和冲突。他简明扼要地指出："治之经，礼与刑。"③荀子调和礼法、德刑的思想对后世影响极大，以至有"自秦汉以后，政治学术，皆出于荀子"④之说。

1. 儒法合流的开端

秦朝虽然独尊法家"法治"，但并非汉代时人认为的毫无道德礼义可言，而是一定程度上融合了儒家礼治思想。如《法律答问》规定："免老告人以为不孝，谒杀，当三环之不？不当环，亟执勿失。"⑤意思是有60岁以上的老人控告子女不孝，要求判处死刑，可

---

① 《论语·颜渊》。
② 《孟子·离娄上》。
③ 《荀子·成相》。
④ 梁启超：《清代学术概论》，上海古籍出版社1998年版，第84页。
⑤ 睡虎地秦墓竹简整理小组编：《睡虎地秦墓竹简》，文物出版社1978年版，第195页。

否宽宥？秦官方的回答是不能宽宥，应立即逮捕，不能放任犯罪者逃走。这条法律解释保护孝道之意非常鲜明。又如《为吏之道》对官员的行政提出了"五善"的具体要求，分别是"一曰中（忠）信敬上，二曰精（清）廉毋谤，三曰举事审当，四曰喜为善行，五曰龚（恭）敬多让。"①忠信、清廉、恭敬等语皆是儒家伦理道德的范畴，也是规范官员行为的标准。再如《语书》中，南郡守腾针对当地风俗不正的情况，明令："自从令、丞以下智（知）而弗举论，是即明避主之明法殹（也），而养匿邪避（僻）之民。"②要求县令和县丞依法整饬地方风俗。这些史料记载，都是礼治"借尸还魂"的遗迹。可见，儒家的伦理纲常已渗透到法家学说之中，理论上儒法合流趋势已经开始。③

2. 礼法合治的确立

汉代从武帝开始，在王霸并用的政治思想指导下，礼法结合更进一步，以董仲舒为代表的汉儒试图建立起一套以儒家思想精神为最高准则的用法规则。礼与法交融的过程，也被史家称为"纳礼入律"或"法律儒家化"。在这个过程中，儒家伦理道德价值观在释法和司法上不断发挥作用，成为两汉在法律层面确保国家文化安全的内在灵魂。

在释法层面，汉儒以《尚书》《论语》等儒家经典为理论指导和精神原则，对原有的汉家之法进行解释和剖析，通过引经注律和以律解经两种方式将儒家思想渗透到法律之中。譬如郑玄曾对汉朝《附益法》进行解说，他认为"封诸侯过限"便是"附益"。郑说揭露了淮南王、衡山王谋反的一个重要原因，即"背正法而厚于私家"

---

① 睡虎地秦墓竹简整理小组编：《睡虎地秦墓竹简》，文物出版社1978年版，第283页。
② 睡虎地秦墓竹简整理小组编：《睡虎地秦墓竹简》，文物出版社1978年版，第16页。
③ 李福泉：《论秦始皇礼俗改革》，《湖南师范大学社会科学学报》，1993年第6期。

的附益行为，导致诸侯王权力膨胀，进而有了不臣之心。① 显然，这是对儒家"君君、臣臣"理念的发挥。

又如，应劭、如淳曾对王莽订立的"焚如之刑"进行了概念上的解析，应劭阐明《易经》原本就有"焚如、死如、弃如"的说法，并强调王莽是据儒家经典而作刑名。至于被扣上"焚如、死如、弃如"之名的人，如淳继而解释道，这些人是既不畜于父母，又不容于朋友的不孝子。故要予以严惩，"烧杀弃之"②。如淳之解释正是彰明了儒家"罪莫大于不孝"的伦理精神原则。

再如，应劭用《易经》《尚书》《诗经》《论语》四本儒家经典为"吏病百日，应免"这条汉律寻找合理根据。官吏如果病达百日以上，说明身体已经不能支撑自己继续辅佐君王治国理政，倘若继续把持官位、尸位素餐，便是违反了《易经》所言之"守位以仁"的基本准则。对这样的"不仁"官吏，病免之是理所当然。③ 应劭此解正是用儒家"仁"的道德内涵来增强法条的说服力。

以上这些法律解释也被称为"律章句"，据《晋书》记载，彼时做律章句的大儒有叔孙宣、郭令卿、马融、郑玄等十几家，每家所解章句都高达数十万言，足见当时释法活动的浩大。

在司法层面，大儒董仲舒通过引领春秋决狱之风，开启了用儒家经义进行疑难案件审判和决断之先河。据史料记载，董仲舒应朝廷之邀，共作《春秋决狱》二百三十二例作为示范，但原稿已佚，现存六个案例，分别是"违抗君命纵麑案""误伤己父案""弃儿殴父案""隐匿养子案""私为人妻案""盗窃武库案"。④ 其中，"违抗

---

① 《汉书·诸侯王表》。
② 《汉书·匈奴传》。
③ 《风俗通义·过誉》。
④ 程树德：《九朝律考》，商务印书馆2010年版，第212—213页。

君命纵麑案"反映了忠君思想，"误伤己父案""弃儿殴父案""隐匿养子案"反映了孝道观念，"私为人妻案"反映了夫妻之义。从案件处理结果来看，五个案例中有四个是作为不犯罪处理（不当坐），还有一个进行了减轻处理（徙之可也）。这也符合儒家一向提倡德礼教化为先的礼治精神。而"盗窃武库案"中犯者情节看起来虽较轻，却是董仲舒唯一坚持以"弃市之刑"从重处理的案件。究其缘由，是盗窃弩弦的行为严重威胁国家政权的安全和封建统治的稳定，这也和董仲舒"春秋大一统"政治理念相符。此外，董仲舒还创立了春秋决狱的核心原则："必本其事而原其志。志邪者不待成，首恶者罪特重，本直者其论轻。"[①] 此所谓"原心定罪"，即将犯罪动机作为定罪量刑的标准。在此基础上，汉儒进一步阐明："《春秋》之治狱，论心定罪。志善而违于法者免，志恶而合于法者诛。"[②] 而判断"善与恶"的标准，仍然是儒家伦理道德观。春秋决狱之风从两汉一直延续至隋唐，直至以"德礼为政教之本"[③]著称的《唐律疏议》制颁，这股引经决狱的风气才逐渐消散。因为此时司法实践已有儒家善法为指导，再无从浩瀚儒经中寻找法律依据之必要。

（三）"为政以德，三纲五常"：维护道德层面的价值观安全

《论语》有云："为政以德，譬如北辰，居其所而众星共之。"[④] 这既是孔子眼中的德政典范，又是儒家追求的政治理想。秦厉行"法治"，对德政并不在意，相反他们认为三晋（韩赵魏）正是过于重德政、慕仁义，才导致国家衰弱（见《韩非子·外储说左上》）。德

---

① 《春秋繁露·精华》。
② 《盐铁论·刑德》。
③ 《唐律疏议·名例》。
④ 《论语·为政》。

政的荒废，其结果是人心不古，秦俗日败。对此，贾谊在《治安策》中有描述："秦人家富子壮则出分，家贫子壮则出赘。借父耰锄，虑有德色；毋取箕帚，立而谇语。抱哺其子，与公并倨；妇姑不相说，则反唇而相稽。"俨然一副不顾血缘亲情的薄情画面，这虽有一些夸张之处，但秦人道德败坏却是事实。直至汉武帝举贤良文学，董仲舒才在应试对策以及后来氏著《春秋繁露》中，深入探讨德政的重要性，并将道德建设摆在国家治安的首要层面。

1. 德主刑辅

董仲舒以儒家思想为本，杂糅黄老、法家思想，对儒家德政的合理性与主体性作了系统阐述，是为"德主刑辅"论。对于德教与刑罚这两种治理国家的最基本手段的取舍和运用，董仲舒的看法是："教，政之本也；狱，政之末也。"① 他借用黄老阴阳天道思想论证其合理性："天地之常，一阴一阳，阳者，天之德也，阴者，天之刑也。"② 由于自然界固有"阳尊阴卑"之常理，故"大德而小刑""务德而不务刑"③，甚至"任德而远刑"④便是毋庸置疑之真理。基于此论，董仲舒告诫统治者须秉承天意，"任德教而不任刑"⑤，若"为政而任刑"便是逆天而行，毁坏王道。显然，在董仲舒看来，要想推行教化、导人向善，就必须随时保持"德教"在国家治理中的主体地位。

2. 三纲五常

董仲舒将有利于维护家庭关系、社会秩序、国家安全的儒家伦理道德进行了深度提炼，提出将"三纲五常"作为德政的核心价值

---

① 《春秋繁露·精华》。
② 《春秋繁露·阴阳义》。
③ 《春秋繁露·阳尊阴卑》。
④ 《春秋繁露·天辨在人》。
⑤ 《汉书·董仲舒传》。

观。三纲思想发轫于儒家"君君,臣臣,父父,子子"[①]的等差礼治观念,董仲舒将法家"臣事君,子事父,妻事夫"[②]的单向君主集权思想吸纳,再辅以黄老视为天地恒常的"阴阳之道"进行比附论证,即"君为阳,臣为阴,父为阳,子为阴,夫为阳,妻为阴"[③],最终推演出了所谓"君为臣纲,父为子纲,夫为妻纲"之自上而下的绝对统治关系。这种推演是熔法家、黄老思想为一炉之结果,与先秦儒家双向的君臣、父子、夫妻关系(见《论语·八佾》《礼记·礼运》)已有本质上的不同。董仲舒还强调,这既是法天道的结果,亦是遵天意之体现:"王道之三纲,可求于天。"[④]其中,代表族权的"父为子纲、夫为妻纲"居于次要地位,从属于代表政权的"君为臣纲"。从某种程度上讲,"君为臣纲"可谓"纲中之纲"[⑤],这也是董仲舒构建"三纲"学说的最终目的。

"五常"是指"仁、谊(义)、礼、智、信"五种社会道德规范。董仲舒在举贤良对策时虽已提出(见《汉书·董仲舒传》),但他本人并未进一步详解其义。据东汉群儒所作《白虎通义》的解释:"仁者,不忍也,施生爱人也。义者,宜也,断决得中也。礼者,履也,履道成文也。智者,知也,独见前闻,不惑于事,见微知著也。信者,诚也,专一不移也。"[⑥]可见,它的具体含义与先秦儒家所释并无太大差异,"五常"亦是董仲舒建立在社会五伦关系(君臣、父子、夫妇、兄弟、朋友)基础上,抽象概括出他认为最重要的儒家伦理价值观。加之"三纲"中所折射出来的"忠、孝、贞"三种政治道

---

① 《论语·颜渊》。
② 《韩非子校注·忠孝》。
③ 《春秋繁露·基义》。
④ 《春秋繁露·基义》。
⑤ 俞荣根:《儒家法思想通论》,商务印书馆2018年版,第648页。
⑥ 《白虎通义·性情》。

德规范，便共同构成了中国传统封建社会的核心价值观。

纵观之，"三纲五常"不仅维护并支撑着"大一统"的政治局面，还对中央政权的统治权威进行理论说明，以及对封建专制制度进行合法性论证。① 此后，"三纲五常"作为道德层面的统治思想，持续在国家政治、法律、文化各个层面发挥作用，逐渐发展成为两汉及后历代王朝相沿不改的纲常名教。

二、秦汉时期维护生活方式的文化安全建设

（一）"书同文，语同音"：维护语言文字安全

思想文化的统一，首先是语言文字的统一。语言文字是一个国家乃至民族的根本标志，也是其历史文化的重要载体。可以说，语言文字兴则国家兴，语言文字亡则民族亡。

1. 秦朝"书同文"

秦虽凭借强悍的军事实力碾压六国，完成了疆域上的统一，但想要真正实现天下一统却非一朝一夕之功。事实上，秦朝面临的是制度文化依旧四分五裂之局面：田畴异亩、车涂异轨、律令异法、衣冠异制、言语异声、文字异形。② 由于语言文字是人与人沟通交流的最基本工具，与国家政令通达、经济政策贯彻、民族文化融合、社会发展变革等诸方面休戚相关，因此秦始皇采用"书同文字"③的政策，欲动用国家力量助推实现语言文字使用的规范和统一。据《说文解字》与《汉书·艺文志》记载，秦始皇命丞相李斯作《仓颉篇》七章，中车府令赵高作《爰历篇》六章，太史令胡毋敬作《博

---

① 吕本修：《"三纲五常"思想探析》，《湖南师范大学社会科学学报》，2018年第6期。
② 《说文解字·叙》。
③ 《史记·秦始皇本纪》。

学篇》七章，三人所书皆为小篆，是对周宣王太史籀大篆删繁就简而成。而《仓颉篇》《爰历篇》《博学篇》也是文字统一后的标准字书范本，作为学童启蒙、官吏考课之用。小篆作为全国通行文字，在很多地方广泛使用。如刻石，秦始皇在巡行郡县、彪炳功德时，曾下令凿刻《泰山刻石》《琅琊刻石》《之罘刻石》《碣石刻石》等七方刻石，这些刻石上使用的文字正是小篆。还有兵器农具、官私印章、墓葬明器、陵园砖瓦之上也随处可见小篆。当然，整齐划一、规范美观的小篆虽成为秦朝官方文字，但多限于庙堂之上，民间日常生活实则频用隶书。隶书以平直的用笔为主，改曲笔为直笔，改断笔为连笔，将部首转向，字的外形变方或变扁，是篆书隶变之结果。隶变的汉字逐渐定型，从而成为真正通行的标准文字[1]，是为秦隶。这种字体在青川木牍、睡虎地秦简等出土文献中可供一览。

总的来说，秦朝"书同文"的文化政策具有十分积极的意义。它既是秦统治者对于文字的规范与简化的过程，又是秦依托这一变革实现文化统治和制度重塑的过程。文字统一使得秦朝"以吏为师"的思想得以推行，延续两千多年的皇权专制思想自此得到确立。[2]当然，秦朝在文字统一上虽奠定了重要基础，但毕竟王朝衰亡过早，故很多规范工作未及深入开展便被迫终止，且从文献史料中鲜见秦朝"语同音"的记载，由此可推知，"语同音"的改革亦未付诸太多实践。两汉承秦制，继续完成秦未竟事业。

2. 汉朝"语同音"

第一，汉完成文字古体向今体的演变。汉代时人在秦隶的基础上，

---

[1] 汤洪、张以品：《从"书同文"到"语同音"：语言文字规范统一与文化认同》，《社会科学研究》，2022年第6期。

[2] 赵云泽、杨启鹏：《"书同文"：中国古代政治制度变化与媒介变革影响研究》，《现代传播（中国传媒大学学报）》，2019年第1期。

进一步将文字写法标准化，偏旁部首结合固定化，乃成汉隶。汉隶是当时官方民间均通行的字体，被称为"今文"。比如，儒家经典《尚书》，通过秦博士伏生口述转录而成的二十八篇，以《今文尚书》命名，正是因为是用汉隶抄写而成。后来汉灵帝命大书法家蔡邕抄写《周易》《公羊传》《论语》等经典，立于太学前的"熹平石经"，也是用成熟的汉隶勒成。汉隶与我们今天通行的楷书相差无几，即便今人也能辨识，足以反映汉代在"书同文"上的定鼎之功。

第二，字书的编定与完善仍在继续。自秦损益《史籀篇》而成《仓颉篇》《爱历篇》《博学篇》，汉初闾里书师将秦三篇字书合成一篇，仍以《仓颉篇》命名，新字书以60字为一章，总共55章。此后，汉代执政者和文宗大儒在新《仓颉篇》基础上，继续扩展收字，删除重复，校订讹误。汉武帝时，司马相如作《凡将篇》。汉元帝时，黄门令史游作《急就篇》，辞赋家扬雄又作《训纂篇》。汉成帝时，将作大匠李长作《元尚篇》。东汉以后，班固对《训纂篇》进行修订，自此"六艺群书所载略备"[①]。直至儒学大师——古文字学家许慎耗费21年纂成《说文解字》，字书的编纂始告完成。许慎在《说文解字》开篇叙云："盖文字者，经艺之本，王政之始。"言明文字的稽考有着深刻的政治意义。

第三，对某些文字"失读"的问题进行集中处理。汉宣帝时，由于《仓颉篇》多古字，很多水平不佳的教师常无法准确识文读声，因此宣帝征召齐人来"正声"，其目的正是规范自秦以来文字释读失范问题。

第四，传承《尔雅》之风，著成新的释言著作。雅言正声是周代礼乐文化之结晶，《尔雅》也正是在周文化浸淫中诞生的。汉武帝

---

① 《汉书·艺文志》。

尊儒术、立太学，又专门设立尔雅博士，足见官方对语言文化传承之重视。汉平帝时，扬雄有鉴于语言有古今之别、雅俗之分，于是仿《尔雅》体例，纂成《輶轩使者绝代语释别国方言》（亦称《方言》），在"语同音"方面启秦之未有，为训诂学的又一奠基之作。

（二）"匡饬异俗，天下同风"：维护风俗习惯安全

秦国地处西北边陲，举国上下杂有戎狄之风，也曾被关东六国视为"虎狼之国"。秦孝公时，重用商鞅变法图强，其中一项重要改革就是整饬秦国旧有的、落后的风俗习惯。据史载，商鞅针对秦人不识礼义、父子无别、同室而居的生活习惯，曾严令"父子兄弟同室内息者为禁"，后来又强制分户："民有二男不分异者，倍其赋。"[①]通过以法为教的方式，使秦人逐渐认识到男女有别，并接受了新的生活习惯。商鞅变法革俗是十分成功的，李斯说："孝公用商鞅之法，移风易俗，民以殷盛，国以富强，百姓乐用，诸侯亲服，获楚、魏之师，举地千里，至今治强。"[②]荀子也曾入秦地进行风俗考察，发现儒家心中民风淳朴、天下大治的理想竟然在法家"法治"变革下实现："其百姓朴，其声乐不流污，其服不挑，甚畏有司而顺，古之民也。及都邑官府，其百吏肃然，莫不恭俭、敦敬、忠信而不楛，古之吏也。入其国，观其士大夫，出于其门，入于公门；出于公门，归于其家，无有私事也；不比周，不朋党，偶然莫不明通而公也，古之士大夫也。观其朝廷，其间听决百事不留，恬然如无治者，古之朝也。"[③]这也证明李斯所言非虚。

[①]《史记·商君列传》。
[②]《史记·李斯列传》。
[③]《荀子·强国》。

1. 秦始皇匡饬异俗

待秦实现海内一统后，新的问题又接踵而至，那就是"七国异族，诸侯制法，各殊习俗"[①]。随着六国疆域并入秦朝，腐败之风、奢靡之风、尚武之风、淫逸之风等不良社会风气也随之影响着原来秦国风俗，威胁着新朝统治。因此，秦始皇在《琅琊刻石》中称："匡饬异俗，陵水经地。"力表在全国范围内整治风俗之决心。

第一，严禁私斗，匡饬尚武之风。《韩非子》认为"侠以武乱禁"[②]，那些任气好斗的所谓侠客，无疑是威胁国家治安和社会稳定的蛀虫（蠹），因此私斗行为历来都是被严厉打击和规制的对象。刺客高渐离"举筑朴秦皇帝"[③]，张良寻力士在博浪沙"狙击秦皇帝"，这些游侠行为不仅直接威胁皇帝的人身安全，更给国家政权的稳定造成巨大危害。因此，对于私斗行为，秦法普遍从严处置。《法律答问》规定："士伍甲斗，拔剑伐，斩人发结，何论？当完为城旦。"又规定："铍、戟、矛有室者，拔以斗，未有伤也，论比剑。"[④]因私斗造成他人损伤的要处以城旦重刑，即便未有造成伤害结果，只要有此行为，依然按私斗处理。

第二，昌明人伦，匡饬淫逸之风。郑卫吴越之地作风开放，男女之间只要两情相悦，便可往来甚至同居，关系比较随便，这种"淫逸"之风是秦人无法接受的。因此秦始皇在《会稽刻石》中指出："防隔内外，禁止淫泆，男女絜诚。"严令杜绝这股歪风邪气，对于通奸乱伦行为，秦法更严惩不贷："同母异父相与奸，可（何）论？弃市。"[⑤]

---

① 《淮南子·览冥训》。
② 《韩非子·五蠹》。
③ 《史记·刺客列传》。
④ 睡虎地秦墓竹简整理小组编：《睡虎地秦墓竹简》，文物出版社1978年版，第187页。
⑤ 睡虎地秦墓竹简整理小组编：《睡虎地秦墓竹简》，文物出版社1978年版，第325页。

第三，整顿吏治，匡饬贪鄙之风。官吏是协助皇帝治理天下的重要群体，是国家政策的实际执行者。对秦朝而言，官吏不仅需要奉法明理，还应该具备较高的道德水平，能够时刻规范自身行为，能成为民众学习和效仿之对象。为此，《为吏之道》对官吏提出了"五善"的要求，即"一曰中（忠）信敬上，二曰精（清）廉毋谤，三曰举事审当，四曰喜为善行，五曰龚（恭）敬多让"[1]。

2.汉代皇帝以身作则，移风易俗

秦始皇认为，通过这些整饬风俗的措施，举国上下已经"贵贱分明，男女礼顺，慎遵职事。昭隔内外，靡不清净，施于昆嗣"[2]。但实际上他过于乐观了。风俗习惯的纠正与改善绝非朝夕之间，况且秦朝过于依赖法令，强制要求六国革除旧俗，加之秦始皇本人言行不一、穷奢极欲，故在现实中也遭到了巨大阻力。秦始皇匡饬异俗的目的本是建立新的政治和社会秩序，但结果导致现实统治秩序崩溃。[3] 鉴于此，汉代执政者立足于儒家思想，将宣扬德礼教化作为移风易俗之根本，力求形成潜移默化之影响。

提倡节俭，杜绝厚葬之风。汉代崇尚"以孝治天下"，皇帝谥号大多带有"孝"字，孝文化的兴盛逐渐滋生厚葬之风，对此王符《潜夫论》就有描述："今京师贵戚，郡县豪家，生不极养，死乃崇丧。或至刻金镂玉，檽梓梗楠，良田造茔，黄壤致藏，多埋珍宝、偶人、车马，造起大冢，广种松柏，庐舍祠堂，崇侈上僭。宠臣贵戚，州郡世家，每有丧葬，都官属县，各当遣吏赍奉，车马帷帐，贷假待客之具，竞为华观。"[4] 很多效仿者甚至倾家荡产，但用钱财粉

---

[1] 睡虎地秦墓竹简整理小组编：《睡虎地秦墓竹简》，文物出版社1978年版，第283页。
[2] 《史记·秦始皇本纪》。
[3] 臧知非：《周秦风俗的认同与冲突：秦始皇"匡饬异俗"探论》，《秦文化论丛》2003年。
[4] 《潜夫论·浮侈》。

饰孝行实际上是对孝道的歪曲。故汉文帝临终时发布遗诏，明确要求："治霸陵，皆瓦器，不得以金、银、铜、锡为饰，因其山，不起坟。"[1] 自此开启帝王薄葬之风，后来东汉光武帝、明帝、章帝等多位皇帝纷纷效仿，下诏禁止厚葬。皇帝以身作则，上行下效，汉代如刘向、张临、龚胜等诸多官员也都身体力行，一时引领了薄葬风尚。

（三）"祭天敬祖，孝治天下"：维护宗教信仰安全

古人云："国之大事，在祀与戎。"[2] 戎是指军事征讨，多为开疆拓土。祀是指祭天敬祖，旨在维护政权。中华文明早熟，自周始宗教信仰就逐渐摆脱了单纯的鬼神迷信，转向肉眼可见的天和实际存在的祖先。作为周代核心制度和精神的礼，也是在祭祀中产生，后逐渐成为约束人们日常行为的基本规范。先秦时，祭祀活动十分普遍，祭祀所用物品、所遵礼仪、规模大小均按照礼的规定执行，否则就是僭越违礼，被视作对国家统治的直接威胁。祭祀对于国家统一和政权稳固的意义可谓不言自明。因此，秦王嬴政在登基改称"皇帝"后，也不忘祭天敬祖，时刻标榜皇权正统性与政权合法性。

1.秦始皇泰山祭天、追尊先祖

据《秦始皇本纪》与《封禅书》记载，秦始皇称帝第三年，就往东巡行郡县，路途中征召齐鲁地区儒生和博士70人，商议封禅祭祀天地山川之事。秦始皇登上泰山后，采用太祝在雍邑祭祀天帝时的礼仪，修建祭坛并顺利完成了祭天仪式。祭祀活动结束后，秦始皇命人在泰山筑立刻石，称："皇帝临立，作制明法，臣下修饬。甘有六年，初并天下，罔不宾服。亲巡远黎，登兹泰山，周览东极。从臣思迹，本原事业，祇诵功德。"通过泰山封禅，表明自己皇帝之

---

[1]《汉书·文帝纪》。
[2]《左传·成公十三年》。

位是受命于天，毋庸任何人置疑。

秦始皇议定皇帝尊号后，即追尊秦庄襄王为太上皇，又对庄襄王兴兵征伐、开疆拓土之功绩予以充分肯定，以此表达对先父崇敬之意。当然，在延续周代祭祀传统、敬重祖先的基础上，秦始皇更强调一统天下的开创之功。按照追尊先祖的思路，他将自己塑造成帝王之祖，是第一个皇帝，然后将皇帝这个尊位二世、三世至于万世，世世代代传承下去。自己则受后人敬仰，皇帝宗庙永享祭祀。秦二世登基后，又将秦始皇庙尊为皇帝祖庙，还意欲为始皇庙增加供品牺牲和山川百祀之礼。虽然被群臣以"始皇为极庙，四海之内皆献贡职，增牺牲，礼以备，毋以加"①为由制止，但敬祖的传统无疑是延续了。

2. 汉元帝罢郡国庙

汉兴之初，文治武功未定，故对秦朝的国家宗教制度承袭较多。汉高祖刘邦在登基称帝后第二年就昭告天下："吾甚重祠而敬祭。今上帝之祭及山川诸神当祠者，各以其时礼祠之如故。"②对于先祖的敬重，更有过之。刘邦在生父太公在世时就追尊他为太上皇，开生号追尊之先例。刘邦此举旨在倡明孝道，他说："人之至亲，莫亲于父子，故父有天下传归于子，子有天下尊归于父，此人道之极也。"③太公驾崩后，刘邦将他葬在万年陵，并下令郡国各诸侯王在国都立太上皇庙，确保其永祀不断。由于先秦宗庙制度依礼而立，谙熟礼制的秦博士叔孙通就辅佐刘邦制定礼仪，但他采用的不是纯正周礼，而是"采古礼与秦仪杂就之"④。对于这一点，两汉儒生非议不断。事实上，由于礼制不明，宗庙制度也十分混乱。据史载："高祖时，令

---

① 《史记·秦始皇本纪》。
② 《史记·封禅书》。
③ 《汉书·高帝纪》。
④ 《汉书·叔孙通传》。

诸侯王都皆立太上皇庙。至惠帝尊高帝庙为太祖庙，景帝尊孝文庙为太宗庙，行所尝幸郡国各立太祖、太宗庙。至宣帝本始二年（前72年），复尊孝武庙为世宗庙，行所巡狩亦立焉。凡祖宗庙在郡国六十八，合百六十七所。而京师自高祖下至宣帝，与太上皇、悼皇考各自居陵旁立庙，并为百七十六。又园中各有寝、便殿。"

于是丞相韦玄成试以儒家经义举正纠偏，他上奏汉元帝："《春秋》之义，父不祭于支庶之宅，君不祭于臣仆之家，王不祭于下土诸侯。臣等愚以为宗庙在郡国，宜无修，臣请勿复修。"[1]这个建议与好儒的元帝一拍即合，元帝当即应允，依照先王之礼"立亲庙四，祖宗之庙，万世不毁，所以明尊祖敬宗，著亲亲也"[2]，开始罢黜郡国宗庙。一年后，他又诏定新的宗庙礼制："高皇帝为汉太祖，孝文皇帝为太宗，世世承祀，传之无穷，朕甚乐之。孝宣皇帝为孝昭皇帝后，于义一体。孝景皇帝庙及皇考庙皆亲尽，其正礼仪。"汉代残存的郡国并行制，实际上长期威胁着汉中央朝廷的政权。元帝之前就有"七国之乱"迸发，一时险象环生。汉元帝从维护国家宗教信仰的文化安全角度，重塑高祖以来"孝治天下"的政治基础，成效显著。汉元帝以后，汉代宗庙因受国情不同、皇帝喜好各异、王莽改制等因素影响，屡有更改，但大体不出元帝所立之窠臼。

---

[1] 《汉书·韦贤传》。
[2] 同上。

第三节　秦汉时期对外文化安全建设实践

一、"崇儒抑佛"：防止外来文化的不良冲击

秦汉是法道儒三家学派轮流被立为显学、大放异彩的时期。秦朝独尊法家，诸子因此黯然失色。汉初虽尊黄老道家，但儒法并未消亡，而是等待时机，暗度陈仓。汉中后期独尊儒家，百家禁绝，但唯独法家与之相容。如果我们从思想文化的融合与冲突角度观之，不难发现秦汉之际的三家学派，先是法家排斥儒家，秦亡以后，法家沦为弃儿，紧接着又进入儒道互黜的阶段，直至儒家一家独大。当然，无论儒法道三家学派如何相互攻讦，或者诸子百家怎样争鸣，也不过是中国内部学术思想和政治文化的分歧与争执，并未受到过多外来文化的影响。而中国主流思想文化开始受到外来文化冲击，首当秦汉时期传入中土的佛教文化。

（一）佛教传入

佛教传入中土的时间，由于文献记载不一，历来多有争议。有"伯益知有佛""周世佛法以来""孔子与佛""秦始皇与佛教""东方朔知佛法"等说法，[1]时间跨越先秦秦汉。之所以杂说纷呈，主要是因为佛教徒借人们的好古之风，极力将佛教传入时间推至更久远的年代，以此来树立佛教的权威。实际上佛教传入时间晚于汉武帝时期，大体上正式传入当在西汉末年、东汉初年的两汉之际。至于确凿年月，因文献不足，难下定论。[2]关于佛教传入的路线有两种说法：

---

[1]　汤用彤：《汉魏两晋南北朝佛教史》，商务印书馆2017年版，第4—14页。
[2]　郭朋：《中国佛教思想史（上）》，社会科学文献出版社2012年版，第30页。

一是陆路说,佛教是在陆上丝绸之路开通后从中亚开始,沿着西域传至长安、洛阳;二是海上说,佛教是在海上丝绸之路开通后从南海传至江淮地区。两说均有确凿依据,佛教同时从陆上、海上传入,在中国南北方一同发展,逐渐扎根下来,并开始产生较强的文化影响力。

《后汉书》记载:"英少时好游侠,交通宾客,晚节更喜黄老,学为浮屠斋戒祭祀。"英是指楚王刘英,浮屠即佛陀,代指佛教。刘英早年喜欢广交朋友,有游侠的气概,但到了晚年改变了喜好,转而信奉黄老,学习斋戒礼佛。刘英也是有史可考的第一位笃信佛教的贵族。此后连皇帝也加入了笃信佛教的队伍。东汉末,汉桓帝"在宫中立浮屠之祠"[1],又"设华盖以祀浮图"[2]。可见,此时佛教已经在权贵阶层产生了广泛的影响。受这股风气的带动,佛教在民间也逐渐开始盛行。《三国志》有一段文献记录了这种盛况:"(笮融)乃大起浮图祠,以铜为人,黄金涂身,衣以锦采,垂铜槃九重,下为重楼阁道,可容三千余人,悉课读佛经,令界内及旁郡人有好佛者听受道,复其他役以招致之,由此远近前后至者五千余人户。每浴佛,多设酒饭,布席于路,经数十里,民人来观及就食且万人,费以巨亿计。"[3]

(二)儒家斥佛

佛教的日渐昌盛开始冲击儒学。一来佛教本来就是趁着西汉末年王朝统治衰落而发展起来的,作为一种宗教思想,它是已经厌倦国家腐败政治的广大民众的精神寄托,受到佛教影响的老百姓大多

---

[1] 《后汉书·襄楷传》。
[2] 《后汉书·孝桓帝纪》。
[3] 《三国志·刘繇传》。

也不再接受儒学的那套纲常礼教。二来佛教的原经教义中有很多思想与儒学思想是相冲突的，最鲜明的一点就是与国家统治紧密相连的"忠孝观"。按照佛教的原经教义，父子关系只有在现世中才能维持，如果进入六道轮回，现在的父母可能就是来世自己的子孙，又或者是禽兽虫蚁，还可能是自己七世的父母。[①]这样一来，儒家认为的不可更改的孝就成了无稽之谈。至于忠君，在佛教徒眼中自然也是不存在的，他们自视为已经和世俗尘缘了断的修行者，即便谈忠也只会忠于宗教信仰，忠于佛陀，绝不可能为世俗之人尽忠。因此，儒佛思想在根本上具有不可调和的矛盾。但佛教作为外来文化，即便趁着儒学式微而壮大，在秦汉时期也尚不足以挑战儒学的正统地位。相反，儒学长期作为国家的统治思想，迫使佛教承认并融合儒学思想精神，开启了佛学中国化的进程。在早期佛教典籍《四十二章经》中有这么一段话："凡人事天地鬼神，不如孝其亲矣。二亲最神也。"可见撰经者为了调和儒佛思想矛盾，适应中国社会，已经开始承认儒家的孝道观念，并将之改造并融入佛教思想中。

二、"王化四极"：扩大本土文化的对外影响

中国的先贤圣王有教化异族的文化使命感。他们以自己国家为中心，通过武力征服和经济贸易将中国文化传播至更远的地方，以实现昌明王道、教化四极的理想目标。这种"王化四极"的思想精神客观上促进了文化交流与融合。

[①] 范文澜、蔡美彪等：《中国通史（四）》，人民出版社2009年版，第198—199页。

（一）北伐匈奴

战争，是秦汉中国与匈奴进行文化交流和民族融合的一种特殊方式。秦始皇自一统天下后，便将"王化"目标从"两极"推向"四极"，将注意力集中在南北方。彼时北方强大的匈奴是秦朝的主要威胁。为巩固边防，抵御匈奴入侵，秦始皇派蒙恬领兵30万北伐匈奴，攻占河南地，占据阳山，设置九原郡。这些措施在维护秦朝统治的同时，也为中国文化的传播与发展创造了条件。

由于秦朝仅存续不到16年，尚未与匈奴展开进一步政治、文化互动，汉朝便继续完成秦朝未竟事业。首先，汉朝通过战争手段将盘踞在河西走廊的匈奴驱赶，又设置武威郡、张掖郡、酒泉郡、敦煌郡等。其次，汉朝在政治上奉行"和亲"政策，缓和汉匈敌对关系，加强两地文化交流。史载："武帝即位，明和亲约束，厚遇关市，饶给之。匈奴自单于以下皆亲汉，往来长城下。"[1]当时不仅匈奴单于乐于迎娶汉室公主，单于手下也以娶汉女为荣。汉室公主出嫁匈奴，往往还有大批使者、工匠随行，并携带大量汉室器物、工具。可以说，在汉人因和亲北迁的同时，匈奴部族也开始汉化。

新郡设置及人口迁移，为汉匈的边境贸易提供了窗口和机会。自汉以来，"互市"就成为汉族与周边少数民族经济交流的主要形式，这也是促成汉匈文化交流进一步加深的重要方式。在阿尔泰、贝加尔湖等多地发掘的匈奴墓葬中，就发现了不少产于汉朝的丝织品、铜镜、漆器、五铢钱、汉族服饰等，充分说明汉文化已经逐渐渗透到匈奴的日常生活之中。另在辽宁西岔沟发掘的西汉匈奴墓中，还发现了大量汉式铁镬、铁斧、刀剑等。这也表明匈奴与汉朝已多有来往，并且接受了中原地区的铁器文化。随着铁器的传入和受农

---

[1]《史记·匈奴列传》。

耕文化的影响，匈奴农业经济也逐渐发展起来。史载："会连雨雪数月……谷稼不熟，单于恐。"[1] 意思是匈奴遭遇连续几个月的雨雪天气，单于见谷物庄稼还没成熟，感到恐慌。可见这时的匈奴已经对农业生产十分重视。

公元48年，匈奴分为南匈奴和北匈奴。南匈奴归顺汉朝廷，完全与汉族融合；北匈奴西迁，成为东西方文化交流的使者，为汉朝向西扩大文化影响力作出了重要贡献。

（二）南征百越

秦始皇"王化四极"的另一个目标是百越。百越，又称南越、扬越、外越，泛指居住在岭南地区的土著居民。百越与中原的交流始于秦朝在岭南所进行的一系列军事征讨。据《淮南子》记载，秦始皇曾派大将屠睢领兵50万，兵分五路南下攻打岭南，但遭到越人的顽强抵抗。后经多年战争，秦朝最终取得军事上的胜利，并在岭南设置了桂林郡、象郡、南海郡。为进一步巩固岭南统一，秦始皇又迫使大量中原人士南迁，开启汉人与越人杂居的新局面，客观上促进了民族之间的文化渗透。

秦末，中原动乱。秦朝南海龙川令赵佗趁机割据岭南，建立南越国，"自立为南越武王"[2]。为得到越人的支持与拥护，赵佗制定了"和辑百越"[3]的民族政策，即任用越人为官，尊重越人习俗，鼓励汉越通婚等。这些政策弥合了汉越民族之间的伤痕，且完全符合汉族和越人的根本利益，因而巩固了南越政权，稳定了社会秩序，亦加快了民族文化交流与融合的步伐。

---

[1]《汉书·匈奴传》。
[2]《史记·南越列传》。
[3]《汉书·两粤传》。

汉初，陆贾两次出使南越国。在陆贾的游说下，赵佗表示愿意放弃帝号，永为藩臣。陆贾的出使，极大地加强了汉越双方政治、经济、文化的联系。汉武帝时又平定岭南，设苍梧、郁林、交趾、九真、合浦、南海等九郡，依然沿用赵氏"和辑百越"的经验，实行"以其故俗治"[①]政策，使汉越文化的交流与民族融合得到进一步巩固。汉越民族文化的交流与融合，同样提高了岭南地区的文化水准和生产水平。《后汉书》有载："凡交趾所统，虽置郡县，而言语各异，重译乃通……后颇徙中国罪人，使杂居其间，乃稍知言语，渐见礼化。光武中兴，锡光为交趾，任延任九真，于是教其耕稼，制为冠履。初设聘娶，始知姻娶，建立学校，导之礼义。"[②]可见，岭南越人在汉代已逐步接受汉族文化。东汉时，岭南苍梧地区先后出现了如陈钦、陈元父子，士燮、士赐、士壹兄弟等一批经学名家，并前往中原讲学。岭南越人与汉人同为农业民族，文化上的交流给越人带来了先进的铁制农具和生产技术。经考古挖掘，在广东、广西的汉墓中发现多种从中原传入的铁制农具。东汉时，九真郡太守任延教民耕稼，将牛耕推广至九真郡。至东汉末年，岭南地区的生产力已经接近中原水平，并在经济上出现了前所未有的繁荣局面。

（三）开通西域

秦朝在短暂统治期内，致力于"北伐匈奴，南征百越"，尚无暇顾及西域。直至汉武帝时，汉朝才解决了北方匈奴的威胁，成功收复河西走廊，打通了前往西域的道路，拉开了中原和西域交流与发展的序幕。其中，标志性事件就是陆上丝绸之路的开辟。为贯彻汉武帝联合大月氏抗击匈奴的战略意图，张骞出使西域。张骞在扩大

[①]《汉书·食货志》。
[②]《后汉书·南蛮西南夷列传》。

汉朝影响力的同时，开辟了一条东起长安，经甘肃、新疆，到中亚、西亚，并连接地中海各国的陆上通道。自此，汉夷经贸、文化交往日益频繁，中原文化通过这条丝绸之路迅速向外传播。一方面，从中原运往西域的丝绸、茶叶、瓷器等汉制商品，丰富了当地人民的日常生活；另一方面，中原地区的铸铁冶炼、丝织工艺向西域传播，极大提高了当地社会生产水平，促进了民族文明的发展进程。汉宣帝时，在匈奴日逐王率众降汉后，汉朝廷在西域始设西域都护府，正式将西域收归汉朝版图。

秦汉时期，通过文化交流与传播保持政权稳定，推动文化融合，使得本土文化的内容日趋厚重和丰富多彩，并为中华文化的形成与发展奠定了坚实基础。

三、"四海一体"：促进不同文化的交流融合

（一）与朝鲜之交流

秦朝通常以武力形式对外输出文化，当时匈奴是对皇权的最大威胁，故秦忙于与北方匈奴酣战，战火并未波及朝鲜半岛。西汉初年，燕人卫满逃亡至朝鲜，夺取箕氏政权，建立卫氏朝鲜，并臣属汉朝，统治着朝鲜西部、北部地区。汉朝军事、物资上的援助，使得卫氏朝鲜政权得以巩固，亦加强了中朝经济、文化的往来。

至汉武帝时，卫氏朝鲜与汉朝产生摩擦，并阻止朝鲜其他国家朝见汉皇帝。最终，汉武帝抱着"断匈奴之左臂"的目的，"东伐朝鲜，起玄菟、乐浪"[①]，结束了卫氏朝鲜的统治，在其地设置玄菟、乐浪等四郡，打通了通往朝鲜半岛南部国家马韩、辰韩、弁韩及岛国日本的

[①] 《汉书·韦贤传》。

商路，客观上对增进中朝、中日之间的经济文化交流是有利的。

虽有矛盾与战火，但是中朝友好往来是主流。朝鲜半岛南部的马韩、辰韩、弁韩，与汉朝的关系十分密切。马韩臣属汉朝，属于乐浪郡管辖。史称"其北方近郡诸国差晓礼俗"①，可见马韩北部地区受中原政教、礼仪文化影响颇深。辰韩的政治制度、风俗、语言与秦朝相似，他们"名国为邦，弓为弧，贼为寇，行酒为行觞，相呼为徒，有似秦语，故或名之为秦韩"②，故有人说他们实是避秦苦役而逃亡到朝鲜的秦朝人。弁韩与辰韩的种族大致相同，因其地理位置与日本接近，便成为中日商贸沟通的重要桥梁。随着交流路线的打通、汉人的到来，汉朝文化也输入到朝鲜半岛。据朝鲜史料记载，公元1世纪，中国儒家经典传入朝鲜，不少朝鲜人会背《诗经》、《书经》(《尚书》)、《春秋》等经典著述。朝鲜津卒霍里子高之妻丽玉所创作的汉乐府题材的《箜篌引》，歌声凄怆，并由《古今注》收录，是古代朝鲜流传下来的唯一文学作品。此外，朝鲜出土的汉朝铁器、铜镜、漆器、丝绸制品等，亦能看到汉文化对朝鲜的影响。与此同时，朝鲜的海产品、农产品、畜牧制品也输入中国，丰富了汉人的物质生活。

(二) 与日本之交流

公元前219年，秦始皇派徐福东渡求取长生不老之药。传说徐福东至日本，给日本带去了先进的中国文化。徐福东渡日本仅为传说，自然不可取信，但事实上秦汉时期有中国人移居日本却是有迹可循。据日本考古发现，在日本九州岛东南的种子岛有一批陪葬物，其中有数件"贝扎"和"腕轮"，"贝扎"上写着汉隶体文字，"腕

---

① 《三国志·乌丸鲜卑东夷传》。
② 《后汉书·东夷列传》。

轮"上刻着爬虫纹样的图案。又据《日本书纪》记载,"应神天皇十四年""融通王弓月君率秦人来归"①,可以推之,战国至秦汉期间,已有中国人移居日本。东迁而来的中国文化,推动着日本本土经济文化的发展。为进一步学习和借鉴中原经济文化,日本派遣使者"初通中国也,实自辽东而来"②,献上方物,与汉王朝建立起联系。自此,中日经济文化交流拉开序幕。汉光武帝时,中日经济文化交流得到进一步发展。"建武中元二年(57年),倭奴国奉贡朝贺,使人自称大夫,倭国之极南界也。光武赐以印绶。"③在日本发现的刻有"汉委奴国国王"汉字的金印,印证了汉光武帝赐金印给倭奴国使节的史实。光武帝后,日本使节来华更是络绎不绝。中日友好来往,亦对日本人的生活产生了潜移默化的影响。这一时期,传入日本的汉代铜镜很多,如草叶纹镜、昭明镜、日光镜等,深受日本人喜爱,他们将之视作传世之宝。日本受西汉蒜头壶启发,还制作出长颈壶。此外,在日本还挖掘出大量汉代铜剑、玉器等。秦汉时期的中日文化交流,也为以后中日世代交往奠定了坚实基础。

(三)与东南亚之交流

越南自古以来就与中国有着千丝万缕的联系。秦统一六国后,在今越南的东南边界不远处设置了象郡。汉武帝时,在今越南东北部狭长版图上又设置了交趾、九真、日南三郡,将这一片土地收归汉朝管辖。此后,中越之间经济、文化交流频繁。中原地区的铁制农具甚至文化习俗,都被源源不断地输入越南。越南特产翡翠、犀角等,也出现在中原商贾手中,极大丰富了中越之间的经济文化生

---

① 严绍玺:《徐福东渡的史实与传说》,《文史知识》,1982年第9期。
② 《文献通考·四裔考一》。
③ 《后汉书·东夷传》。

活。到了东汉，中国与越南经济上的互动和往来逐渐转变为更深层次的文化的影响与交流。交趾太守锡光与九真太守任延，赴任后在当地定嫁娶之礼，兴建学校，教导礼仪，通过汉文化的传播，成功改变了当地文化落后的状态。士燮任交趾太守40年间，亦乐于招纳士人。如儒学家程秉、薛综曾避乱于此，考论大义，博通五经。又如佛学家牟子在此兼容并蓄，著成佛教要籍《牟子理惑论》，促进了儒家文化和佛教文化的传播。

通过水陆两线的交往，汉朝与缅甸的关系也日益密切。《后汉书》载："永元九年，徼外蛮及掸国王雍由调遣重译奉国珍宝，和帝赐金印紫绶，小君长皆加印绶、钱帛。"[1]也就是说，在东汉和帝永元九年（97年），掸国（今缅甸境内）国王雍由调派遣使臣向汉王朝赠送珍宝，和帝回赠金印、衣冠。此后，掸国使臣又先后两次出使汉王朝，汉朝皇帝均予以褒奖。掸国因其特殊地理位置，成为中国与西域海上文化交流的中转地。西亚诸国和大秦人浮海东来，航行进入孟加拉湾，由缅甸上岸，通过陆路进入汉朝。因此，缅甸与汉朝交流的同时，也促进了中西经济文化交流。此外，汉朝还与究不事国（今柬埔寨境内）、叶调国（今印尼境内）、都元国（位于马来半岛）等存在着不同程度的经济、文化交流。西汉海上丝绸之路的开辟，使中国与东南亚的关系进一步加深。官方的经济交流与民间的海上贸易更加活跃，极大地强化了秦汉文化对外的影响。

---

[1]《后汉书·西南夷列传》。

第二章　魏晋南北朝时期的国家文化安全

魏晋南北朝时期，从公元 220 年汉室禅位于曹魏始，至公元 589 年隋朝灭南陈止，历经近 370 年，是自秦以来政权更迭最为频繁的时期。除西晋 36 年间维持过短暂"统一"状态外，大多数时候都面临着国家分崩离析、军阀混战、地方割据、胡人南侵、人口迁移等不稳定因素，为国家文化安全带来了极大威胁。

汉朝以来，为巩固国家政权，统治者"罢黜百家，独尊儒术"，儒家思想被确立为正统思想，并逐渐渗透到社会生活的方方面面，造就了中国传统文化的基本形态。魏晋南北朝时期，统治者虽各自为政，但大多心怀再次统一中国的抱负，尤其是想尽快入主中原的北方内迁少数民族。这个时期，为标榜正统，统治者在思想层面倡导"礼律并治""孝治天下"，加强皇权认同；在价值观层面维护"大一统"观念，进一步推动法律儒家化，推行儒家丧礼；在生活方式层面巩固汉文化，加强民族融合，其中最为典型的莫过北魏孝文帝的汉化改革。这些政策在客观上均对中国汉文化的延续、儒家正统思想的维护以及国家文化安全的巩固起到了促进作用。与此同时，中国传统文化也受到了特别的影响。玄学的兴起、道教的产生、佛教的传入、北方少数民族文化和异域文化的输入，与中原正统文化相互碰撞、渗透、交融，最终被正统文化所吸纳，形成了独具特色、丰富多元的中国文化。

第一节　魏晋南北朝时期的国家文化安全思想概论

一、"礼律并治"思想与国家文化安全

礼，是中国一种古老的社会现象，不仅起源甚早，而且贯穿于整个古代社会。它由鬼神祭祀规范发展而来，以亲亲和尊尊为核心原则，也是社会生活领域中规范人们行为的普遍准则。律，在古代特指刑律，与狭义的"法"是同等概念，亦与"刑"互用，是指由统治阶级制定和认可的，并以国家权力保障实施的，用来调整人与人之间社会关系的规范。

经历了从夏商周三代"刑附于礼"，到西汉董仲舒"春秋决狱"，汉儒"引经注律"，再到魏晋"纳礼入律"，直至唐代"一准乎礼"，中国古代礼法结合的面貌才逐渐成形。正如陈寅恪先生所言："古代法律关系密切，而司马氏以东汉末年之儒学大族创造晋室，统制中国，其所指定之刑律尤为儒家化。既为南朝历代所因袭，北魏改律复采用之，辗转嬗蜕经由（北）齐、隋以至于唐，实为华夏刑统不祧之正宗。"[①]礼与法的结合，既弘扬了德礼教化作用，又发挥了法律规范功能，同时也尊重民间风俗习惯，体现了中国法律文化特色，彰显了传统社会治理智慧。

[①] 陈寅恪：《隋唐制度渊源略论稿》，商务印书馆1944年版，第73页。

魏晋南北朝时期，律学发展较快是其突出特点，作为硕学大儒的立法者在制定法律过程中，有意识地将儒家提倡的道德礼义思想具体化为明确的法律条文，进而形成"礼律并治"局面。如曹魏《新律》规定了"八议"制度，使权贵人物的司法特权以法律形式固定下来，是"刑不上大夫"礼制原则的具体体现；西晋《泰始律》规定了"峻礼教之防，准五服以制罪"[①]，首次将儒家"服制礼"引入律典之中，以丧服等级所表明的亲属范围和关系亲疏远近，作为判断是否构成犯罪及衡量罪行轻重的标准，其目的正是维护家族伦理，实是亲亲、尊尊原则的集中表现；北朝《北齐律》以"三纲"为立法原则，创制"重罪十条"，将直接危害社会阶级秩序和儒家伦理纲常的严重犯罪行为列于十条之中，并予以严厉的制裁，其立法宗旨在于维护儒家所倡导的纲常礼教。

　　"礼律并治"推动了礼与律的进一步融合，在这种共同治理模式中，"礼"具备不可违背的法律权威，"律"则有服务于人文的礼制精神。通过礼律的融合，儒家思想一步步融入立法、司法层面，儒家人伦礼义得到贯彻，社会和谐得以实现，成为魏晋南北朝时期保障国家治理的核心思想，亦成为维护国家文化安全的重要一环。

二、"孝治天下"思想与国家文化安全

　　"孝"是中华文化的一个核心观念，体现了儒家思想的基本精神。早在甲骨文中就出现了"孝"字，说明从殷商时期开始，"孝"就已经是重要的社会观念。周代以礼治天下，而"孝"则是"礼"的重要组成部分。春秋战国时期，儒家学派对"孝"推崇备至，所

[①]《晋书·刑法志》。

著史籍倡言孝者比比皆是。譬如"惟孝，友于兄弟，克施有政"①，点明了孝悌与治国施政的关系；又如"其为人也孝弟，而好犯上者，鲜矣，不好犯上，而好作乱者，未之有也"②，道出了"孝"即为"忠"的本质。汉代以降，统治者独尊儒术，把"孝"纳入政治轨道，并大力宣传贯彻。自此，"孝"的观念在汉民族意识中根深蒂固。

同是提倡孝道，魏晋南北朝因其特殊的社会历史背景而以"孝治天下"闻名后世，究其原因主要有二。

一是以篡立国的事实。魏晋南北朝时期，改朝换代频繁，统治者多以篡权夺位而取得天下，因为谈忠无法启齿，所以只好跟臣民讲孝，这也正是魏晋南北朝"孝治天下"的直接原因。其如鲁迅所言："（魏晋）为什么要以'孝治天下'呢？因为天位从禅位，即巧取豪夺而来，若主张以忠治天下，他们的立脚点便不稳，办事便棘手，立论也难了，所以一定要以孝治天下。"③

魏晋南北朝的统治者虽然自己不忠，却希望每个臣民都忠于自己、服从自己。因此他们必须在传统伦理道德观念中找到能为自己辩护的理论体系，而"孝"的理论体系正好满足他们的需求，况且忠孝本为一体，精神实质都是强调服从长者和上级，所以从"孝治天下"入手就能完美掩饰他们的篡权行为，还可借此除掉那些不忠之人，可谓一举两得。曹操杀孔融，司马昭杀吕安、嵇康，都是以"不孝"为借口。

二是士族社会的性质。士族是统治阶级中的一个特权阶层，它萌芽于东汉后期，形成于曹魏西晋，至东晋达到鼎盛。门阀士族势

---

① 《论语·为政》。
② 《论语·学而》。
③ 鲁迅：《而已集》，人民文学出版社1973年版，第93页。

力不断发展的结果,是在东晋时期形成了琅琊王氏、颍川庾氏、谯国桓氏、陈郡谢氏等几个士家大族轮流执政的局面,皇帝权力被架空。

所谓士族,原本是指以经学入仕、以诗书传家的儒生。士族阶层大都标榜礼法,而"孝"不仅是"礼"的重要内容,也是"礼"内在的精神和灵魂,所以要讲礼法,就必须先谈孝道。提倡"孝治天下"正是为了迎合士族阶层的这一要求,也可以说是公家(朝廷)对私家(士族)势力的承认与让步。可见,魏晋南北朝时期推行"孝治天下"政策,正是为了迎合门阀士族的利益,以争取他们对新政权的拥护与支持,这样能够有效地巩固皇权。

政权更迭频繁,民族融合加快,是魏晋南北朝这一历史阶段的重要特征。虽然儒家思想受到一定冲击,但是作为儒家文化核心部分的"孝"却在这一特殊背景环境下继续发展,并在国家政治与社会生活中扮演着重要角色。

"孝治天下"思想得以进一步巩固,得益于统治者对孝文化研究宣传的重视以及对以孝治国基本方略的奉行。

其一,重视孝文化的研究与宣传。魏晋南北朝时期,研习传播《孝经》之风盛行。皇帝甚至亲自撰写研究《孝经》的文章著述,有晋元帝的《孝经传》,晋孝武帝的《总明馆孝经讲义》,梁武帝的《孝经义疏》,梁简文帝的《孝经义疏》,北魏孝明帝的《孝经义记》,等等。此外,皇帝还亲自讲授《孝经》,这对当时的学术风气乃至社会风气都产生了极为重要的影响,高官大儒研授《孝经》蔚然成风,庶民百姓也以谈孝、行孝为莫大光荣。

其二,奉行以孝治国的基本方略。首先奖励孝悌。北魏孝文帝在治国过程中尤重孝悌,多次下诏,要州郡地方访查"力田孝悌""孝友德义""孝悌廉贞"之人,并"具以名闻",然后予以褒奖。通过奖励机制引导和推动臣民崇尚并践行孝道。

其三引孝入律。自儒家孝道思想成为治国工具后，孝文化也逐渐融入立法、司法制度当中。《北齐律》首将"不孝"列为"重罪十条"之一，严惩子孙侵犯父母尊长的不孝行为。《魏书》又载"留养期亲"制度，即犯死罪者，若尚有70岁以上的父母、祖父母，且无成年后人的，经其家人上书奏请，可允许其先回家赡养老人直至天年。

其四敬老厚葬。敬老是遵从孝道的重要表现形式，北魏孝文帝在巡视地方时，常诏赐高年以官爵，还通过立三老、五更，向天下倡明孝顺之道，使人皆知孝敬之义。在丧葬习俗中，统治者亦倡导对过世老人要厚葬，以彰显孝心孝行。

孝是儒家思想的核心，维护孝道，提倡以孝治天下，最终的目的是由孝及忠。换言之，从浅层含义来讲，"孝治天下"主要是维护家族尊长的权威；就深层含义而言，是对皇权的维护，因为皇帝视天下百姓为自己的子民。因此，强调"孝治天下"，是从文化层面对魏晋时期作为国家统治思想之儒家思想的巩固，有利于维护皇权稳固、维护政权和制度稳定，进而保障国家安全。

三、道教对皇权的文化认同和对国家文化安全的促进

道教，是中国五大宗教中唯一发源于本土、由中国人自己创立的宗教，所以又被称为本土宗教。道教对中国古代的政治、经济和文化都产生了深远影响，是统治阶级的三大精神支柱之一。

道教形成于东汉，确立于魏晋南北朝，兴盛于唐宋。东汉后期黄老道逐渐实体化，五斗米道、太平道、天师道等民间教团相继成立，其中太平道组织了黄巾军起义。后经魏晋南北朝数百年的改

造和发展,道教的经典教义、修持方术、科戒仪范渐趋完备,新兴道派滋生繁衍,通过不断融合,逐步演变成为统治者所承认的正统宗教。

魏晋南北朝成为道教与皇权关系从原始道教"对抗"转向神仙道教"融合"的转折点,源于这一时期道教对皇权的文化认同。道教代表人物葛洪主张"外儒内道",寇谦之"以礼度为首"清整北天师道,陆修静用"斋仪"改造南天师道,陶弘景倡导"三教合一",这些思想为道教形成对皇权的文化认同奠定了重要基础,再加上"夷夏之争"的不断磨合,最终形成了事实上的文化认同。

魏晋南北朝时期国家文化四分五裂,儒家的文化地位备受冲击。各朝皇帝多依靠武力和阴谋攫取政权,缺乏政权获得的合理性与合法性。为了解决这一问题,皇族一方面将自己的先人追溯至远古,臆造出一个显赫祖宗,以迎合当时社会流行的门第观念;另一方面大力将传统宗教与儒家礼教相结合,使礼义制度得到快速发展。儒学陷于低谷,又为其他学术思想的发展和繁荣提供了客观条件。作为新兴教派的道教正是在此背景下迅速壮大,成为国家和社会的重要统治工具。

葛洪主张"外儒内道"。葛洪是东晋道教理论家,在人生观方面信仰神仙,他在《抱朴子内篇》中全面总结了晋以前的神仙理论、神仙方术,包括守一、行气、导引和房中术等。在社会政治和伦理方面则表现出"外儒内道"的特点。他将神仙方术与儒家纲常名教相结合,强调"欲求仙者,要当以忠孝和顺仁信为本。若德行不修,而但务方术,皆不得长生也"[①],要求信徒严格遵守。葛洪还自觉维护皇权,他说:"清玄剖而上浮,浊黄判而下沈。尊卑等威,于是乎著。

---

① 《抱朴子内篇·对俗》。

往圣取诸两仪,而君臣之道立;设官分职,而雍熙之化隆。"[1]葛洪继承了儒家"君权神授"的观点,他认为"君臣之道"是"往圣取诸两仪"而立。所谓"两仪",就是《易经》中"太极生两仪"的"两仪",而"君臣之道"是天道,"尊卑贵贱"的等级制度也是天意,二者皆不可违。葛洪将对皇权的文化认同注入神仙道教理论之中,一定程度上缓和了原始道教观念中"神仙"与"君王"的紧张对立局面。

寇谦之"以礼度为首"清整北天师道。寇谦之是北魏时期道教代表人物、北天师道领袖,他去除三张"伪法",摒弃旧天师道宣扬的"平等"教义,主张"以礼度为首",放弃"男女合气之术",取消了自收"租米钱税"的行为。这样既在经济上消除了道教与皇权的对立,又在伦理道德上避免了儒家的攻击。此外,寇谦之不仅经常随魏太武帝征战地方,参与国家政治,还赋予魏太武帝真君之位,使得北魏政权有了"君权神授"之意蕴,道教也随之成为北魏国教。

陆修静以"斋仪"改造南天师道。陆修静是南朝刘宋道教代表人物、上清派宗师。他主张儒、佛、道三教合流,认为斋醮是求道之本,然后复以礼拜,课以诵经,即能成道;他还刊正《洞玄灵宝》诸经,并撰《斋戒仪范》一百余卷,以为典式。陆修静倡斋戒以制心遗欲,其根本目的在于使道教迎合当时的社会教化,通过"道化宣流",以求家国太平。此外,陆修静颇受儒家影响,他将道德之教与儒家仁学糅为一体,并将孝慈等传统道德观念纳入其神仙体系中。经陆修静改革后的道教成为南朝天师道正宗,得到了皇帝和权贵阶层的支持和信奉,与朝廷的政治关系也进一步密切。

陶弘景倡导"三教合一"。陶弘景是南朝著名道教学者,继承老

---

[1] 《抱朴子外篇·君道》。

庄哲理和葛洪的仙学思想，糅合道、佛二教观念，主张道、儒、释三教合流，他认为"百法纷凑，无越三教之境"[1]。继陆修静之后，他进一步整理了道教经书，颇有贡献。他撰《真灵位业图》，尊元始天尊为主神，将世俗朝廷的秩序作为神仙界天庭的蓝本，编撰了一个道儒皆宗的神仙天庭。他将黄帝、颛顼、帝喾、尧、舜、禹、周文王、周武王、齐桓公、晋文公、孔子、颜回、汉高祖、汉光武帝、魏武帝等都纳入神仙体系，实际上是道教对皇权在文化上的深刻认同。梁武帝即位后，多次派使者礼聘，他坚不出山。朝廷每有大事，常派人前去咨询，平时则书信往来频繁，时人称其为"山中宰相"。自此，道教传道的"上层路线"在南北朝获得成功，道教与皇权在政治文化上走向联合。

夷夏之争。中华面对外来文化的侵入，原本有"夷夏之辨"一说，原指中国正统文化与周边少数民族文化的关系，南北朝时被移植到了佛道之争的领域，称为"夷夏之争"。参加"夷夏之争"的道士，尊王攘夷十分自觉，得到了儒家和君王的首肯。通过这场释道之间的争论，道教展示了自己"本土本宗"的意识形态，获得了儒家的广泛认同，也得到了皇权的实际支持。

道教对皇权的认同，在为自身发展壮大提供有利环境的同时，也在儒道融合大格局下维系了儒家思想的持续发展，还为皇权和政权的合理性提供了理论基础和文化支持。这样既有利于国家政权的巩固与制度的发展，又极大地促进了国家文化安全。

---

[1] 《全梁文·茅山长沙馆碑》。

第二节　魏晋南北朝时期国内文化安全建设实践

一、魏晋南北朝时期维护价值观念的文化安全建设

（一）"统承大业，王化四方"：维护政治层面的价值观安全

中国自古以来都是统一的多民族国家，即便处在魏晋南北朝大分裂时期，各民族统治者都普遍持有"大一统"思想。前秦世祖苻坚在决意伐东晋时曾说："吾统承大业垂二十载，芟夷逋秽，四方略定，惟东南一隅未宾王化。吾每思天下不一，未尝不临食辍铺……岂敢优游卒岁，不建大同之业。"[①]这里的"统承大业""王化四方"，便是典型的"大一统"思想。

"大一统"论最早出自《公羊传》："何言乎王正月？大一统也。"[②]强调天下总系于周之一统，是植根于孔子世界大同理想的一个文化意识。

中国自古重视华夷之辨，但并不拘泥于民族血缘、地理疆域等界限，而更看重文化，尤其是伦理道德。中原诸侯国的礼乐文明程度本来就较边境少数民族更高，但如果其行径丧失礼乐文明，则会成为"新夷狄"；而边境民族如果提升了礼乐文明，则会成为"新中国"。韩愈概括为："孔子之作《春秋》也，诸侯用夷礼，则夷之；夷而进于中国，则中国之。"这种华夷观的本质在于把文明程度视为判断民族界限的标准，追求的是一种超越民族、地域的文化认同。[③]秦汉的统一，总是伴随着华夷战争和郡县制推广，但更深层次的是

[①]《晋书·载记·苻坚下》。
[②]《公羊传·隐公元年》。
[③] 刘桂鑫、孙伟娜：《魏晋南北朝的大统一与家族观》，《广西民族师范学院学报》，2020年第1期。

以华夏文明为基础的各民族文化融合,最终达到"兼容并包"之局面。所谓"兼容并包",即将中原礼乐文化推广至边境民族,使其相较落后文化得到提升,把华夷合为一体。

魏晋南北朝能从长期的分裂最终走向统一,正是秦汉所奠定的"大一统"思想观念起着非常重要的支撑作用。从东晋到南朝宋、齐、梁、陈,承载着中原文化正统基因,但由于其内部激烈的政治斗争以及受玄学避世之风的影响,完成统一有心无力。十六国和北朝,虽为内迁少数民族,但各族建国者不仅骁勇善战,大多还崇尚儒家思想,自身也有较高的中原文化水平,故"大一统"意识也很浓厚。

最终北朝战胜了南朝,结束了长期分裂的局面。这一过程中,前秦苻坚、北魏孝文帝、西魏宇文泰是关键。

前秦苻坚在位期间致力于修明政治、统一北方,为此他采取了多项促进民族融合的政策。第一,采取怀柔政策,不滥杀被征服民族的人民,并且优待他们统治阶层的人物;第二,打击士族豪强,整顿吏治,强化皇权;第三,举孝廉,任用王猛等汉人为官;第四,提倡儒学,恢复太学。苻坚一再提及的榜样是秦始皇、汉武帝、晋武帝等统一全国的帝王,他的终极目标便是混六合为一家,"统承大业,王化四方"。

北魏继前秦后再次统一北朝。拥有一半汉人血统的孝文帝拓跋宏(汉名元宏),志在"南荡瓯吴,复礼万国"[1]。太和十八年(494年),孝文帝以南伐为名迁都洛阳,全面改革鲜卑旧俗,展开更大规模更深层面的汉化运动。例如,收藏古今汉家典籍,规定以汉服代替鲜卑服,以汉语代替鲜卑语,改鲜卑姓为汉姓,鼓励鲜卑贵族与汉人士族联姻,参照魏晋门阀制度改革北魏政治制度,等等。这次

---

[1] 《魏书·高祖纪》。

"太和改制",十分有效地缓解了民族隔阂,既继承了十六国以来北方民族融合的成果,又对这种融合的趋势给予了相当有力的推动。

西魏宇文泰施行"关中本位政策",为北方统一中国奠定了最后的基础。宇文泰是汉化鲜卑人,深受汉族风俗文化影响。由他执掌的西魏政权占据关中,此地杂居着自外徙入的鲜卑等少数民族、胡化的汉族,以及原居于关中的汉族与其他各族,民族矛盾颇为复杂尖锐。在这种情况下,要把各民族融为一体,"非独物质上应处同一利害关系之环境,即精神上亦必具同出一渊源之信仰,同受一种文化之薰习,始能内安反侧,外御强邻。而精神文化方面尤为融合民族之要道"[①]。于是,宇文泰大力推行关中本位政策,融合复杂民族的要道,将关陇区域内鲜卑六镇民族及胡汉土著居民融合成一个不但物质上共利害,而且精神上共信仰、同文化的关陇集团,以此彻底消除胡汉隔阂,巩固各族团结,强大中央实力。西魏的成功使由继承西魏而来的隋朝最终实现了统一南北的历史任务,其中清晰的趋势就是在汉族文化基础上的文化融合。

纵观这段漫长的分裂史,某一士族的兴衰,或者一家一姓的王朝更迭,在历史长河中并不具特别重要的意义,真正值得重视的是民族融合的成果以及国家大一统观念的深入人心。这也是中国无论是统一还是分裂,无论是汉族王朝还是少数民族入主中原,文化发展都从未间断的原因。这样一种连续性的文化发展,也进一步维护了国家政治层面的价值观安全。

(二)"大明刑宪,海内同轨":维护法律层面的价值观安全

魏晋南北朝是中国法律发展承上启下的重要阶段,上承秦汉,

---

① 陈寅恪:《唐代政治史述论稿》,商务印书馆2011年版。

通过引礼入法的方式将作为国家统治阶级意识形态的儒家思想进一步强化；下启隋唐，为后世王朝的法律也奠定了重要基础。《晋书》载："世祖武皇帝接三统之微，酌千年之范，乃命有司，大明刑宪。于时诏书颁新法于天下，海内同轨，人甚安之。条纲虽设，称为简惠，仰昭天眷，下济民心，道有法而无败，德俟刑而久立。"[①]可见，当时的执政者深刻认识到法律作为人们最基本的行为规范，是维护政权统治、实现天下安宁的国之利器。

儒家思想的核心是礼，法律儒家化的主要表现就是在立法和司法层面以儒家思想为价值导向和衡量标准，并依据伦理道德判断犯罪是否成立、量刑轻重如何。总体来看，魏晋南北朝时期的法律具有历史性进步。

1.《新律》引"八议"入律

"八议"制度源自周朝"八辟"，"辟"即法，是儒家"刑不上大夫"的礼治原则在刑罚适用上的具体体现。所谓"八议"，即法律规定的八种人（亲、故、贤、能、功、贵、勤、宾）犯罪，一般司法机关无权审判，必须奏请皇帝裁决，由皇帝根据其身份和具体情况决定如何减免刑罚的制度。具体而言，凡符合"八议"条件者，只要不是危害皇权和封建统治秩序、不孝敬尊长等严重犯罪，就可以不同程度享受减免刑罚的优待。

虽然周朝就有"八辟"的说法，但直至曹魏才始入律典。秦朝废除"八辟"制度，以彰显法家刑无等级的理念。汉代儒家学说成为指导思想，但也只有上请制度，即对触犯法律的特权阶级如何判罚，需要上请皇帝定夺。魏明帝制定《新律》，"八议"正式写入律典，并得到普遍适用。北魏时，"八议"制度范围进一步宽泛，更

---

① 《晋书·刑法志》。

是扩大到了"八议"之人的子孙。北齐时,"八议"制度通过不断完善,最终成为后来历代传世法典中的一项重要法律制度,相沿不改。

2.《晋律》定"五服制罪"

五服制度,是中国古代以五种丧服确定关系亲疏远近的制度。它规定血缘关系亲疏、身份尊卑不同的亲属,为死者服丧的时间、所穿丧服的缝制方法,以及服丧期间应遵守的礼仪规则有所不同。关系亲的服制重,关系疏的服制轻,卑幼为尊长服制重,尊长为卑幼服制轻,据此将亲属分为五等,依次为斩衰、齐衰、大功、小功、缌麻。其中关系最亲近的为斩衰,要求穿着生麻布制成的丧服守丧三年,之后按照血缘关系依次减少守丧期和降低丧服规格。

制定《晋律》的官员多精通儒术,他们非常看重家族血缘亲疏、名分尊卑,以及宗法伦理等级秩序,故首次将原为丧礼的"五服"制度与法律相结合,规定凡亲属间犯罪,均应根据服制轻重判断是否构成犯罪以及衡量罪行轻重,即"准五服以制罪"[1]原则。其定罪量刑标准是,以下犯上者服制越近处罚越重,越远处罚越轻;以上犯下者服制越近处罚越轻,越远处罚越重。

《晋律》中规定的"准五服以制罪",是引礼入律的重要标志之一,也是法律制度儒家化的一个重要体现。自西晋定律直至明清,一直是传统法律的重要组成部分,并在实践中得到不断发展与完善。

3.《北魏律》创"官当"制度

所谓"官当",是官吏犯法后,用官爵抵罪的一项法律制度,是官贵特权原则在刑罚适用上的具体体现。"官当"作为一项制度,最早为《北魏律》所创立。《北魏律》规定:"五等列爵及在官品令从第五,以阶当刑二岁;免官者,三载之后听仕,降先阶一等。"[2]后来陈

---

[1] 《晋书·刑法志》。
[2] 《魏书·刑罚志》。

律对以官抵罪又作了进一步的明确："五岁四岁刑，若有官，准当二年，余并居作。其三岁刑，若有官，准当二年，余一年赎。若公坐过误，罚金。其二岁刑，有官者赎论。"[①]

"官当"制度明确细致，便于掌控实施，经与赎刑结合，使这种特权保护更加严密，是继"八议"制度后，儒家"刑不上大夫"思想的又一个法律化表现。"官当"制度确立后，隋、唐、宋朝法典均予以沿用。

4.《北齐律》创"重罪十条"

《北齐律》根据儒家"尊尊君为首，亲亲父为首"的主张，厘定出十条最严重的犯罪，以维护君主制和家长制。这十条罪名：一是反逆，二是大逆，三是叛，四是降，五是恶逆，六是不道，七是不敬，八是不孝，九是不义，十是内乱。触犯这些罪名不仅要处以最严厉的刑罚，且不在"八议""官当"的豁免范围之内。

从内容上看，主要包含两大类罪行：一类是严重危害中央集权和威胁君王统治秩序的犯罪，如反逆、大逆、叛、降等；另一类是严重违反封建礼教和破坏伦理纲常的犯罪，如恶逆、不孝、不义等。将这两类罪行列为十条重罪并予以严惩，其目的在于维护君主专制、伦理道德、家族制度以及和谐的社会秩序。

《北齐律》总结前代立法经验，制定重罪十条，置于律首，充分反映了当时法律对君权、父权和夫权的维护，对后世传统立法亦产生了深远影响。

魏晋南北朝时期，玄佛思想兴盛，但是并未动摇以儒学理论为基础的封建正统法律思想的发展，儒家思想仍然是各朝封建政权立法和司法活动的重要行动指南。可以说，这一时期儒家思想法典化

---

① 《隋书·刑法志》。

的进一步深入,既是统治阶级长期政治经验的积累,又是巩固政权、维护国家安全的现实需要。

(三)"葬之以礼,祭之以礼":维护道德层面的价值观安全

《论语》有云:"生,事之以礼,死,葬之以礼,祭之以礼。"① 即父母活着,依规定的礼节侍奉他们;若死了,则依规定的礼节埋葬他们、祭祀他们。这是鲁国大夫孟懿子问孝时,孔子对孝的理解。儒家提倡孝道,并视"丧礼"为孝道的核心,在宗教观念上表现为敬祖,在伦理思想上表现为孝祖,在殡葬方式上表现为厚葬。

1. 丧礼的特点

魏晋南北朝时期,对"孝治"理念有着广泛深入的实践,利用丧礼维护孝道成为孝治天下的重要途径。尤其是在丧礼实施主体、社会效果方面,具有鲜明特点。

其一,帝王亲身倡导与大族自觉示范相结合。在全国行三年丧礼和居丧行孝的浪潮中,帝王率先垂范,其中最为典型的有,晋武帝为他的父亲司马昭及太后服丧三年,孝文帝为冯太后躬行三年之丧。帝王以身作则无疑对臣民起到了很好的带动作用。这一时期的孝子,大多由于居丧行孝而被载入史册。除了帝王大力倡导外,地方大族的示范作用也不可忽视,他们更是利用丧礼来标榜自己良好的家风。如南朝谢蔺、谢贞父子都以居丧而卒,同保持家风不无关系。

其二,稳固政权统治,安定社会秩序,促进民族融合。首先,通过丧礼制度,给予官员与生前地位相当的哀荣待遇,能够有效维护官僚队伍的稳定,保障皇权与政权的稳固。其次,干预丧俗的做

---

① 《论语·为政》。

法加强了对基层社会的管理，有利于改善社会风气，和谐社会秩序。最后，在控制社会的过程中，丧礼促进了民族融合与文化认同。

2.丧礼的维护

要维护孝道，仅靠丧礼本身是难以实现的，还须通过一定的政治手段和舆论工具做保障，才能达到应有的效果。为此，魏晋南北朝统治者通过州郡中正主持清议，以处罚的方式从丧礼实践层面维护孝道。

所谓"清议"，最初是东汉后期官僚士大夫中出现的一种品评人物的风气。至西晋时，清议发生重大改变，专指对违犯儒家名教言行的揭发，如居丧仕宦、婚嫁、宴乐等有悖孝道的行为都会成为清议对象。一旦招致清议，轻则降品，重则免官，甚至于沉废闾巷，终身禁锢。南北朝时期对居丧违礼的处罚与两晋相似。此后，清议逐渐成为一种极具威慑力的惩罚手段，会对广大士人的前途命运与品第升降产生重要影响。

所谓"居丧"，是指逝者亲属在服丧过程中的各种哀悼表现，居父母丧又称"丁忧"或"丁艰"。居丧不仅是个人的事，对于官员来说，它还是一种必须遵守的制度，否则就要受到处罚。就居丧违礼而言，清议处罚的主要对象有居丧仕宦、居丧婚嫁、居丧宴乐、服制失当、擅自奔丧、除丧过早等行为。

居丧婚嫁。晋惠帝元康二年（292年）进行过一次针对"冒丧婚娶"之风的大规模清议活动，由十六州中正检举揭发，司徒王浑亲自主持。王浑根据丧制中"无齐衰嫁娶之文"，请求朝廷将冒丧婚娶者免除官职，"以正清议"。皇帝诏曰："下殇小功，不可嫁娶，俊等简忽丧纪，轻违《礼经》，皆宜如所正。"[①] 这表明，以朝廷名义对居

---

① 《通典·周丧不可嫁女娶妇议》。

丧婚嫁官吏进行清议、加以贬黜的处罚力度是相当大的。

居丧宴乐。晋元帝时,刘隗迁丞相司直,被委以刑宪,他对世子文学王籍之、东阁祭酒颜含、庐江太守梁龛、丞相长史周顗等居丧违礼的行为进行了弹劾。其中,梁龛正是因为居丧宴乐而受到清议。"庐江太守梁龛明日当除妇服,今日请客奏伎,丞相长史周顗等三十余人同会。"①刘隗上奏:"既除而宴,《春秋》犹讥,况龛匹夫,暮宴朝祥,慢服之愆,宜肃丧纪之礼。请免龛官,削侯爵。顗等知龛有丧,吉会非礼,宜各夺俸一月,以肃其违。"②皇帝下诏从之,说明居丧宴乐是违礼行为,亦属清议之列。

居丧仕宦。东晋末年,兖州刺史滕恬为丁零翟辽所没,尸丧不反,其子滕羡仕宦不废,因而招致清议。桓玄在荆州,使群僚博议,郑鲜之认为禁止居丧仕宦是为了弘扬孝道、规范人伦,在特殊情况下可以不废婚宦,但也不能对居丧仕宦的行为进行鼓励。因此,他建议若滕羡才行突出,是可以按照权制仕宦的;但若其才行一般,则应当按照通常情况处理,不能居丧仕宦。③在两晋时期,除特殊情况外,父母死后子女都应竭尽哀思,居丧期间为官者要以忧去职,未仕者则不能做官,否则会被视为无孝而招致清议。

通过上述案例可见,统治者提倡孝道,重视丧礼,并以中正清议作为维护孝道的重要措施,在当时确实起到了明显效果,在维护封建统治秩序上也发挥了重要作用。④

---

① 《晋书·刘隗传》。
② 《晋书·刘隗传》。
③ 《宋书·郑鲜之传》。
④ 张旭华:《两晋时期的丧礼实践与中正清议》,《史学月刊》,2011年第12期。

二、魏晋南北朝时期维护生活方式的文化安全建设

(一)"永为楷式":维护语言文字安全

所谓"语言",是指以语音为外壳、以词汇为材料、以语法为结构的一种音义结合的符号系统。所谓"文字",是指在语言基础上产生并发展,用于承载语言、记录思想的图像或符号。语言与文字紧密相连,是人类传递思想、交流文化的重要工具。若语言和文字有了统一的规范,则思想、心理上的隔阂就会淡化,甚至消失。

魏晋南北朝既是政权更迭不断、社会动荡不安的时期,亦是民族大融合、文化大发展的时期。彼时语言文字得到进一步发展,并因南北方的地域差异而呈现出不同特点。

1. 魏晋、南朝革新经注,提高语言文字水平

魏晋及南朝宋齐梁陈,因其政权的延续性,拥有纯正的汉族正统文化,语言文字继承前朝而来,未有隔阂与障碍,其发展主要落脚于对儒家经典进行语义注解的语言文字学的革新上。

汉代语言学拘守师说,以各门派中前人立下的规矩为准绳,恪守不移,莫敢有异,致使经典解释衰落为一统天下的墨守。[①]为了革除这一弊病,魏晋玄学家们用道家文集诠释儒家经典,用老庄思想糅合儒家经义,追求语言诠释与研究的精深,从而使儒家经典脱胎换骨,以崭新面貌示人。其中不少经学释著,具备了极高的语言文字水平,其中尤以曹魏何晏的《论语集解》、南朝陆德明的《经典释文》为典型。

何晏创立"集解"体,将水火不容的前代学者如郑玄、王肃对《论语》的训释汇集在一起,并加以客观、公正的评价,集诸家善说,

---

① 申小龙:《宋代语言学的汉字批判与其历史性超越》,《江苏社会科学》,1997年第2期。

著成《论语集解》，给当时的训诂学带来了清新自由之风，对往后千余年的中国语言文字学产生了深远影响。陆德明所著《经典释文》以考证古音为主，兼辨训义，引用了14部文献，有《周易》《尚书》《毛诗》等。《经典释文》不仅是一部汇集古代注疏的大型文库，亦是研究六朝名家音读的百科全书，更是中古时期文字、音韵、训诂、语法研究的丰碑。

这些玄学家虽用老庄之道注释儒家经典，但应看到他们内心是以儒家思想为底蕴、以纲常名教为基准的。其目的正是为了维护国家长治久安而献计献策。

2.十六国、北朝加强融合，吸收传统汉文化

魏晋南北朝是民族大融合的重要时期，北方"五胡"内迁后，很快就融入中华民族这一大家庭之中。究其原因，在于他们积极对以儒家为主的传统汉文化的吸收以及加强了对汉语汉字的学习。

十六国时期，氐、羌、鲜卑等少数民族长期与汉人杂居，受到先进汉文化影响而"多知中国语"。上层人物中大多具有较高的汉文化造诣和儒学素养，如前秦苻坚"博学多才艺"，前燕慕容皝"尚经学""雅好文籍，勤于讲授"，汉字亦得到一定程度的普及。

北魏时期，孝文帝迁都洛阳后，由于担忧鲜卑旧俗不改，会导致洛阳等地回到游牧民族"被发左衽"的时代，故在与咸阳王元禧议论汉化改革时说道："自上古以来及诸经籍，焉有不先正名，而得行礼乎？今欲断诸北语，一从正音。年三十以上，习性已久，容或不可卒革；三十以下，见在朝廷之人，语音不听仍旧。若有故为，当降爵黜官。各宜深戒。如此渐习，风化可新。"[①] 也就是对朝中30岁以上积习难改的中老年鲜卑族官员，可酌情从旧俗用鲜卑语，但

---

① 《魏书·列传第九上·咸阳王禧》。

30岁以下的年轻官员，禁止使用鲜卑语，而应主动接受和使用汉语，若有违反规定的，要受到罢官降爵的处罚。为进一步消除鲜卑族与汉族的文化隔阂，他于太和十九年（495年）明令："不得以北俗之语，言于朝廷。违者，免所居官。"[①]孝文帝禁鲜卑语的改革，是以适应鲜卑入主中原、稳定政权的需要为旨归。

另据《颜氏家训·音辞》描述："南方水土和柔，其音清举而切诣，失在浮浅，其辞多鄙俗。北方山川深厚，其音沉浊而鈋钝，得其质直，其辞多古语。然冠冕君子，南方为优；闾里小人，北方为愈。易服而与之谈，南方士庶，数言可辩；隔垣而听其语，北方朝野，终日难分。"可见北方少数民族在语言方面的汉化改革卓有成效，基本上能够达到隔墙听语、不分士庶的程度。

（二）"崇化笃俗"：维护风俗习惯安全

风俗习惯是人们有关衣食住行乃至日常生活方式的重要体现，既是执政之要，又与国家兴亡紧密相连。因此，历代统治者尤为重视对社会风俗习惯的考察与治理。

魏晋时期，由于政治衰弱，儒家正统思想也备受冲击，在社会各阶层试图摆脱礼教的束缚之下，相继衍生出了不遵礼法、虚伪浮华、奢靡放纵、争名逐利等不良社会风气，这对维护国家统治与安全是极为不利的。正如魏文帝曹丕所言："佞邪秽政，爱恶败俗，国有此二事，欲不危亡，不可得也！"[②]对于统治者而言，复兴德礼教化，整饬邪风异俗可谓迫在眉睫。观魏晋时期的风俗治理，有两个方面足可称道。

一是大力提倡养老与敬老之风。汉代曾"以孝治天下"而闻名，

---

① 《北史·魏本纪第三》。
② 《全三国文·魏八·文帝》。

这一点亦为魏晋时期的统治者所标榜。如将专言孝道的儒家经典《孝经》立于官学，通过国家鼎力支持使之在社会中广为传播。又如效仿汉代皇帝在谥号中加入"孝"字，北魏孝文帝、孝明帝、孝庄帝、孝武帝，东魏孝静帝，北齐孝昭帝，北周孝闵帝均在此列。按照儒家经典《尔雅》《论语》《礼记》所释，孝行之所在一为养，二是敬。因此，养老与敬老也是魏晋极力推崇的社会风尚。首先，魏晋官员老病致仕后普遍能享受到较为丰厚的俸禄及恩赏，且官品越高待遇越优厚。其次，一些功勋卓著、德高望重的官员即便退休，朝廷仍会向其咨询军国大事，以示尊重。此外，中央朝廷常派遣巡使到地方观风俗、崇孝道，晋武帝于泰始四年（268年）六月布诏，明确将"存问耆老，亲见百年"作为巡使的重要使命，并要求将"不孝敬于父母"之人"纠而罪之"[①]。

二是极力杜绝奢靡放纵之风。魏晋士人崇尚享乐、放浪形骸，这也导致奢靡放纵的积习难改，渐而成风。鉴于这种不良社会风气极易造成政治腐败，魏晋统治者通过以身作则或颁布法令的方式，倡导禁奢务俭、节欲自制，试图匡正这股歪风邪气。进言之，如杜绝酗酒之风，魏文帝曹丕认为酒本是行礼所用，如果放纵饮酒，既是败德之举，亦是奢侈颓废，因此他作《酒诲》，希冀世人引以为戒。亦如杜绝厚葬之风，丧葬之礼本为子女孝心、孝行之体现，但有人流于表面，认为只有花钱厚葬才算尽心竭力，实际上本末倒置。因此，针对东汉末的厚葬之风，曹魏统治者武帝、文帝、明帝皆以为鄙，他们均选择"殓以时服，无藏金玉珍宝"[②]的方式推崇薄葬，为后继者效仿，薄葬之风直至东晋未衰。

---

① 《晋书·武帝纪》。
② 《全三国文·魏三·武帝》。

（三）"禁断淫祀"：维护宗教信仰安全

中国古代社会为了维护封建统治，以礼作为维系伦理道德之准则，希望民众能因礼的教化而规范自身言行、保障社会秩序、维护国家安定。为了避免人们伦理道德价值观偏离正统，统治阶层制定了各种禁令来规范其日常行为。其中关于宗教信仰方面的规范，集中表现为对淫祀的禁止。

古代统治者通常以神道设教，来崇祀天地、祖先、山川、百神。王充说："礼，王者祭天地，诸侯祭山川，卿大夫祭五祀，士庶人祭其先。"[①] 也就是说，按照礼制，不同阶层的人具有不同的祭祀对象。天子可以祭天地、五岳、四渎，诸侯可以祭国内的名山大川，卿大夫可以祭五祀（门、户、井、灶、中霤）；士可以祭门、户，庶人祭祖。"此皆法度之祀，礼之常制也。"[②]

《礼记》载："非其所祭而祭之，名曰淫祀。"[③] 所谓"淫祀"，是指超出上述礼制所规定范围的祭祀活动，多是对鬼神的祭祀。

魏晋南北朝时期，巫风盛行，鬼神信仰泛滥成灾，可以说是一个充斥着鬼神思想的社会。民间信仰和祭祀的鬼神很多，包括人、物、传说中的神怪，甚至包括山河、湖海，无所不及。淫祀大行其道，既严重影响了百姓正常的生活，加深了他们的经济负担，又猛烈冲击了儒家忠孝观念和敬天法祖的祭祀原则。

魏晋时期的统治者多次下令禁淫祀，并拆除不符合正祀的祠庙。譬如，魏文帝曹丕沿用其父曹操"禁断淫祀"的方针，在贯彻薄葬的同时，诏"自今其敢设非礼之祭，巫祝之言，皆以执左道论，著

[①] 《论衡·祭意》。
[②] 《尚书·尧典》。
[③] 《礼记·曲礼》。

于令"①。魏明帝曹叡十分重视正统祭祀，故于青龙元年（233年）下诏禁淫祀："郡国山川，不在祀典者，勿祠。"②晋武帝司马炎针对春分时有人祭拜鬼神，企图借此消灾弭祸，下令废除淫祀："不在祀典，除之。"③北魏孝明帝元诩不仅诏除淫祀，还意欲"焚诸杂神"④。为实现统一大业，北周武帝宇文邕下诏"禁诸淫祀，礼典所不载者，尽除之"⑤。也就是废除国内一切不合儒家礼典的宗教行为。南朝宋武帝刘裕认为淫祀迷惑百姓，骗人钱财，故下诏"除诸房庙"⑥。这些例子足见在当时废除淫祀是统治阶级的共识。但出于当时社会背景的复杂性等原因，这些禁废淫祀的诏令未能得到很好的贯彻执行，不过统治者"禁断淫祀"的不懈努力，反映出他们严管宗教信仰、崇明正统礼制、维护国家安全的决心。

第三节　魏晋南北朝时期对外文化安全建设实践

一、"化俗弘教"：防止外来文化的不良冲击

魏晋南北朝时期，儒道与佛教的争辩始终没有中断过。三教之中，佛教在哲学理论上占有一定优势。但是，佛教作为外来文化，在思维方式、人生价值观乃至生活习俗上，都与中国传统文化存在

---

① 《三国志·魏书·文帝纪》。
② 《三国志·魏书·明帝纪》。
③ 《晋书·礼志》。
④ 《魏书·肃宗纪》。
⑤ 《周书·武帝纪》。
⑥ 《宋书·武帝纪》。

诸多矛盾和冲突。因此，佛教成为儒、道共同抨击的对象，三教之争逐渐演变为对非华夏正统文化抗拒排斥的"华夷之辨"。为求得生存与发展，佛教不得不主动调适，以适应中国国情，最终融汇成为中国文化的一部分。

（一）儒家对佛教的责难

汉代以降，儒家思想成为王朝统治思想，其忠君崇孝、家国一体的观念已经渗透到社会各阶层，成为相对稳固的社会心理和文化传统。魏晋南北朝时，儒学地位虽日渐式微，但仍是统治者大力提倡和运用的治国指导思想。与此同时，佛教开始发展壮大，其所奉行的剃度、出世、弃家、不婚嫁等教规，无疑与儒家的孝道观、家国观相悖，对儒家立足造成了明显的不利影响，因而成为其首先发难的对象。

1. 孝道之争

儒家提倡孝道，认为"身体发肤，受之父母"，身体与须发的保全乃"孝之始"[①]，不可毁伤，否则便是折辱其亲，有违孝道。佛教教义则认为，肉体是精神的枷锁，是欲望之源，修行者视之为禁锢。须发是修行的累赘，只有剃除须发，才能表明修行者断绝烦恼和尘缘的决心。佛教对身体发肤的理解显然与儒家思想截然不同，因此遭到儒家学者的质疑："今沙门剃头，何其违圣人之语，不合孝子之道也。"[②] 即佛门剃发，有违圣贤，不合孝道。

《礼记》云："孝有三：大孝尊亲，其次弗辱，其下能养。"[③] 孟子

[①] 《孝经·开宗明义章》。
[②] 《弘明集·理惑论》。
[③] 《礼记·祭义》。

曰：“不孝有三，无后为大。”[①] 儒家孝道讲究赡养、孝敬父母，传承家族血脉。而佛教所提倡的出家修行，须摆脱家庭俗事，离开父母妻儿，这样便无法事亲，若未婚出家，更是断绝了家族后嗣。这对于中国传统孝伦观念来说，无疑是一种巨大的冲击和挑战。因而更是受到崇儒者非议："夫福莫逾于继嗣，不孝莫过于无后。沙门弃妻子捐财货，或终身不娶，何其违福孝之行也？"[②]

2. 礼制之争

儒家强调"长幼有序，尊卑有别"。而佛教教义却主张无君无父，一不敬王者，二不拜父母。这种不敬父母、帝王的观念，使儒家学者们的质疑声渐盛。东晋庾冰认为"礼重矣，敬大矣。为治之纲，尽于此矣"[③]，而佛教则"矫形骸，违常务，易礼典，弃名教"[④]。南朝周朗更是指责佛教"背亲傲君，欺费疾老"[⑤]。

为了进一步批判佛教，除了理论上的质疑，儒者还开始从国家政治、经济、社会的现实问题出发，力求对其进行全面否定。南朝梁武帝时，官员郭祖深上奏，称佛教"皆不贯人籍，天下户口几亡其半"，信佛者"不务农桑，空谈彼岸"，发展下去"恐方来处处成寺，家家剃落，尺土一人，非复国有"，于是他建议"去贪浊，进廉平，明法令，严刑罚，禁奢侈，薄赋敛"，僧尼若无道行，"四十已下，皆使还俗附农"[⑥]。佛教寺庙经济的膨胀以及僧侣人数的激增，也使当权者忧心忡忡。故皇帝也加入佛教与儒家的礼制之争中，他们不惜动用国家机器发起灭佛运动。北魏太武帝认为佛教荒诞虚空，

---

① 《孟子·离娄上》。
② 《弘明集·理惑论》。
③ 《弘明集·重代晋成帝沙门不应尽敬诏》。
④ 《弘明集·代晋成帝沙门不应尽敬诏》。
⑤ 《宋书·周朗传》。
⑥ 《南史·循吏传》。

致使"政教不行,礼义大坏"[①],实是祸乱根源,故下令灭佛。北周武帝认为佛教无孝,伤风败俗,有碍社会正常秩序,于是将佛像全部摧毁,寺庙收归国有,寺僧被勒令还俗。帝王的灭佛运动,沉重打击了寺院的政治经济实力,维护了王朝利益,同时也深刻展现了在中国本土文化与外来文化碰撞、冲突的历史时期,在佛教中国化的历史进程中,统治阶级对儒学的正统地位始终极力坚守和维护。

在这种情况下,佛教已无力撼动儒学的政治大厦。为了争取在中国继续传播下去的机会,佛教援儒入佛,并不惜通过改动、歪曲原经教义的方式以迎合儒家伦理道德观念,蜷伏于中国伦理文化之下。

(二)道教对佛教的排斥

道教属于中国本土宗教,是古代宗教、神仙方术、道家、儒家等思想的混合体,是中国传统文化的重要组成部分。道教自我标榜为华夏正统,对于佛教这种外来宗教及文化,自然是极力排斥。魏晋南北朝时期的"夷夏之争",最直接体现就是佛道之间的"夷夏论"之争。

南朝宋末齐初,著名道教思想家顾欢作《夷夏论》,列举了华夏与夷狄在文化、生活、习俗上的诸多差异,借此站在道教立场,评判佛道高低,贬佛扬道,从而否定佛教在中国的传播。他认为,"道济天下,故无方而不入;智周万物,故无物而不为。是以端委搢绅,诸华之容;剪发旷衣,群夷之服。擎跽磬折,侯甸之恭;狐蹲狗踞,荒流之肃。棺殡椁葬,中夏之制;火焚水沈,西戎之俗。全形守礼,继善之教;毁貌易性,绝恶之学"。他强调"佛是破恶之方,道是兴

---

① 《魏书·释老志》。

善之术。兴善则自然为高，破恶则勇猛为贵"①。意思是中土与西域在衣饰、举止、葬礼、修身、容止等方面完全不同，佛道之"道"在于中国亦属异端，故道教能导人文明，而佛教却趋人荒蛮。

顾欢将"夷夏之争"公开化、社会化，试图从文化层面驳倒佛教，引起了佛教信徒的强烈反击。如宋司徒袁粲驳曰："孔老治世之本，释氏出世为宗，发轸既殊，其归亦异……仙化以变形为上，泥洹以陶神为先。变形者白首还缁，而未能无死；陶神者使尘惑日损，湛然常存。"②由此阐明佛优于道。又如僧愍著《戎华论析顾道士〈夷夏论〉》，认为夷夏之别，是因以孔、老为一国之教，排斥外来异邦之俗，而分夷夏之说，其实佛教广布西域各地，远及四面八方，并说佛教："东则尽于虚境，西则穷于幽乡。北则吊干溟表，南则极平牢阆。如来扇化中十，故有戎华之异也。"③以此破除华夏中心论。

虽然顾欢"夷夏论"缺乏义理上的深度，暴露出道教的弱点，但是随着双方争论加剧，参加论战的人也越来越多。其中，对佛、道双方关系产生极深影响的是道士张融提出的《三破论》。他认为佛教耗财害民，使国空民穷，于国于民有害无益，此谓"入国破国"；佛教让人抛弃父母，不孝不悌，于纲常人伦也是有害无益，此谓"入家破家"；佛教让人出家为僧，有剃发、断子绝孙之苦，于传宗接代有害无益，此谓"入身破身"。"三破论"实质上触及了佛教教义与中国传统文化伦理道德对立的实质，儒家坚持"家国一体论"，道教奉行"身国一体论"，均是信奉"仁义道德"的中国传统文化理念，而佛教所宣扬的"出世说"则很难与中国的传统文化价值观相调和。"三破论"为后世皇帝灭佛提供了理论依据。不久，佛教便被

---

① 《南齐书·顾欢传》。
② 同上。
③ 《弘明集·戎华论析顾道士〈夷夏论〉》。

迫适应中国社会环境，改变自己的理论形态，开启了佛教中国化的历史进程。

毫无疑问，道教与儒家结盟，在宗教信仰方面充当了中国传统文化的"卫士"角色，既坚守了中华传统文化立场，又护住了中国传统伦理道德观。

二、"天下同归"：扩大本土文化的对外影响

（一）化盛隆周的汉化改革

魏晋南北朝是中国历史上少数民族最活跃、建立政权最多的时期之一。北方内迁的少数民族为了加强封建统治、稳固国家政权、促进民族融合，纷纷学习汉族文化，积极进行汉化改革，以便更好地融入中原。

少数民族政权进行汉化改革主要表现在以下几个方面。

一是引入儒家文化作为指导思想。胡汉融合，使少数民族政权接触、认同和发扬儒家文化成为可能。少数民族政权基本上是以儒家文化作为立国之本，首先就体现在皇帝对孔子的祭拜上。太和十九年（495年），北魏孝文帝在完成迁都洛阳和推行汉化政策的关键时期，不仅"行幸鲁城，亲祠孔子庙"，又"封崇圣侯，邑一百户，以奉孔子之祀"[①]。可见其对儒家文化的尊崇和膜拜，这和汉族统治阶级的建国思路一致，从而为少数民族政权的建设奠定了重要的思想文化基础。

北朝帝王不仅尊孔，还具有较深厚的儒学功底和文化素养，并且非常重视汉文化教育。前秦世祖苻坚曾"广修学官，召郡国学生

[①] 《魏书·高祖纪》。

通一经以上充之，公卿已下子孙并遣受业"，于是人人奋发向上，国家人才济济。苻坚还问博士王实："朕一月三临太学，黜陟幽明，躬亲奖励，罔敢倦违，庶几周、孔微言不由朕而坠，汉之二武其可追乎！"即我一月视察太学三次，奖优罚劣，亲自鼓励，不敢怠慢，只有这样周公、孔子的教诲才不会在我这一代失传，我比得上汉武帝和光武帝吗？王实回答道："自刘石扰覆华畿，二都鞠为茂草，儒生罕有或存，坟籍灭而莫纪，经沦学废，奄若秦皇。陛下神武拨乱，道隆虞、夏，开庠序之美，弘儒教之风，化盛隆周，垂馨千祀，汉之二武焉足论哉！"①意思是自从刘聪、石勒扰乱中原，东都洛阳和西京长安都变成了废墟，读书人活下来的很少，古代典籍的毁灭更是难以计数，经学荒废程度和秦始皇时一样。陛下英明威武，拨乱反正，业绩可与虞夏二代相媲美，又继承兴办教育的优良传统，弘扬儒家道德风尚，直追周代，并将千年不衰，汉朝的武帝和光武帝也比不上。王实之言虽多溢美之词，但实际反映了随着儒家文化的引入，少数民族政权日益巩固，并在思想文化上呈现出欣欣向荣之景象。

二是重用汉人官吏获取治国经验。在汉化改革中，大量汉人士族被重用，为少数民族治理国家提供了深厚的文化底蕴和丰富的治国经验。苻坚任用汉人王猛，不仅抑制了氐族部落贵族势力的膨胀，还加强了中央权力。苻坚不禁感叹："今吾始知天下之有法也，天子之为尊也！"②南凉立国后，吸收和笼络河陇地区的汉族人才，任命他们为各级官员，使之在为政权服务的同时，又争取了更多民心。慕容氏执政期间，甚至有河东裴开、平凉宋该、鲁国孔纂等一批世家大族投奔他们。汉人被委以重任，参与治国，成为儒家文化的重

---

① 《晋书·苻坚载记》。
② 《晋书·苻坚载记》。

要传播者，进一步促进了胡汉融合，也对少数民族政权的巩固产生了深远影响。

三是遵循汉族礼仪，消除民族隔阂。最早在北方建立少数民族政权的匈奴族刘渊建太庙、立神主时，就用汉族的礼仪来祭祀祖宗。后赵石勒也十分重视礼仪，他称帝后，一改烧杀抢掠的"胡蝗"之风，转而留心文史，依靠汉人士族大兴礼治文化，"建社稷，立宗庙"，而"朝会常以天子礼乐飨其群下，威仪冠冕，从容可观矣"[①]。俨然一副汉族皇帝的模样。最为推崇汉族礼仪文化的皇帝当数北魏孝文帝，他不仅强调"乡饮礼废，则长幼之叙乱"[②]，还先后布诏议定明堂、太庙、丘和皇太子冠等重要礼仪，又亲制祭恒岳文、祭嵩山文、祭岱岳文。他在推进汉化改革的过程中，全面复刻汉族传统礼仪的热忱，不亚于中国历史上任何一位汉族皇帝，孝文帝在吸取汉族文化精华，不断促进社会发展、政权稳定的同时，也为民族大融合作出了巨大贡献。

（二）多元一体的法律互鉴

先进的汉族文化，对北方少数民族的政治、生活、文化产生了重大影响，同时也使当时的法制建设具备了鲜明的民族性和融合性特征，展现出多元一体的法文化景象，这为后世法制建设提供了优质素材和宝贵经验。

南朝政权盘踞江南，自诩中华正统，在立法上继续以《晋律》为蓝本，只是在前朝法典基础上稍作损益，未有太多新的建树。相较之下，北方少数民族内迁建立政权后，非常注重总结历代兴亡得失，其中就包括加强法律在国家治理中的作用，进而推动了我国封

---

① 《晋书·石勒载记》。
② 《魏书·高祖纪》。

建法制的深刻变革。例如，北魏孝文帝参酌汉律，主持修订《北魏律》，首创"存留养亲""官当"等带有儒家文化特征的法律制度，这为全面推行汉化改革提供了有力的法律保障。北齐统治者在《北魏律》的基础上制定了《北齐律》。《北齐律》在篇章结构、律文内容、法典体例等方面均有创新，是魏晋南北朝时期立法成就最高的一部法典，起到了承上启下之作用，隋唐修律均以《北齐律》为蓝本。

北方少数民族统治者积极学习汉文化、倡明儒家之学，有意地将儒家思想注入法律之中，极大地促进了礼法结合。其中，北魏修律最为典型。统治集团博采众长，在融入本族习惯法的同时，又依据汉族儒家经义评断诉讼，形成了二元一体的法律体系，并促使北魏法律由严峻向宽柔转变，更使得中华法系由原来中原传统法律的一元体系逐渐向多个民族融合的多元体系转变。

魏晋南北朝多元一体的法律互鉴，正是彰显了中国传统文化的优越性以及古代统治者为实现民族文化共存，妥善处理民族关系、礼法关系的伟大智慧。

三、"王者无外"：促进不同文化的交流融合

（一）与西域之连通

魏晋南北朝时期社会动荡，兵事频起，一部分百姓向南迁移，促进了国内民族融合，另一部分百姓则选择迁往西域，促成了与西域的文化交流。

1. 语言文字的交流

西域幅员辽阔，民族众多，但各民族之间并未因为语言文字不同而无法交流。他们多仰慕中原文化，学习汉文、用汉字进行沟通，如

晋代西域长史汉人李柏给焉耆王的信上就写道"臣柏言焉耆王龙图"①，所用的正是汉字。此外，于罗布泊遗址中挖掘出的少数民族私人书信上，所使用的也是汉字，并且信文用词丰富、语言流畅。随着汉语言文字的流行，汉文典籍也传入西域。如《毛诗》《论语》《孝经》等典籍传入高昌地区，成为当地必读书目，高昌人还"置学官弟子，以相教授"②。可见汉语言文字在西域地区的使用很是普遍。

汉人迁入西域，为保证日常沟通，必然也要学习和掌握当地的语言文字。在考古发现的佉卢文书中可以看到："兹于伟大国王，上天之子迈利陛下在位之四年三月十三日，鲜卑人到达且末，劫掠国王，抢走居民。……支那色伽尸（即汉人色伽尸）由此处（给予）金币二枚和德拉克马二枚，作为对该人之答谢。"③可见汉人与当地人已有一定的来往与交流。汉人与西域各民族在语言文字上的相互交流与学习，不仅丰富了各自的文化知识，也对维护国家统一、加强民族团结的心理认同感产生起到了十分重要的作用。

2. 艺术的互融

中原地区与西域政治、经济、文化交流不断加深，极大地促进了两地之间艺术交融与发展，尤其是在乐舞、绘画、建筑方面。

西晋时期，天竺国送给凉州刺史张轨乐工12人，乐器一部，包括笛子、琵琶、箜篌等，还带来了多种天竺曲调。在丰富中国乐曲的同时，也给中国后世诗歌文化增添了许多艺术色彩。随着西域乐舞东渐，中原地区的音乐也逐渐传到西域，为西域各国所喜欢。北魏就曾将乐器一部、乐工80人赠送给西域高车国王。在绘画方面，

---

① 何荣:《论魏晋南北朝时期中原与西域文化交流》,《新疆地方志》,2005年第3期。
② 《北史·西域传》。
③ 韩翔、王炳华、张临华主编:《新疆出土佉卢文残卷译文集》,《尼雅考古资料》1988年版,第218页。

中国画讲究气韵生动,印度画讲究立体逼真,从吐峪沟的壁画中可以看到,两种绘画技艺通过互鉴融合,使画中人物形象不仅立体感强烈,且流畅生动。在建筑方面,西域亦受中原影响。如在尼雅遗址的房屋内部,沿墙边设有与中原地区室内布局相似的土炕。

3. 礼仪风俗的影响

丝绸之路的畅通,使得大量西域人涌入中原。北魏孝文帝迁都洛阳后,西域各阶层更是纷纷投向洛阳。在这一时期,中原文化与西域文化相互渗透,面貌焕然一新。对于中原人来说,穿胡服、睡胡床、吃胡饭、跳胡舞等因带有一股奇特的异域风情而风靡一时。对于西域人来说,汉人服饰、典章制度、机构设置、婚姻礼俗等深厚的文化底蕴让他们景仰。在西域、中原礼仪风俗相互吸引和影响之下,各民族文化交流更加密切。

(二)与朝鲜、日本之往来

中国古代除了有通往西域的陆上丝绸之路外,还有比陆上丝绸之路路线更长、范围更广、影响更大的海上丝绸之路。海上丝绸之路东航线的目的地便是朝鲜半岛的高句丽、百济、新罗三国以及日本。魏晋南北朝时期的中原政权,与这些国家之间的政治、经济、文化往来,便是通过海上丝绸之路达成的。

与高句丽的交流始于孙吴。嘉禾二年(公元233年),孙权派太常张弥、执金吾许晏等人去往辽东拉拢公孙渊,最终未能完成任务,却意外地与高句丽建立起了联系。次年,孙权遣使者出使高句丽,赐其衣物珍宝,高句丽回赠马80匹。孙吴政权与高句丽的政治关系由此确立。东晋成帝咸康二年(336年)、康帝建元元年(343年),高句丽王高钊两次遣使朝晋,进贡方物,加深了与东晋的政治关系。与高句丽的频繁交流,也使得中国文化典籍在当地广为流传。据《旧唐书》记载："其书有《五经》及《史记》《汉书》,范晔《后汉书》《三国志》,孙盛《晋春秋》《玉篇》《字统》《字林》,又有《文选》,尤爱重之。"[1]可见高句丽对中国文化典籍的喜爱。此外,江南名贵纺织品织锦传入高句丽后,立马成为贵族阶层财富和权力的象征。织锦在高句丽的流行,说明中国与高句丽的经济交往已经有了一定规模。

与百济的交流始于东晋。起初百济只与偏安江南的东晋、南朝通贡,直至5世纪后期,才与入主中原的少数民族北魏建交。东晋时,百济王余须、余映曾向中原朝廷敬献奴隶。朝廷也封百济王余映为使持节、都督百济诸军事、镇东将军、百济王。此后,百济与刘宋、南齐、南梁均保持着友好往来的关系。东晋、南朝文化对百济的文化影响颇深,如百济对中国书法极为推崇,他们甚至不惜花费"金货数百万"[2]以求得南梁书法家萧子云的墨宝。又如百济武宁王墓的形制、构造,完全按照南朝墓葬营建,墓志铭为汉字书写,砖瓦、墓内陪葬品也均仿照南朝制作。

与新罗交流最晚。最初的交流也只是通过百济使臣间接沟通。到6世纪中叶,新罗统治领域扩大后,中原政权才与之直接建立起外交关系。与新罗交流最多的是佛教。南梁时,新罗僧人觉德入梁求佛法,直至30年后,才与南梁使臣一同携带佛骨舍利回到新罗。觉德入梁求佛法后,又有智明、明观、圆光等新罗僧人相继前来求法。新罗僧人在学习、传播中土佛教的同时,也将中国完善的政治制度与先进的科技文化带回新罗,激发了新罗国与中国进一步交流的愿望,极大推动了新罗文明的发展和进步。

中日早在曹魏时就来往密切。倭女王就有4次向魏国遣使通好,

---

[1] 《旧唐书·东夷传》。
[2] 《南史·齐高帝诸子传上》。

魏国也有2次向日本列岛遣使通好。两晋时，中日官方往来共有2次。南朝刘宋时，两国通使则有8次之多。宋亡后，日本仍与齐有外交往来。

频繁的往来交流，使汉字等中国文化传入日本。日本最早的文字就是从中国传入的汉字，传入日本的具体时间虽不明，但据《三国志》记载："正治元年，太守弓遵遣建忠校尉梯俊等奉诏书印绶诣倭国，拜假倭王，并赍诏赐金、帛、锦罽、刀、镜、采物，倭王因使上表答谢恩诏。"[①]可见早在倭女王卑弥呼时代，就有人懂汉语、写汉字了。南北朝时期，日本使用汉语的水平大大提高。宋顺帝昇明二年（478年），倭王武给宋国的表文文辞优雅，很有南朝风韵。在汉字流传入日本的同时，大量汉人也移居日本，给日本带来了以儒家思想为核心的汉文化，丰富了日本民族的思想文化。此外，在中国盛行的佛教也流传至日本，为日本佛教的发展创造了条件。

（三）与东南亚之交流

海上丝绸之路的南海航线，延伸至东南亚一带。魏晋南北朝时期，东南亚的古王国主要有中南半岛上的扶南、林邑，泰国境内的金邻国、顿逊国、狼牙修，马来半岛上的丹丹国、盘盘国，印尼群岛上的呵罗单、干陀利、婆利。这些古王国与中国交流频繁，并保持着密切的友好往来关系。

经济贸易方面，随着造船和航海能力的提高，海上交通航线开始扩大，带来了海上贸易往来的繁盛。据史料记载，呵罗单国"频越遐海，款化纳贡"[②]；广州的南海、番禺等地亦呈现出海外商舶"每

---

① 《三国志·魏书·倭》。
② 《宋书·夷蛮传》。

岁数至，外国贾人以通货易"[1]的繁荣景象。

物质文化方面，中国与东南亚地区有了更为广泛的交流。魏晋南北朝向东南亚各地输出的物品，主要是代表农耕文化的青铜工具、铁制工具以及陶器和丝绸等农业、手工业制品。而从东南亚各地输入中国的，大多是当地天然的动植物、矿物产品、珍禽异兽、宝玉奇石之类。中国与东南亚地区政治、商贸的密切往来，促进了佛教文化的迅速传播。这一时期，不少西域高僧以及东南亚本地僧人被邀请至中国译经传教，使东南亚国家成为佛教东传的重要中转地。

---

[1] 《梁书·王僧孺传》。

第三章　隋唐时期的国家文化安全

天下大势，分久必合，合久必分。自三国开始的大分裂时代持续了近300年，其间历经了魏晋南北朝时期。在这一时期，西晋统一天下的时间极短，在大多数时段，中国大地上政权林立，诸国并存，互相征伐，兴盛和衰败的长篇画卷徐徐展开。最终，北周贵族杨坚于公元581年夺取了北周政权，建立了隋朝。隋朝国祚不长，于公元611年爆发的隋末农民起义摧毁了这个庞大的帝国，而在农民起义中脱颖而出的李渊父子剪除群雄，于公元618年建立唐朝，国祚悠长。隋唐是自西晋之后，中国大地上重新出现的统一封建王朝，同魏晋南北朝时期的王朝相比，其幅员辽阔、气度雄浑，与"第一帝国"[①]相比也不遑多让。不仅如此，从长期战乱中崛起的隋唐王朝审时度势，在国家安全思想和制度方面都有不少创制。

[①] 美籍华人学者黄仁宇在自己的著作中，一般将秦汉视为"第一帝国"，而将隋唐称为"第二帝国"。两个帝国之间有着密切的承接关系，但同时也有不小的区别。但无论是第一帝国还是第二帝国，都是统一、强盛的中华帝国的象征。参见黄仁宇：《赫逊河畔谈中国历史》，九州出版社2015年版，第198页。

第一节 隋唐时期的国家文化安全思想概论

一、隋唐时期的"王道仁政"思想与国家文化安全

魏晋南北朝几百年的战乱带来了长期的生灵涂炭、土地荒芜、经济凋敝，除此之外，对于国家本身来说，这一时期的王朝普遍存续时期不长，致使社会动荡，国家也难以集聚力量发展生产，以夯实国力。隋朝建立后，针对南北朝时期出现的种种弊端，首先由儒家学者王通提出了"王道"的政治思想。

（一）王通"王道"思想中的国家文化安全

王通（584—617年），字仲淹，号"文中子"，诞生于绛郡龙门（今山西省万荣县）。王通生于官宦世家，自小就受到良好的教育，他成年后主要从事著书讲学的工作，可惜的是，其著作大都散失。我们今天所见王通的政治思想，主要来自对话体著作《中说》。

魏晋南北朝的乱世让人记忆犹新，隋朝统治者急需一种可以安邦定国的指导思想。在这样的需求下，王通提出了"王道"的政治主张，力求建立一个政治清明、百姓安康的理想社会。他说："古之为政者，先德而后刑，故其人悦以恕。今之为政者，任刑而弃德，故其人怨以诈。……古之从仕者养人，今之从仕者养己。……古之仕也以行其道，今之仕也以逞其欲。"[①]对比了古今执政者的仁政和暴政，古代官吏常为百姓着想，重视德礼教化之作用，而当今官吏却主张用严刑峻法来维护统治，还为自己谋取私利。王通所谓"王道"与"霸道"相对，具体表现就是实行仁政，强调德治。他又说：

[①]《中说·事君》。

"吾视千载已上,圣人在上者,未有若周公焉,其道则一而经制大备,后之为政者有所持循。吾视千载而下,未有若仲尼焉,其道则一,而述作大明,后之修文者,有所折中矣。千载而下,有申周公之事者,吾不得而见也;千载而下,有绍宣尼之业者,吾不得而让也。"①可见,王通是以周公、孔子之道为人生目标,其"王道"思想亦是以仁义为核心、以礼乐为形式的政治体系。王通所谓的"道"就是"中庸",是仁义礼智信的统一。换言之,就是执政者要做到公正无私、以实现天下安宁为己任。尤值一提的是,王通思想最可贵之处是民本思想。他认为,执政者不可忽视百姓的作用,民心向背与江山社稷存亡紧密相连,故应"不以天下易一民之命"。同时,布施政令也要听取民心,不可独断专行。他继而总结道:"大哉乎,并天下之谋,兼天下之智而理得矣。"②也就是说,执政者只有汇集天下人的智慧与谋略,才有利于国家政权的稳定与安宁,从而真正实现"王道"。

显然,王通治国思想不仅针对魏晋南北朝的政治得失,还直指隋朝国家政治运行中所出现的一些具体问题。显然,只有将仁政理念贯彻下去,将老百姓视为国之根基,国家才能长久存续,才能真正实现长治久安。在这一点上,李唐王朝显然做得更好。

(二)唐太宗"仁政"思想中的国家文化安全

唐太宗作为隋朝历史进程的见证者,对于隋朝的灭亡记忆犹新,同时他也被百姓的强大力量所震撼。因此,他清晰地判断,要想维持整个国家的政权稳定、国家安全,就必须处理好王朝统治阶层和百姓之间的关系。

---

① 《中说·天地》。
② 《中说·问易》。

唐太宗认为:"古来帝王以仁义为治者,国祚延长;任法御人者,虽救弊于一时,败亡亦促。既见前王成事,足是元龟。今欲专以仁义诚信为治,望革近代之浇薄也。"①以"心存百姓"的仁爱之心为君德之根本,不仅要重视儒家伦理道德在规范社会秩序中的重要价值,还应当将"为政以德"作为治国的根本理念,并身体力行。在《贞观政要》一书中,编者吴兢摘录了唐太宗大量有关"政在养民"的言论,如"为君之道,必须先存百姓,若损百姓以奉其身,犹割股以啖腹,腹饱而身毙。若安天下,必须先正其身,未有身正而影曲,上治而下乱者"②,又如"凡事皆须务本,国以人为本,人以衣食为本"③,等等。这种以百姓之心为心和"政在养民"的治国仁政,放眼当代亦不过时。

唐太宗深知仁政对国家长治久安的重要性,他"以仁义诚信为治",带头节俭,并认为这是"屈一人,以安兆庶"④的好办法。同时,他还采取"以仁恩结庶类"等多项利民政策,切实减轻百姓负担,做到不扰民、不误农时,牢记"朕每一食,便念稼穑之艰难,每一衣,则思纺绩之辛苦"⑤,把民本思想落到实处。此外,发生在唐太宗身上的一件事非常能够说明其仁政思想内核。据《新唐书》记载,唐太宗到大理寺录囚,其间有390余名囚徒向唐太宗乞求放其归家,再见一次家中亲人。处于推行仁政的需求,唐太宗当即决定释放他们,并令这些人明年秋收后再回来报到。一年之后,犯人一个不少都回来了。由于这些人践行了孝道和信义,唐太宗认为这些人均有不杀之理由,于是全部释放。从这个案例可见,推行仁政并

---

① 《贞观政要·仁义》。
② 《贞观政要·君道》。
③ 《贞观政要·务农》。
④ 《大唐新语·公直》。
⑤ 《贞观政要·教戒太子诸王》。

不是局限在思想层面，而是一种实实在在的政治举措。

无论是远处江湖的王通还是高居庙堂的唐太宗，他们不约而同地把"王道""仁政"奉为维护国家长治久安的基本国策。其中体察和维护普通百姓的利益诉求，便成为这个时代的国家安全密码。

二、隋唐时期的"谏议思想"与国家文化安全

帝国的统治需要大量官吏，在隋唐之后，国家和地方官员的选拔、任用等权力均操持于中央朝廷。庞大的官僚阶层是整个帝国赖以运转和维持的基础。官员们在日常行政、司法工作中会接触到大量实际问题，其中有不少问题是国家执政理念在现实中的回响。如何把日常工作中发现的问题向上级乃至皇帝传达，积极行使臣子的谏诤权，让皇帝能了解到一些真实的政治运行状况，并对某些政治决策及时进行调整，这也是维护国家稳定、社会繁荣的重要途径。

（一）唐太宗的纳谏思想

唐太宗纳谏，除了基于"安人理国"的政治需要之外，主要与他在吸取隋亡教训的过程中形成的君臣观分不开。他说："炀帝岂不以下无忠臣，身不闻过，恶积祸盈，灭亡斯及！若人主所行不当，臣下又无匡谏，苟在阿顺，事皆称美，则君为暗主，臣为谀臣。君暗臣谀，危亡不远。"[1]显然，隋朝灭亡的一个重要原因是，隋炀帝行事不合君道，同时又没有臣子的匡谏，结果苦食君暗臣谀、王朝倾覆之恶果。

通过隋亡教训，唐太宗对君臣关系有了新的认识。他认为"君

---

[1]《贞观政要·求谏》。

臣本同治乱，共安危"①，若君主有政策失误的地方，臣子必须进谏，才能及时挽回损失，匡正国家社稷。反之，若君主失去了国家，"臣也不能独善其家"。因此，君臣"义均一体"②，即君臣是一个整体，具有共同利益，理应共理天下。唐太宗的君道观核心是君臣合道论。所谓"义均一体"，就是要按照一定的道或道义结成一统，君有君道，臣有臣道，以成治道。关于唐太宗纳谏的原因，清代史学家赵翼分析道："盖亲见炀帝之刚愎猜忌，予智自雄，以致人情瓦解而不知，盗贼蜂起而莫告，国亡身弑，为世大谬。故深知一人之耳目有限，思虑难周，非集思广益难以求治。"③这一论述是很有见地的。

（二）唐太宗的纳谏方法

就如何确保广泛听取意见，纠正自己在国家治理过程中的不适宜乃至错误行为，唐太宗制定了相当丰富广泛的制度和措施。

一是虚心求谏。他说："比有上书奏事，条数甚多，朕总粘之屋壁，出入观省。所以孜孜不倦者，欲尽臣下之情。"④为了鼓励群臣进谏，唐太宗把他们的奏章粘到墙壁或屏障上，朝夕瞻仰。

二是导之使谏。他说："为君不易，为臣极难。朕闻龙可扰而驯，然喉下有逆鳞。卿等不避犯触，各进封事，常能如此，朕岂忧宗社之倾败。"⑤通过主动阐明求谏之心，打消臣子进谏之顾虑。

三是恭谦听谏。唐太宗深知"智者千虑，必有一失"之理，君主即便是九五之尊，也不能自圣自贤，要承认别人的长处。故他指出："人言作天子则得自尊崇，无所畏惧；朕则以为正合自守谦恭，

---

① 《贞观政要·君臣鉴戒》。
② 《贞观政要·政体》。
③ 《廿二史札记·贞观中直谏者不止魏征》。
④ 《贞观政要·求谏》。
⑤ 同上。

常怀畏惧。……凡为天子，若惟自尊崇，不守谦恭者，在身傥有不是之事，谁肯犯颜谏奏？"①

四是师友视之。唐太宗在读史过程中，发现许多帝王都因史识、道德上的缺陷而败亡。因此，他强烈意识到有必要通过一定途径提高和完善自己。具体办法是视有才能者为己师："每思臣下有谠言直谏，可以施于政教者，当拭目以师友待之。"②

五是进行奖迁。唐太宗为了鼓励纳谏，不但进行言语上的赞赏，而且进行物质奖励和给予官职升迁。如贞观元年（627年），有个人被判死刑，大理寺少卿孙伏迦进谏，称此人"法不至死，无容泛加酷罚"。唐太宗应允，便赐其兰陵公主园，价值百万。许多人对此表示不解，唐太宗说："即位以来，未有谏者，所以赏之。"③

六是创建制度。唐太宗为求更多逆耳忠言，避免执政过失，还对臣子谏诤进行制度上的规范。于是在登基第一年就诏曰："自是宰相入内平章国计，必使谏官随入，预闻政事。有所开说，必虚己纳之。"④为了给兼听博采创造条件，唐太宗还酌定京官宿省制度，要求五品以上在京官员轮流值宿中书内省，以备随时召见，询问外事，了解民间疾苦和政教得失。

从唐太宗极端重视诤谏的态度来看，疏通言路，促使更多臣子勇于诤谏，对于整个国家的安全稳定是非常有益的，成效也相当显著。

---

① 《贞观政要·谦让》。
② 《贞观政要·政体》。
③ 《贞观政要·纳谏》。
④ 《贞观政要·求谏》。

三、隋唐时期的"明君思想"与国家文化安全

唐代前期政治修明,然到开元盛世末年,开始出现危机。一方面,唐朝大量任用节度使,这些节度使打破国家招募、训练军队的传统,在自己管辖范围内任意发展地方势力,将军队变成不听命朝廷、只效忠自己的私兵。以安禄山为例,其手下拥有雄兵近30万,是当时唐中央禁军数量的3倍之多,这对国家安全造成了严重威胁。地方势力的恶性膨胀和皇帝不修德治,一味强调军事实力的政治理念是紧密相关的。另一方面,自中唐之后,皇帝勤政的法统开始崩坏,皇帝逐渐放任自己,沉溺于后宫和游猎,把治国理政的大权交于旁人。在"安史之乱"后,帝国统治者开始变得多疑,仅仅信赖和自己朝夕相处的宦官,将国之重器——兵权——交于"四贵"[①]全权掌握。于是,国家大权旁落,不但江山社稷不稳,而且皇帝的性命也被掌握在宦官集团手中(其间至少有四位皇帝因此丧命),国家政权结构被破坏殆尽。这些惨痛教训警醒着士大夫阶层,促使他们在为君之道方面提出一些新思想。下面主要介绍罗隐的"明君论"思想。

罗隐(833—909年),原名罗横,字昭谏,杭州新城(今浙江省杭州市富阳区新登镇)人。唐代文学家。从唐大中十三年(859年)年底进入京师开始,参加十多次进士试,全部铩羽而归,史称"十上不第",改名罗隐,隐居于九华山。光启三年(887年),归依吴越王钱镠,历任钱塘令、司勋郎中、给事中等职。罗隐生活在唐代末期,对因皇帝不履行为君之义务从而导致天下凋敝的感触很深。他提出了"明君"的几个思想层面。

[①] "四贵",即两名枢密副使和两名神策军中尉,执掌着国家军令权和军政权。

其一，修仁德。贵贱、强弱都是"自然之理"，但君长并不是取决于地位和力量，而是取决于是否有"仁德"。《贵贱》有云："处君长之位非不贵矣，虽莅力有余而无德可称，则其贵不足贵也。居黎庶之内非不贱矣，虽贫弱不足而有道可采，则其贱未为贱也。"[1]在这篇文章中，罗隐将有无仁德作为衡量贵贱的标准，超越了封建纲常，具有民本意蕴。在《强弱》中罗隐又指出："（强）盖在乎有德，不在乎多力也。"[2]由此可见，在罗隐看来，君主的势来自仁德，有仁德的帝王方能安全地统治全国，并受到臣下和百姓的拥戴。

其二，应俭朴节约。罗隐在《损益》中分析了帝王尚俭的重要性，他说："夫万姓所赖，在乎一人；一人所安，资乎万姓。则万姓为天下之足，一人为天下之首也。"明确指出君主与百姓之间存亡与共之关系，然后又通过对比点明："处唐虞之代，则比屋可封；居桀纣之朝，则比屋可戮。"其原因在于"人君有所损益也。然则益莫大于主俭，损莫大于君奢。奢俭之间，乃损益之本也。"[3]皇帝不能贪图享乐，更不能浪费国家财力和物力，要做到勤俭节约。有了皇帝作为表率，整个天下的经济就能向好，人民安居乐业。

其三，应选贤任能。在《敬慢》中，罗隐还指出："明主之于天下也，设坛授将，侧席求贤，赍束帛于丘园，降安车于途巷，故得真龙就位，振鹭来庭，天下荣之，愿从其化也。昧主之于天下也，披裳接士，露发朝人，视贤良若草芥，比黎庶为豕畜，是以白驹投谷，飞鸿逝云，天下恶之，愿逃其耻也。"[4]显然，罗隐针对唐代中期之后皇帝用人不明提出了自己的批评意见，在任用国家官员的时候，

---

[1]《两同书·贵贱》。
[2]《两同书·强弱》。
[3]《两同书·损益》。
[4]《两同书·敬慢》。

务必贯彻选贤任能的标准。皇帝放下身段，表现出求贤若渴的样子，天下的贤能自然蜂拥而至，绝不会再出现兵权系于宦官集团之手的悲剧。

以罗隐为代表的晚唐思想家提出"明君论"，其实就是想从政权结构的最高处进行改革，对皇帝的个人品德和能力提出了更高要求。

第二节　隋唐时期国内文化安全建设实践

一、隋唐时期维护价值观念的文化安全建设

（一）"摒弃封建，重申郡县"：维护政治层面的价值观安全

在中国古代，国家政权或者说皇权乃是政治结构中最为核心的要素，而历代统治者最为关切的也是国家政权、皇权是否稳固的问题。在秦代之前，实行的是封建制度，天子作为天下共主，是整个天下的最高统治者。在天子周围，按照血缘宗法体制分封一大批贵族，作为国王的藩屏，在朝聘制度的规范下，履行着保护周天子的使命。这个制度相当稳定，盛行了很长一段时间，直到东周平王东迁之后，周天子实力衰微，再无力量驭下，导致春秋战国诸侯争霸局面。自秦征服关东六国，又建立起了一种全新的行政体制——郡县制。在秦所确立的郡县制中，地方不再被分封，而是由秦帝国任命的官僚集团作为中央政府的实际代理人，去实施管理和统治。这些官员并不是世袭的，在一套行之有效的考核制度规范下，他们严格执行着来自上级的命令，并最终以自己的行政业绩作为升迁之

凭借。

但是，自郡县制实施以来，一直就有不少思想家对其进行批判，认为这种制度会严重危害国家安全，尤其是在面临国内外重大叛乱、军事入侵的时候，中央政权一旦无法抵御排山倒海的进攻，都城被占、社稷倾覆，将导致亡国的巨大悲剧。思想家们认为，应当采取西周时期的封建制，将国家实力分散布置，就算遇到危害国家安全的重大变革，也能通过各地分散的军力采取"勤王"行动，确保国家安全。

以唐太宗为首的统治集团经过一系列讨论，最终放弃了封建制，而义无反顾地选择郡县制，为中国政治层面的价值观安全创制了新的思想源泉。

1.唐代统治者的郡县制国家安全价值观

贞观初年，朝廷中有一次重大的政治辩论，即实行封建制还是实行郡县制。事情的起因是这样的，唐太宗对大臣萧瑀说："朕欲使子孙长久，社稷永安，其理如何？"萧瑀答道："臣观前代国祚所以长久者，莫若封诸侯以为磐石之固。秦并六国，罢侯置守，二代而亡；汉有天下，郡国参建，亦得年余四百。魏晋废之，不能永久。封建之法，实可遵行。"[①]萧瑀是守旧贵族势力的代表人物，年仅9岁就受封新安郡王，因此他极力鼓吹封建制。他的奏议也引起了唐太宗的注意，于是群臣"始议封建"，魏征、长孙无忌、于志宁、马周等人都反对封建制，但系统深刻阐述"反封建制"观点的，首推李百药的奏疏《封建论》。

李百药认为时移世易，就当下国情而言，实行郡县制乃必然之趋势，而那些赞成封建者，是抱残守缺，不通古今变化。李百药进

---

① 《旧唐书·萧瑀传》。

而又分析封建制的危害，他借"春秋二百年间，略无宁岁"[1]的史实来说明，封建制造成了连绵不断的攻伐征战。因此，李百药极力推崇郡县制，主张设官分职，任贤使能，即内外百官均由中央朝廷决定。

《封建论》表现出维护国家统一、反对分裂割据的进步倾向，充分肯定了郡县制取代封建制是历史的进步。李百药以其卓越政见得到了唐太宗的认可，唐太宗也因此将郡县制这种政治层面的国家安全价值观固定下来。自此以后的1000多年里，郡县制的国家政治基本结构成为定制，相沿不改。

2.柳宗元拥护郡县制的《封建论》

唐代中期，宦官专权，藩镇割据愈演愈烈，严重威胁中央政权的稳定，以"二王八司马"为代表的统治阶级发动"永贞革新"，旨在反对藩镇割据，维护国家统一。柳宗元在革新失败后撰写了《封建论》。这是"永贞革新"政治实践的理论总结，也是对于封建制与郡县制的国家安全政治价值观的历史总结。

柳宗元从人类的演变发展分析封建制出现的原因。他认为在人类历史发展之初，由于环境极度恶劣，人类无法保障正常的生存和生活，于是开始组建结盟，通过集聚更多人的力量，保障团体内每一个人的生存和生活需要。随着人类结盟团体之间竞争不断加剧，最终天下便一统于天子。

秦大一统后，没有沿袭分封而设立郡县，但秦速亡也成为时人反对郡县制的攻评点。柳宗元认为"时则有叛人而无叛吏"，秦的灭亡"咎在人怨，非郡邑之制失也"。秦依势行郡县制，本是历史进步之体现，不能单一地将其速亡归咎于设立了新的行政体制。汉初出

---

[1] 《旧唐书·李百药传》。

于国情原因，一度也实行封建制，结果却是"奔命扶伤之不暇，困平城，病流矢，陵迟不救者三代"。继而柳宗元指出"时则有叛国而无叛郡"，该论断正是郡县制优越性之体现。①

此外，柳宗元还指出汉中期后，皇帝极力推崇郡县制意在中央集权。若继续实行封建制，则权力分散，不利于国家统治。反观郡县制体系下，若地方官吏消极怠政或有违政德，则可以随时罢黜，另选贤能。官吏任用大权直接由中央朝廷专有。同时，郡县制还瓦解了地方军政大权，可以避免重蹈封建制下诸侯犯上作乱之隐患。显然，柳宗元对封建制的剖析，是从当时藩镇割据时刻威胁中央政权的现实国情出发，他的《封建论》为摒弃分封、推行郡县提供了坚实的理论基础。

（二）"礼法合一，忠孝差序"：维护法律层面的价值观安全

隋唐时期作为中国中央集权社会发展的鼎盛期，亦是法制走向成熟的时期。"中国古代刑事法律的儒家化至隋唐律典制颁而定型，而尤以现存的《唐律疏议》为典型代表，《唐律疏议》可谓集中国古代刑事法律儒家化之大成。"②换言之，一部唐律的诞生，标志着中国法律的儒家化始告完成。此时，儒家思想如同涓涓细流早已渗透到国家安全法律层面的各处。

1. 以"三纲五常"为核心的儒家伦理道德思想全面融入法律

"三纲"作为维护封建专制制度的精神支柱和制订封建法律的根本原则③，自汉代确立以后便备受历朝统治者重视。唐律开篇《名例律》有云："五刑之中，十恶尤切，亏损名教，毁裂冠冕，特标篇首，

---

① 《柳河东集·封建论》。
② 俞荣根：《儒家法思想通论》，商务印书馆 2018 年版，第 664 页。
③ 杨鹤皋：《中国法律思想通史（下）》，湘潭大学出版社 2011 年版，第 637 页。

以为明诫。"①实际上，被唐朝统治者视为毁坏名教、常赦不原的十恶重罪正是"三纲"思想的渗透与集中体现。

"十恶"之中最重的"谋反""谋大逆""谋叛""大不敬"四项罪名专门针对保护君权而设，前三项首重一"谋"字，着力强调对"不忠"犯罪思想的管控和惩戒，而不论是否有具体危害皇权和江山社稷的行为或是否造成了严重的危害结果。"大不敬"则比较宽泛，只要是对皇帝人格尊严造成伤害便是"无肃静之心"，是对"君之权柄——礼"的僭越。犯此四类罪者，一般主犯非斩即绞，其家属亦在缘坐之列，不是被流放极边之地，便是没入官府为奴为婢。这在一向以"宽平"著称的唐律之中，已是最严厉的处罚，充分体现其"恶莫大于不忠"②的立法原则。当然，唐律对君主专制的维护，并不限于《名例律》中的十恶之条，《名例律》后的《卫禁律》一篇几乎就是为皇帝专设，其如律疏所言："卫者，言警卫之法，禁者，以关禁为名，但敬上防非，于事尤重，故次名例之下，居诸篇之首。"③同时，散见于其余诸篇的法律条款中，对"皇权不可擅分""皇帝名讳不得触犯""皇帝的服御之物不可僭用"等诸多方面均有详细规定和严格定罪处罚。④有学者统计："一部唐律只有500条，其中涉及维护专制政权及君主人身安全的即有90多条，占全部律文几近1/5。而唐律规定处以死罪200余条，事涉这方面的就有20多条。"⑤可见，唐律对君主权利的保护以及专制统治的维护多么详尽周到。尤值一提的是，为了保障君主适用法律中的无上地位，立法者甚至不惜打

---

① 《唐律疏议·名例·十恶》。
② 《忠经·政应章》。
③ 《唐律疏议·卫禁》。
④ 详论参见陈红太：《从秦、汉律到唐律的变化看齐儒学对中国刑律的影响》，《政法论坛》，2006年第6期。
⑤ 陈鹏生主编：《中国法制通史（第4卷）》，法律出版社1999年版，第128页。

破"罪刑法定"[①]原则，赋予皇帝临事专断的司法特权[②]，"君为臣纲"的思想由此更体现得淋漓尽致。

"十恶"之中次重的"恶逆""不孝"二条旨在保护父权而设，对于殴打、谋杀、告言、诅詈祖父母、父母，（祖父母、父母在）别籍异财，供养有阙；居父母丧，身自嫁娶，作乐、释服从吉；闻祖父母、父母丧，匿不举哀，诈称祖父母、父母死这一系列行为均列入此二罪的严厉打击范畴。不仅如此，父母对子女还享有法定的主婚权与训诫以及财产处分权[③]，但无对等义务。唐律如此规定，正是为了彰显"夫孝，德之本也"[④]的父为子纲伦理思想。

"十恶"之中再重的"不睦""不义"二条则是为维护夫权而设。对妻殴打、控告丈夫、闻夫丧匿不举哀、作乐、释服从吉及改嫁等行为均列入定罪量刑的范围，若有杀夫行为，则上升为"恶逆"犯罪，更要从重处罚。相反，丈夫对妻子若有以上类似的行为，不仅享有非减即免的种种特权[⑤]，在婚姻关系上，还占据"七出休妻"的主动权，而妻"三不去"的对抗条款则略显苍白。显然，唐律相关规定尽显"夫者，妇之天"的夫为妻纲伦理思想。

至于"五常"，若脱离政治意义则在唐律中比较鲜见[⑥]，但并不代表毫无踪影。譬如《断狱律》"拷决孕妇"条之规定，便是为了避免

---

① 《唐律疏议·断狱·断罪不具引律令格式》。
② 《唐律疏议·断狱·辄引制敕断罪》。
③ 三项权利分见《唐律疏议·户婚·嫁娶违律》《唐律疏议·斗讼·子孙违犯教令》《唐律疏议·户婚·同居卑幼私辄用财》。
④ 《孝经注疏·开宗明义章》。
⑤ 《唐律疏议·斗讼·殴伤妻妾》。
⑥ 学界普遍认为，自董仲舒提出的"三纲五常"被确立为封建正统法律思想之后，后继执政者为了保障政治统治，有意强化对政权稳定有利的近于法家的"三纲"而削弱先秦儒家倡导之"五常"，这一点在唐律有集中体现。正如苏亦工教授所言："通观唐律，尽管其中充斥了'不敬''不孝'之类的罪名，但找不到一条是制裁君不仁、父不慈、兄不良、夫不义、长不慧的。"他直言唐律虽"一准乎礼"，但实际上有"仁之缺失"。参见苏亦工：《唐律"一准乎礼"的辨正》，《政法论坛》，2006年第3期。

"以母戕子，伤生害善"①而适度给予犯罪者一些缓决缓刑的优待，体现了立法者的仁爱之心。又如《名例律》中"不义"条将杀"见受业师"列入打击对象，"见受业师"虽特指官学中伏膺儒业的师傅，实际上亦是对"师生恩义，尊师重道"等儒家伦理的弘扬，与本条其他或贵或亲的保护对象有本质区别。再如《杂律》"不应得为"条，历来被称为打击各种违反儒家伦理价值观的兜底条款。实际上该条的适用不仅对于司法官员来说是智的体现，对于民众而言亦是智的考验，只有具备孟子所说的"是非之心"，才能有效避免"不应得为"的违法行为。

当然，唐律中的儒家思想并不限于前述"三纲五常"，仅"十恶"之"疏议"就全面征引儒家基本道德观念：忠、孝、天常、人理、道、德、礼、义、仁、爱、敬、情、睦等②，其余诸篇所涵盖和渗透的儒家伦理道德思想便可想而知。

2."差序礼治"核心原则贯穿唐律之中

差异性秩序的社会是儒家心中的理想社会，礼则是维持这种社会差异的工具。所谓礼者，在于"序尊卑、贵贱、大小之位，而差外内、远近、新故之级者也"③。实际上儒家正直观完全法典化的另一个集中表现，正是唐律对礼等差性原则的吸收，并通过法律条款将之展现出来，即清人所说的"一准乎礼"④。具言之，它主要包括三方面内容。

第一，唐律无微不至地优礼臣下。⑤自汉儒贾谊力争"刑不上大夫"特权以来，经过魏晋南北朝诸如八议、官当之制的立法构建，

---

① 刘俊文：《唐律疏议笺解（下）》，中华书局1996年版，第2096页。
② 陈鹏生主编：《中国法制通史（第4卷）》，法律出版社1999年版，第690页。
③ 瞿同祖：《中国法律与中国社会》，中华书局2003年版，第295—297页。
④ 《四库全书总目提要·史部第三十八政书类二》。
⑤ 《唐明律合编·名例》。

至唐朝终于建立起"议、请、减、赎、当、免"①的完整官贵特权法体系，并有"应议、请、减……不合拷讯、皆据众证定罪"②之规定作为司法保障，使得贵族和官僚们真正获得"有罪无刑"的特殊优待。

第二，唐律区别身份地位实行同罪异罚，所谓"尊卑贵贱，等数不同，刑名轻重，粲然有别"③。言尊卑者，通常犯罪者和被害人之间具有血属关系（包括夫妻），其定罪量刑的基本规则是，卑幼犯尊长从重处罚，尊长犯卑幼减免处罚。其犯罪行为通常包括殴杀伤、控告、诅詈等行为。如对于杀伤性犯罪，若卑幼谋杀尊长，一般非斩即绞，最轻者也要流放二千里；而尊长谋杀卑幼，则各依故杀罪减二等处理，即便造成了死伤结果，亦有减免优待。④又如揭发亲属犯罪，卑幼告尊长重可处绞刑，即便尊长犯罪得实亦处卑幼二年徒刑。但若尊长控告卑幼，则仅处杖刑八十，尊长与卑幼血缘愈近，量刑随之减等。⑤至于诅詈行为，若卑幼诅詈尊长，严重者可以列入"十恶"重罪，非斩即绞；即便稍轻微的也要处以徒刑三年。而纵观整部唐律却未见尊长诅詈卑幼的条款。不仅如此，法律甚至还赋予尊长教令子孙的特权。可以想象尊长行使此等权力之时，诅詈之语亦难免，尊卑差别对待如此，可见一斑。⑥言贵贱者，通常犯罪者和被害人之间未有血缘关系，但基于地位上的差别（主仆、上下级、良贱），其定罪量刑的基本规则是，贱犯贵从重处罚，贵犯贱减免处

---

① 乔伟：《唐律研究》，山东人民出版社1985年版，第113页。
② 《唐律疏议·断狱·议请减老小疾不合拷讯》。
③ 《唐律疏议·贼盗·发冢》。
④ 《唐律疏议·贼盗·谋杀期亲尊长》。
⑤ 分见《唐律疏议·斗讼·告祖父母父母》《唐律疏议·斗讼·告期亲尊长》《唐律疏议·斗讼·告缌麻卑幼》。
⑥ 分见《唐律疏议·名例·十恶》《唐律疏议·斗讼·殴詈祖父母父母》《唐律疏议·斗讼·妻妾殴詈故夫父母》《唐律疏议·斗讼·殴詈夫期亲尊长》。

罚。其犯罪行为通常包括殴杀伤、控告、奸非等行为。如奴仆谋杀主人皆处斩刑，即便是过失杀人亦处绞刑；而主人殴奴仆导致其死亡的，却仅处徒刑一年，若奴仆有罪而杀之，仅杖一百，若是过失杀人甚至勿论定罪，更遑论处罚。① 又如奸罪的惯常量刑是徒一年半，但若是部曲、杂户、官户奸良人则罪加一等，徒二年，奴良人者则徒二年半；但若对象只是同样贱人身份的官私奴婢，仅杖九十，犯罪对象良贱不同，刑罚差异十分明显。②

第三，唐律严格维护贵贱者法律主体资格的不平等性。贵者与贱者既不能随意缔结婚姻关系，更不能随意成立收养关系。③ 如此规定，保护各阶级的稳固性意图再明显不过。

（三）"亲邻同里，相互扶助"：维护道德层面的价值观安全

中国一直有聚族而居的历史传统，在古代社会中，亲邻关系之亲是指由血缘联系的家庭、家族和宗族。邻为邻里，是指地缘关系，当然也包含着血缘关系。隋唐时期的统治阶层利用民间本就存在的亲邻聚居的社会结构，制定相应法律和政策，将邻居之间相互扶助的美好社会风俗固定化、制度化，形成一种道德价值观层面的安全文化。同时，唐代统治者还积极组织人员编撰《大唐开元礼》，并借助其重新厘定当时社会的基本单位——家庭宗法结构，起到了良好的"正风俗"之作用。

1. 对亲邻关系的制度性营造

隋唐政府推行的乡里制度，其实就建立在亲邻关系之上，在实

---

① 分见《唐律疏议·贼盗·部曲奴婢谋杀主》《唐律疏议·斗讼·主杀有罪奴婢》《唐律疏议·斗讼·主殴部曲死》《唐律疏议·斗讼·部曲奴婢过失伤主》。
② 分见《唐律疏议·杂律·奸》《唐律疏议·杂律·奴奸良人》。
③ 分见《唐律疏议·户婚·养杂户为子孙》《唐律疏议·户婚·奴娶良人为妻》《唐律疏议·户婚·杂户官户与良人为婚》。

际生活中，乡里制更多地体现为邻里制。早在开皇九年（589年），隋文帝就"制五百家为乡，正一人；百家为里，长一人"①。后肱股名臣李德林又上奏，请求"置五百家乡正，即令理民间辞讼"②。到了唐代，已是"百户为里，五里为乡。四家为邻，五家为保。在邑居者为坊，在田野者为村。村坊邻里，递相督察"③。乡里的重要功能在于组织亲邻纳税、应役及维持社会治安。唐代律法还规定："五家为邻，五邻为里。既同邑落，邻居接续，而被强盗及杀人者，皆须递告，即救助之……虽不承告，声响相闻……力势不能赴救者，速告随近官司。"④可见唐代以乡里为单位的邻里，在发生抢劫、杀人等治安事件时，负有相互救助的法律义务。同时，隋唐一度所推行的均田制，也主要是在邻里和乡党之间进行。通过法律和事实上的经济联系，一种邻里互助的新风尚被营造起来。

2.《大唐开元礼》对家庭结构的重新厘定

《大唐开元礼》坚持贯彻儒家"缘情制礼"原则，集中体现在丧服之制上。譬如丧服之中的叔嫂服，由于关系相对疏远，自古就形成了"叔嫂不通问"⑤之惯例，因此在丧服上，叔嫂无服。到了唐代，本着"德礼为政教之本"的原则，《大唐开元礼》将叔嫂酌定为小功，即五服中第四等丧服，充分体现了儒家礼治之下的人文关怀。

从内容上看，《大唐开元礼》中的五服制度，详细而全面，集前代丧服礼仪之大成。同时，它又成为唐以后历代官私制定礼仪之范本，如《政和五礼新仪》《朱子家礼》《大明集礼》等，皆以之为楷模。

---

① 《隋书·高祖纪》。
② 《隋书·李德林传》。
③ 《旧唐书·食货志》。
④ 《唐律疏议·捕亡·道路行人不助捕罪人》。
⑤ 《礼记·曲礼》。

从体例上看,《大唐开元礼》的五服制度是以正服、加服、降服、义服的形式来排列的。这与《仪礼·丧服》在体例上差异较大,但《大明集礼》中仍沿用《大唐开元礼》的体例,这充分说明《大唐开元礼》在丧服体例编排上,已经成为后世定制。

总而言之,《大唐开元礼》将中国家庭结构与亲属关系,重新加以厘定,并通过丧服的规定加以落实。此后,不论国家礼典抑或私人家礼,都以《大唐开元礼》的丧服制度为范,来衡量当时的亲属关系。《大唐开元礼》细化了当时社会基本组成单元家庭内部秩序,维持了良好的道德风俗,增强了家庭抵抗外部风险的能力。

二、隋唐时期维护生活方式的文化安全建设

(一)语音与经义:维护语言文字安全

1.孔颖达的《五经正义》

孔颖达的《五经正义》在中国经学史上具有重要地位,该书不仅集汉魏晋隋各家释经之大成,更是经学由"分裂"走向"统一"的标志。孔颖达通过在书中运用经注并释的义疏体例,坚持宗一家之注而释经,并适时加以补充与完善,促成了南北经学"一统"局面的形成。他的努力消解了当时社会上对于重要经典的大量歧义和误读,客观上促进了隋唐时期的语言文字安全。

《五经正义》既为解决经学解释杂乱纷呈之问题,亦是唐代加强中央集权,维护国家政治一统的现实需求。事实上,自汉代伊始,包括"五经"在内的儒家经典的诠释就派别林立,各为生意,一时间处于水火不容之势。魏晋以降,受玄学与佛学之风的影响,儒家经典的诠释又处于相对衰落之趋势,大体上北方政权多承汉学,而南方政权则多有改造。到了唐代,学术上的争鸣,让统治者意识到

有必要进行思想文化的统一，这样才有利于维护国家政治一统。正是承此背景，孔颖达受命主持编定《五经正义》。

基于学术与国家安全双重"统一性"的需要，《五经正义》对"五经"的诠释奉行"以一家为宗"的原则。《尚书正义》以孔安国传为范，《礼记正义》以郑玄注为范，《毛诗正义》以毛亨传、郑玄笺为范，《周易正义》以王弼、韩康伯注为范，《礼记正义》以杜预集解为范。同时，《五经正义》还坚持"疏不破注"的原则，最大限度保留了所取范本的原意。当然，孔颖达在有利于维护皇权和政权稳固和一统之处，则更为强调。譬如，他在《尚书正义》中疏解《洪范》"惟辟作福，惟辟作威，惟辟玉食"时，就直接言明"惟君作福，得专赏人也。惟君作威，得专罚人也。惟君玉食，得备珍食也。为臣无得有作福、作威、玉食，言政当一统，权不可分也"[①]。

2. 陆法言的《切韵》

一般认为，语言文字安全不仅包括对于该文明经典著作的统一性解释，还包括对于一些基本字词读音的统一，否则，国家的各个组成部分就有逐渐分离的趋势。隋代陆法言编纂的《切韵》就是一部集前代韵书的大成之作。该书问世后，"时俗共重，以为典规"。《切韵》的编纂宗旨是"广文路""赏知音"，其要义在于"正音"，维护国家文化层面的统一。

在"广文路""赏知音"编纂宗旨的引领下，陆法言针对前代韵书"各有乖互"的状况，确立了"捃选精切，除削疏缓"的编纂原则。其如《切韵》序云："吕静《韵集》、夏侯该《韵略》、阳休之《韵略》、周思言《音韵》、李季节《音谱》、杜台卿《韵略》等，各有乖互。江东取韵，与河北复殊。因论南北是非，古今通塞，欲更

---

① 《尚书正义·洪范》。

捃选精切,除削疎缓。"①

《切韵》的资料来源有三个系统:一是诸家韵书,即所言五家韵书;二是古今字书,如《说文》《玉篇》等;三是"以前所记",即夜宿陆法言家的九位同人论难音韵,陆法言随手记录的材料。"以类相从"原是辞书编纂的核心原则,但不同类型的辞书,所依"类"不同,故训释重点也各异。《尔雅》"以义类聚",重在释义。《说文》"以形类聚""据形系联",重在释形。二者皆以释义为主。而《切韵》则是"以音相从",重在释音,兼及释义。从《尔雅》至《说文》,再到《切韵》,辞书释义、释形、释音的三大功能体系得以全面确立。

总之,《切韵》的释义思想和方法,在正本清源的同时,也维护了国家语言文字的安全,其立意和编排方式亦为后世韵书释义所沿用。

(二)婚姻和节日:维护风俗习惯安全

1. 隋唐时期的婚姻风俗

隋唐时期是中国历史上民族大融合之后,中原政权在南北朝废墟上所崛起的一个历史阶段。大量北方游牧民族精纯、野蛮的血液和风俗混入,导致这一时期产生了较为开放、自信的婚姻风俗。对统治者而言,一方面严格禁止外族对国人婚姻权利及风俗习惯的侵犯,另一方面又着力提升国内女性婚姻自主权利,这些措施都从风俗习惯层面维护着国家安全。

其一,在涉外婚姻中,严格保护国人权益,禁止私缔婚姻。《唐律疏议》规定:"(与化外蕃人)共为婚姻者,流二千里。未成者,各

---

① 《全隋文·切韵序》。

减三等。"国人私自与化外人通婚，要处流放刑，按照唐代笞杖徒流死五等刑制轻重排序，流刑是仅次于死刑的刑罚，即便婚姻未成，按照疏议解释，仍然要处徒二年，不可谓不重。同时，还规定："诸蕃人所娶得汉妇女为妻妾，并不得将还蕃内。"[①]化外人如果定居在大唐国土之上，可以与汉人妇女结为夫妻，但不允许将她们带回藩国。从这两个法条观之，立法者的目的很明确，就是要峻夷夏之防，维护国内婚姻良俗。

其二，开创义绝和离之制，给予女性更大的婚姻自主权。在男尊女卑的封建社会，丈夫被视作妻子的天，婚姻方面男方也占据绝对主导权，有"七出"休妻之权，即凡妻子有无子、淫泆、不事舅姑、口舌、盗窃、妒忌、恶疾七种行为之一，丈夫可以依律休之。很明显，此条继承了夫为妻纲的传统。当然，为了进一步维护婚姻稳定，促进家庭与社会和谐，立法者也在一定程度上对女方权利作了考虑，其中，义绝和离是一显例。《唐律疏议》规定："诸犯义绝者离之，违者，徒一年。若夫妻不相安谐而和离者，不坐。"[②]按疏议解释，男女结为夫妻，本是情义所致，若情义不再，婚姻自然难以存续，当离则离，不离反而是违法，要受到徒一年的刑罚。义绝和离的规定很大程度上平顺了社会戾气，有助于良好风俗的产生，并带来了国家和社会秩序的稳定。

2.隋唐时期的国家节日庆典

隋唐时期，随着社会生产力的提高，城市社会分工不断细化，商品生产、流通、交换愈加频繁，几乎所有居民都能感受到王朝的恢宏之音。节日、庆典丰富多彩，名目繁多，隆重程度不一。统治者对节日、文娱的重视，上层贵族的亲自参与，外来文化的融合与

---

① 《唐律疏议·卫禁·越度缘边关塞》。
② 《唐律疏议·户婚·义绝离之》。

影响，共同推动了群众性节日和文娱活动的发展，促使隋唐时期的节日庆典呈现出开放、包容的特点。而强调传统节日、庆典，也从客观上促进了对国家传统文化风俗的传承和保护。兹举数例。

元日。正月初一叫"元旦"，也叫"元日""元辰""元朔""朔日"，是自古以来最为隆重的节日。每逢这一节日，无论是权贵阶层还是平民百姓，皆会通过各种途径参与和庆祝。宫廷里会举行盛大的朝会典礼，皇帝会接受百官朝贺，又将柏叶、屠苏酒等物赐给群臣，以示同贺新年。

端午节。五月初五为端午节。关于"端午节"，龙朔元年（661年），唐高宗与侍臣许敬宗有一段对话，可见该节日的来历及当时唐人的风俗。唐高宗问身边近臣："五月五日，元为何事？"许敬宗回道："《续齐谐记》云，屈原以五月五日投汨罗而死，楚人哀之，每至此日，以竹筒贮米投水祭之。汉建武中，长沙区回，白日忽见一士人，自称楚三闾大夫，谓区回曰：常所遗，多为蛟龙所窃，今若允惠，可以楝树叶塞筒，并五彩丝缚之，则不敢食矣。今俗人五月五日作粽，并带五彩丝及楝叶，皆汨罗遗风。"[①]从高宗与许敬宗的对话可以看到，唐人过端午节有用五彩丝、楝叶包粽的习俗。

重阳节。重阳节在农历九月初九，因为这天月与日都是阳数"九"，故名。唐代城市中的重阳节那天，人们要做四件事。一是食糕，有麻葛糕、米锦糕等多种糕点；二是饮菊花酒；三是插茱萸在头上或佩戴于身上；四是登高。四者之中，登高是重阳节最主要的活动，大诗人王维于重阳登高之余，写下一首千古名作《九月九日忆山东兄弟》，诗云："独在异乡为异客，每逢佳节倍思亲。遥知兄弟登高处，遍插茱萸少一人。"短短几十个字，就将他乡游子的思乡

[①]《唐会要·节日》。

怀亲之情尽显无遗。

　　总体来看，隋唐时期绝大部分节日与庆典都独具特色，这和当时国家政治清明、经济繁荣、社会稳定、文化多元发达、对外交往频繁是分不开的。无论皇亲权贵还是布衣百姓，无论唐人还是其他少数民族或化外蕃人，大家共同推动着节日和庆典的形成。这些节日和庆典无不统辖于中华传统文化的范式之下，并深深地影响着那个时代的每一个人，令他们无不以自己是中华文明的一分子为骄傲。

（三）本土与外来：维护宗教信仰安全

1. 大力推崇本土宗教

　　繁荣昌盛、王朝统一的隋唐时期，尤其是唐朝，在中国国家安全发展历史中占据了极其重要的地位。唐朝是道教发展历史上一个重要时期，道教伴随着当时的政治环境与政治需要而逐渐发展壮大，并渗透到了唐代社会的各个阶层。不仅如此，道教还一度成为整个国家举足轻重的主要信仰，在对抗外来宗教势力渗透活动中起到了很好的预防和抵御作用。

　　早在秦汉，道教就开始萌芽，作为本土宗教开始对国家政治产生影响。但历经魏晋南北朝，无论是影响力还是自身发展都无法与儒、佛两派相提并论。自隋文帝杨坚再次统一全国，建立隋朝以后，出于巩固政权、维护社会稳定以及大一统国家安全之目的，杨坚不再延续之前极度尊崇或极力贬低某个宗教的做法，而是迎合大众心理，及不同宗教信仰的需要，积极促成"三教合一"。在这一背景环境下，道教逐渐发展壮大起来，成为维护封建统治的有力工具。待隋炀帝杨广登基后，他便召见了宋玉泉、孔道茂等有名望的道士，并给予他们优渥的待遇，自此隋朝掀起了一股崇道热潮。

　　到了唐代，道教得到了更广泛的支持。唐高祖李渊推翻隋政权，登基称帝之后，多次宣称"李氏将兴，天祚有应"[1]"历数有归，实惟天命"[2]，极力彰显自己皇位的正统性。他将同为李姓的老子奉为先祖，又颁《先老后释诏》："老教、孔教，此土先宗，释教后兴，宜崇客礼。令老先，次孔，末后释。"[3]李渊将儒释道三教的地位和序列作了排列，道教居首，儒教次之，佛教最后。这个诏令从法律层面确立了道教位居国教的统治地位，对整个大唐树立崇道的宗教文化起到了奠基作用，为后来历任皇帝所效仿。

高祖之后，太宗李世民延续高祖的崇道思想，并实施了多项政策，提高和巩固了道教的地位。太宗先是册封老子为"太上老君"，后又颁布诏令，将道士、女冠排在僧尼之前。太宗在亳州还修建了一所老君庙，并赐其享受20户的封户待遇，和孔庙地位一致。唐高宗李治登基后，便到太宗所设老君庙拜谒，并为老子加封"太上玄元皇帝"，这也是老子首次拥有皇帝尊号。上元元年（674年），武则天建言，要求举国上下研习道家经典《道德经》，又在明经科中增设老子策，通过与科举取士的前途和利益相绑定，力助道教成为国教。到了玄宗时，对道教的推崇达到顶峰。他先是继续神化老子，尊老子为"大圣祖高上大道金阙玄元天皇大帝"，以此抬高老子地位。后令各州立玄元皇帝庙，命人绘老子像，强化老子神仙圣人之形象。玄宗统治期间，道教经典《老子》《庄子》《列子》被奉为道教真经，更名为《道德经》《南华经》《冲虚经》。玄宗本人不仅亲受符箓，还给宠妃杨玉环谋得"太真"的道号。

纵观之，道教于唐代的兴盛绝非偶然，统治者所采用的诸多崇道政策，都是基于维护政治统治出发的。正是因为这个因素，道教

---

[1] 《旧唐书·高祖纪》。
[2] 《新唐书·高祖纪》。
[3] 《唐文拾遗·高祖皇帝》。

随之逐渐发展壮大,并空前繁荣。这一过程使得道教在广大民众中树立起本土宗教的信仰范本,是有助于维护国家宗教安全的。

2. 限制或同化外来宗教

自儒家经典在汉代被奉为治国指导思想,后继学者多承儒学而少有逾越,这一度造成儒学日益僵化之局面。魏晋南北朝时,玄学与佛学逐渐盛行,二者都极大地冲击着儒学。不仅如此,玄学与佛学之间也相互影响,其教徒们或以玄学义理阐发佛学经典,或以佛学义理剖析玄学命题,玄学、佛学与儒学大有分庭抗礼之势。

在思想家王通看来,佛教思想存在许多理论缺陷,如不敬王者、不孝父母、不养妻子、不蓄头发、不事农桑、不纳赋税,佛教徒所宣扬的这些思想与中国传统道德相悖,是不利于国家政治和社会发展的,故佛教要想成为中国的国教几无可能。王通再指出:"或问佛,子曰:'圣人也。'曰:'其教何如?'曰:'西方之教也,中国则泥,轩车不可以适越,冠冕不可以之胡,古之道也。'"[①]王通把佛教在中国的情形作了形象的比喻:它就像轩车不可畅行于越地,而冠冕不适合西方人穿戴一样,这是古之常理。在王通眼中,任何思想都有其产生的特殊社会历史背景,佛教可能适合西方国家,却不是放之四海而皆准的。这就从文化论的角度,对佛教在中国产生巨大影响提出了鲜明质疑。

当然,在王通看来,并不需要采取诸如"灭佛"般的极端措施。他认为,对外来宗教进行限制和同化就能起到很好效果,并把外来宗教在历史中所形成的影响力为己所用。因此,他又提出:"子读《洪范谠义》,曰:'三教于是乎可一矣。'程元、魏征进曰:'何谓也?'子曰:'使民不倦。'"[②]王通本人虽是大儒,但他并不排斥其他

---

① 《中说·周公篇》。
② 《中说·问易篇》。

宗教。在他眼中，儒家也好，佛道也罢，皆为国家政治服务，如果能够妥善利用佛教、道教有利于维护国家统治和安全的一面，那么这些宗教都有其存在的意义和价值，此即"三教可一"。换言之，儒道佛三家应当相互依存，各取所长，儒可以兼善道佛，更有利于维护其正统地位。

在王通思想的基础上，柳宗元进一步阐发了对于佛教的看法。他的观点也代表着唐中期之后，士大夫阶层对待佛教的基本态度。总体来讲，可用"统合儒释、宣涤疑滞"[1]来形容。

一是主张取"大中"舍"大惑"。柳宗元认为："和尚绍承本统，以顺中道，凡受教者不失其宗。"[2]儒家的大中之道，是先贤圣人的智慧传承与体现，是亘古不变的真理，即便是外来宗教的教徒也应该信守，才不致失去本真。针对佛教宗派林立、互为水火之情势，柳宗元高度赞扬了龙安海禅师为弥合南北之争所作的努力："龙安之德，惟觉是则，苞并绝异，表正失惑。"[3]龙安禅师的佛行，以领悟为准则，包容了各家各派，树立了中正之德，舍弃了谬误。取"大中"舍"大惑"，是应当以为榜样的。

二是主张佛教亦有"夫妇父子"观念。依照印度佛教的原经教义，凡是信奉佛教的教徒，都要舍弃父母、不嫁不娶、不生育，总之要斩断世间一切尘缘，才不碍潜心修行。随着佛教传入中土，逐渐开始适应新的环境，开始世俗化和本土化，原有的佛教教义也有所变化。柳宗元指出："释之书有《大报恩》七篇，咸言由孝而极其业。"[4]孝也是佛教徒修行功德的方式，与儒家推崇孝道并不相悖。元

---

[1] 《柳河东集·序隐遁道儒释》。
[2] 《柳河东集·岳州圣安寺无姓和尚碑》。
[3] 《柳河东集·龙安海禅师碑》。
[4] 《柳河东集·送元暠师序》。

暠和尚作为得道高僧，也是"资其儒，故不敢忘孝；迹其高，故为释；承其侯，故能与达者游"①。污蔑佛教无忠无孝，是不懂佛教真义之人。

三是承认佛学亦有教化作用。柳宗元说："儒以礼立仁义，无之则坏；佛以律持定慧，去之则丧。是故离礼于仁义者，不可与言儒；异律于定慧者，不可与言佛。"又说："儒以礼行，觉以律兴。一归真源，无大小乘。"②佛家所倡导的戒律与儒家所倡导的礼义，在某种程度上殊途同归，都具有教化功能，可以导人向善，使人迷途知返。因此，只要把握住这一点，就可以兼得儒释而行其所长。柳宗元在任柳州刺史时，当地人由于过度迷信鸡卜，导致牲畜被滥杀，田地也逐渐荒废。为了改变这种情况，柳宗元主持修复大云寺，带领百姓拓荒致富，又通过教化人们认识到原来的迷信是无知和愚昧的，最终大家"始复去鬼息杀，而务趣于仁爱"③。

显然，柳宗元将外来宗教进行了符合中国传统政治伦理意义上的转化。在将外来宗教和本土文化相结合的同时，柳宗元创造性地把外来宗教同化为本土既有的国家治理资源来看待，起到了很好的政治效果并维护了国家宗教安全。

---

① 《柳河东集·送元暠师序》。
② 《柳河东集·南岳大明寺律和尚碑》。
③ 《柳河东集·柳州复大云寺记》。

第三节　隋唐时期对外文化安全建设实践

一、"会昌灭佛"：防止外来文化的不良冲击

尽管隋唐有不少思想家对于以佛教为主的外来宗教持有或批评或接受的态度，但是唐代后期寺院经济的恶性膨胀，佛教传播的四处开花，导致无论是国家经济层面还是政治层面，均出现了不小的危机。此时的唐代统治者——唐武宗从维护自身统治安全、推崇道教、转移战争矛盾的角度出发，主导了著名的"会昌灭佛"事件。该事件一方面加强了中央集权，缓解了社会危机，另一方面也导致佛教在中国衰微，阻碍了外来宗教在本土的传播与发展。从国家文化安全的角度来看，"会昌灭佛"是有一定积极意义和作用的。

唐初实行均田制，规定"凡道士给三十亩，女冠二十亩；僧、尼亦如之"[①]。寺院经济因此成为国家经济的一部分，与此同时，寺院所享受的免赋役等特权也保留了下来，吸引了大量底层劳动人民进入佛门，寺院也跟着急剧膨胀。唐代的寺院经济以田产为核心，主要来源有三：一是朝廷恩赏，二是官绅豪富捐献，三是僧侣地主购置或豪夺。寺院不仅从事经营活动，还侵占田地，盘剥百姓。会昌年间，陇州大象寺管庄园7所，长山县醴泉寺有庄园15所，寺院经济给佛教僧侣提供了物质基础，使得他们的势力不断扩大，进而对国家赋税徭役，以及土地和劳动力需求造成了极大影响。为此，唐武宗在会昌五年（845年）连发几道敕令，先是"敕祠部检括天下寺及僧尼人数"[②]，调查结果是全国有4600余所寺院，僧尼总计260500

[①]《唐六典·尚书户部》。
[②]《旧唐书·武宗纪》。

人。然后"敕并省天下佛寺",其中上都、东都二街各保留两所寺庙,每所寺庙留30僧人。上州各留一寺,下州寺并废。全国节度使、观察使的治所以及同、华、商、汝州各留一寺,并且分为三个等级,上等留僧20人,中等留僧10人,下等留僧5人。① 自此,全国4600余所寺院尽拆,260500僧尼也被迫还俗。

另据《太平广记》记载:"唐会昌中,时有郭天师,暨并州女巫,少攻符术,多行厌胜,监军使携至京国,因缘中贵,出入宫掖,遂赐天师号。"②《旧唐书》也提道:"会昌元年六月,以衡山道士刘玄靖为银青光禄大夫,充崇玄馆学士,赐号广成先生,令与道士归真于禁中修法箓。"③ 由此可见,唐武宗的灭佛行动还带有弘扬本土宗教,抑制外来宗教传播之用意。唐武宗在位仅有短短6年,其间征战连年,对外反击回鹘侵扰,对内平定刘稹叛乱。虽然取得了阶段性军事胜利,但也消耗了大量的人力、物力和财力,使得国库空虚,国家财政越发困难。与此同时,寺庙的扩张使得这一情况变得更加严峻,社会阶层矛盾也日趋尖锐,因此唐武宗灭佛之举,实是以保障国家经济正常运行,维护封建统治为出发点。当然,这场灭佛斗争的胜利,客观上也有力地抵御了外来文化的不良冲击。

二、"遣使来朝":扩大本土文化的对外影响

大唐诗人王维曾写道:"九天阊阖开宫殿,万国衣冠拜冕旒。"形象地再现了包括日本在内的世界各国使臣络绎不绝地来到唐代长安城大明宫的盛况。隋唐时期,中华帝国富裕强大,其灿烂悠久的

---

① 《资治通鉴·唐纪》。
② 《太平广记·狄惟谦》。
③ 《旧唐书·武宗纪》。

文化更是令周边乃至整个东亚地区的人们倾慕向往。这个时期中华帝国的统治者们，也不失时机地推进中土文化向其他国家和地区输送，用中华文明"化人"，构建大中华文化圈，打造更大地理范围内的认同感，确保国家的繁荣和安全。

日本是受唐文化影响最深的国家，从公元7世纪初到9世纪末的200余年里，日本多次委派遣唐使团，远赴大唐进行交流和学习，谋求借鉴大唐先进的治国经验及文化。使团成员主要是留学生、学问僧，如留学生阿倍仲麻吕（晁衡），曾于开元五年（公元717年）受派来大唐进行文化交流。他本来就有较好的文学修养，在大唐入仕做官时也与王维、李白等诗人结下了深厚友谊，后来阿倍仲麻吕回国时被误传于海上遇难，李白还为此写下《哭晁卿衡》，诗云："日本晁卿辞帝都，征帆一片绕蓬壶。明月不归沉碧海，白云愁色满苍梧。"李白的诗歌反映出中日两国在同一文化传统熏陶下，所迸发出的真挚情感。当然，还有一些日本僧侣、学者由于极慕盛唐之风，于是选择永久定居大唐，两国人民因此得以进行更为广泛、持续和深入的文化交流，这也为中日文明史留下一段佳话。

日本遣唐使团除了留学生和学问僧外，还有各种类型的工匠和专业人士，如船师、医师、卜部、画师、音乐长、玉生、锻生、细工生、杂使，等等。遣唐使团通常会携带大量砂金，以便从事贸易活动。同时他们也带来日本特产，如水晶、玛瑙、珍珠等作为贡礼进献给大唐王朝，唐官方则以彩帛、香药等本土物品予以回赠。官方交流活动的频繁，也促使中日两国民间贸易往来蓬勃发展。

以日本留学生和学问僧为代表的文化交流和促进使团，前赴后继地来到中国，开展求学、求法及经贸活动，不仅大力推动了中国文化在整个东亚地区的传播，还极大推进了中国文化的向外扩展，并对很多国家的政治、经济、文化产生了无与伦比的影响。得益于中国文化的影响，这些国家也逐渐从蛮荒走向文明。

三、"开疆拓土"：促进不同文化的交流融合

在中华传统"天下观"政治思想中，天子居于帝国的中央，国家的其他部分按照亲疏远近，由近及远地排列在天子周围，形成一圈圈藩屏，一方面护卫着中央天子的安全，另一方面也从天子那里源源不断地获取经济、文化的滋养。位居中央的天子主要依靠自身德行正风俗、化万民，并在其他国家机器，诸如外交、军事的助益下，逐渐将中华文明向外推动，以影响更大范围的地区和更多国家，最终实现"普天之下，莫非王土"的理想状态。需要强调的是，历代帝王都对该政治设想抱有无比热情，只要条件允许，就会通过一系列手段来达成这个宏伟的政治目标。而隋唐时期均为中央大一统帝国，具备强大的政治、经济、文化实力，加上统治集团的重视，这个时期的国家疆域被大大拓宽，中华文明进入到以前从未涉足的地域，从而促进了不同种族、不同文化之间的交流。

隋初，刚结束南北朝割据分裂的局面，建立大一统王朝的隋文帝就马不停蹄地投入维护边疆地区的稳定之中。他先是在西南地区设立南宁州总管、西宁州刺史，平定当地叛乱，将西南置于中央朝廷的直接统辖，并在云贵川设犍为郡、越郡等郡。后又在西北宁夏、内蒙古等地区，并设灵武郡、朔方郡、五原郡、榆林郡等。边疆地区的有效管治，既是隋朝奠定疆域版图的必要条件，又为唐朝向外开疆拓土打下了坚实基础。

唐朝建立后，统治者本着"以武拨乱"的原则，继续打击和平定边疆少数民族的割据势力。唐太宗登基称帝后，先是灭了东突厥，将西起阴山、北至大漠的广袤之地纳入大唐版图，后又平定吐谷浑，

反击西突厥，并俘虏其首领阿史那贺鲁。彼时各少数民族无有不服，共同尊唐太宗为"天可汗"，视之为天下共主。后来，中亚诸国相继来唐称臣朝贡，大唐在西部的疆界推至咸海，势力范围延至里海。

隋唐的不断开疆拓土以及维护新统治地区的稳定，为不断向外输送中华文化，促进不同文化间融合提供了客观条件。

在具体实践中，逐渐形成了"恩威并施，羁縻而治"的边疆民族政策。"恩威并施"主要侧重于文德，多用怀柔手段；"羁縻而治"则侧重保持强大的军事力量。二者相辅相成，缺一不可。在"羁縻而治"的军事统摄下，隋唐时期对少数民族的怀柔政策主要是和亲与招安。和亲是以牺牲女子婚姻自由和幸福为代价，换来边疆地区较为长久安宁的策略。对于国家统治者而言，这是用最小代价换来最大收益，不仅可让老百姓免受战祸之苦，客观上还冲淡了民族偏见，促进了民族文化交流，加深了边疆地区与中央朝廷的联系，对国家政权的巩固也起到了积极作用。招安则主要是对少数民族部落首领进行册封，册命其为可汗或汗国王，并封官加爵，给予十分优厚的待遇。通过安抚政策，确立了中央王朝与少数民族政权的臣属关系，边疆少数民族地区自然也成为中央王朝的重要组成部分。

总之，隋唐时期的开疆拓土和边疆治理，不仅对维护国家领土完整和安全起到了积极的保障作用，也促进了中原文化与边疆地区少数民族文化的交流与融合。

宋元明清卷

在公元960年至1840年鸦片战争爆发的880年间，我国经历了宋、元、明、清诸朝代，位于4000年中国古代史的后期。由于土地的全面私有化，经济的长足发展，科技文化的大幅进步，特别是各王朝都相对稳定，国祚绵长，因此未再出现如春秋战国、魏晋南北朝及中唐五代那样长时期的国家分裂、社会动荡的局面。总体而言，这段历史精彩纷呈，各王朝都有超越汉、唐的成就。然而，东汉以来佛、道教对以儒家理论为核心的国家主流文化的冲击问题仍然没有得到有效解决，民间宗教对国家政权稳定和国家主流文化的威胁也一直存在。随着蒙古族、满族入主中原，建立全国性的大一统政权，因民族习俗的差异及"正统"观念问题，引发"华夷之辨"，造成了政治及文化上的纷争，国家文化安全趋于复杂。简言之，在该历史阶段，国家文化安全仍然存在各种隐患，受到各方面的威胁。各王朝的统治者在国家文化安全方面进行了一系列的探索和实践，有很多成功的经验，也有教训，值得深入研究。

第一章　宋元明清宗教管理的文化安全作用

在我国古代绝大多数时间里，对以儒家理论为核心的中华主流文化造成威胁的主要是佛教。佛教诞生于南亚，其原始教义与中华主流文化的世界观、价值观虽然也有部分重合，但总体而言，佛教充满了浓郁的异域风情，与中华主流文化格格不入。首先，佛教要求信徒必须"剃度""出家"，这与中华浓郁的孝道文化及注重个人对家族责任的观念严重不符。儒家经典《孝经》开篇即言："身体发肤，受之父母，不敢毁伤，孝之始也。""剃度"与此严重冲突；"出家"则与中华主流文化强调个人对家族责任的观念严重不符。其次，佛教不敬君王，不拜父母，主张转世轮回，也与中华主流文化的核心价值观如"三纲五常""忠孝节义"等严重抵触。佛教理论因此受到一些官僚士大夫的猛烈批判。比如，唐代韩愈即指出："佛本夷狄之人，与中国言语不通，衣服殊制。口不言先王之法言，身不服先王之法服，不知君臣之义，父子之情。"①

尽管如此，由于东汉末年以后的长期战乱，朝不保夕的社会各阶层为求精神寄托，都普遍信奉佛教，致使佛教势力扩大，信徒众多，广占土地和人口。如此一来，不仅影响国家经济甚至政治稳定，

---

① 韩愈：《谏迎佛骨表》，《韩昌黎全集》卷三九。

还对中华主流文化造成了严重冲击，故曾引起"三武一宗"的限制和打击。

道教乃中华本土宗教，在文化上与儒家同源。晋代葛洪指出："仲尼，儒者之圣也；老子，得道之圣也。儒教近而易见，故宗之者众焉。道意远而难识，故达之者寡焉。道者，万殊之源也。儒者，大淳之流也。三皇以往，道治也。帝王以来，儒教也。"①两者各有所长，形成互补，总体上没有扞格，亦为民众普遍接受。但道教势力若过度发展，也会对国家经济和政治产生不利影响，给国家主流文化儒家理论的主导地位造成压力甚至冲击。因此，北周武帝等帝王在限制佛教之同时，对道教亦予以限制。

由于佛教教人修身、行善，有利于对民众的教化，其对一些少数民族的强大影响力也有利于国家对各该民族进行笼络；道教关于医学的研究对国家治理和民生有利，其对长生不老的追求亦符合最高统治者的需求。因此"道、释二门"被认为"有助世教"。另外，"三武一宗"谜一般地英年早逝，也使后世的统治者对佛教心存敬畏，故之后的统治者对佛、道教仍采取优容，甚至推崇的政策。比如，就在周世宗灭佛不久后的北宋前期，太祖就曾派行勤和尚等157人出游西域，求法取经。太宗以后则广度僧尼，多建佛塔，太平兴国元年（976年）即度僧尼17万人，又在五台山、峨眉山、天台山等处修庙造像；真宗天禧三年（1019年）又度僧230127人，度尼15643人。景德年间，全国寺观总数为25000所，至嘉祐三年（1058年），短短50年时间，就增长到了38900所，熙宁末增为40613所。北宋皇帝对道教的尊崇亦不亚于佛教，主要表现在：多次下令寻访隐逸道士，亲自召见，予以赏赐；广建道观。宋真宗大中祥符年间，在京城先后建玉清昭应宫、

---

① 《抱朴子内篇》卷七《塞难》。

元符观、天庆观、景灵观、太极观；设定道教节日。例如，宋真宗时将道教的一些重要日子定为国家节日：正月初三为天庆节，四月初一为天祯节，六月初六为天贶节，七月初一为先天节，十月二十四日为降圣节。节日期间，两京及诸路州府军监必须设醮，断屠宰，百官须去道观上香；收集、整理和编修道教典籍。太宗时，徐铉和王禹偁受命收集道经，得7000余卷。真宗天禧三年（1019年）编成《大宋天宫宝藏》七藏。北宋前期帝王扶持佛、道，一方面助长了佛、道二教的势力，另一方面驱使和影响着士民百姓、文人学士纷纷皈依佛、道。[①]宋以后的历代统治者也都推崇佛、道等宗教。但佛、道等宗教对国家毕竟有冲击主流文化的不利影响，宋、元、明、清各王朝统治者只得对其加强管理，以弱化其对国家政治、经济、文化安全的不利影响。管理措施主要为：强化宗教管理机构，加强对寺观的管理，加强对僧、尼、道、冠的管理，对"邪教"严加防范和打击，下面分述之。

第一节　强化宗教管理机构

宋元明清各王朝的宗教管理机构有所不同，但都自成体系。

一、宋、明以世俗机关管理宗教

北宋时，佛、道教在中央由鸿胪寺总管，南宋时，改隶尚书省祠部。具体的管理机构如下。

[①] 周淑萍：《宋代孟子升格运动与宋代儒学转型》，《史学月刊》，2007年第8期。

佛教方面，在东、西两京（开封和洛阳）设有左右街僧录司，内置左右街都僧录、左右街僧录、副僧录、僧正等官吏，管理寺院僧尼的账籍、僧官补授等宗教事务。在地方，各州设立僧正司，置僧正、副僧正、僧判等官吏。自英宗时起，在东南沿海温、杭、台、湖以及西南成都等佛教兴盛之府、州，于僧正之上还增设都僧正。各县也设置僧直司。另外，在地位特殊的佛教名山，如五台山、天台山以及峨眉山，还单独设立僧正司。

道教方面，两京设左右街道禄院，掌宫观神像、道门威仪以及培训道士，推荐、选拔、磨勘道官等道教管理事务。神宗时改院为司，职掌不变。道禄院置道禄、副道禄、都监、首座、鉴义等官员。英宗时，在左街道禄之上，增设左右街道禄、副道禄，后改为都道禄、副都道禄。在地方，设管内道正司和山门道正司。管内道正司设于州、府、军、监，司随其人，附于宫观，设道正、副道正等官吏，在职衔前各带"管内"或州、府、军名称示明；山门道正司设于道教名山的神御观中，除道正、副道正官吏外还设有别监一职，在官衔之前带有"山门"或者山名。宋代的僧道官制度是历史上最为复杂的，对后世也有一定的影响。

明朝于洪武元年（1368年）设善世、玄教二院，分掌佛、道教事务，后革除。又仿宋朝体制置僧录司、道录司，并于府、州、县设置相应的机构，逐级管理全国僧、道事务。

二、元、清利用僧侣进行管理

元朝疆域空前辽阔，境内有多种宗教。统治者崇尚宗教，也重视宗教管理。佛教方面，在中央设宣政院，"宣政院使，秩从一品。掌释教僧徒及吐蕃之境而隶治之。遇吐蕃有事，则为分院往镇，亦别有印"[1]。宣政院权力极大，除全国佛教事务外，还直接管理西藏地区的军、政事务等。宣政院还设有院判、同知、副使、佥院、同佥、参议等职，官员僧俗参用。曾设江南行宣政院，以加强对南方地区佛教的管理。地方主要佛教管理机构是僧司衙门，有僧录、正副都纲、僧正等官员，一般由政府任命僧人担任。

道教方面，元朝在中央设集贤院，置院使、大学士、学士、侍读学士、直学士等官，管理全国道教事务。地方则设道禄司，置道禄、副道禄、都监、首座、鉴义等职，管理辖区内的道教事务。

基督教方面，元朝在中央设崇福司（后改为"崇福院"），"掌领马儿、哈昔、列班、也里可温十字寺祭享等事"[2]。并在全国设有72所"也里可温掌教司"，管理各地的基督教事宜。

伊斯兰教方面，元朝在中央设立"回回掌教哈的司"，地方则设"回回哈的所"，对伊斯兰教进行管理。[3]设哈的大师等对教徒进行管理，"诸哈的大师止令掌教念经，回回人应有刑名、户婚、钱粮、词讼并从有司问之"[4]。

清朝沿用前代的宗教管理制度，不同的是特别重视蒙古、藏等地区的喇嘛教及其管理。喇嘛教即藏传佛教，流行于西藏、青海、蒙古、甘肃、北疆等广大地区，对该地区的政治、经济、文化有重要影响。清朝皇帝先后册封西藏佛教领袖为喇嘛、额尔德尼、呼图克图（活佛），授金册金印，给予崇高地位，授权管理该地区僧尼，并领导或协助地方官员管理一般民众。

---

[1] 《元史》，中华书局1976年版，第2193页。
[2] 《元史》，中华书局1976年版，第2237页。
[3] 王东平：《元代回回人的宗教制度与伊斯兰教法》，《回族研究》，2002第4期。
[4] 《元史》，中华书局1976年版，第2620页。

第二节　加强对寺观的管理

为限制寺观数量过于膨胀，防止政府赋役百姓过多流失，避免大兴土木、劳民伤财，宋元明清各王朝对寺观创建限制相当严格。

一、禁止私自创立寺观

宋太宗雍熙元年（984年）七月下诏，"禁增置寺观"[①]。真宗天禧二年（1018年）三月，诏"不许创修寺观院宫，州县常切察觉。如造一间以上，许人陈告，所犯依法科罪。州县不行察觉，亦行朝典"[②]。仁宗重申前令："禁京城创造寺观"，并诏"罢创修寺观"[③]，对私建寺观予以拆除。

为对寺观数量进行有效的控制，宋朝形成了以账籍为依据、以赐额为补充的"系籍"制度。账籍主要记载了寺观土地、人口等信息，三年一造，县、州、户部各存一本。太宗雍熙二年（985年）二月下诏规定："应天下佛寺道宫，自来累有诏书约束，除旧有名籍者存之，所在不得上请建制。"[④]对新建寺观加以限制。"系籍"的寺观方属合法，受到保护，即使屋宇废弃不存、地址被占，也可以重建。

元明清沿用宋朝寺观管理制度，并随时进行制度调整。例如，明朝洪武二十四年（1391年）规定："限僧三年一度给牒。凡各府、州、县寺观，但存宽大者一所了并居之。凡僧道，府不得过四十人，州三十人，县二十人。民年非四十以上，女年非五十以上者，不得

[①]《佛祖历代通载》卷一八。
[②] 顾炎武：《日知录集释》卷三，岳麓书社1994年版，第1225页。
[③]《宋史·仁宗纪》一、二。
[④]《太宗皇帝实录》卷三二，雍熙二年二月。

出家。"[1]

二、禁止寺观从事土地买卖及经商活动

为限制寺观广占土地，宋朝严格禁止寺观买卖土地。太宗、真宗时规定，"寺观不得市田以侵农"。仁宗时又强调"禁近臣置别业京师及寺观毋得市田"[2]，"禁寺观毋得市田"[3]。从此，寺观不得买卖土地成为一项制度。此外，宋朝法令对寺观从事工商业经营也有限制，特别是茶叶贩运。徽宗崇宁四年（1105年）八月规定，僧道等"不得请引贩茶。如违，其应赎人杖一百，余人徒三年"。宣和三年（1121年）下诏重申"诸寺观每岁摘到草腊茶，如五百斤以下，听从便吃用，即不得贩卖。如违，依私茶法。若五百斤以上，并依园户法"[4]。

元明清也都如宋朝一样，禁止寺观自由买卖土地，及从事盐、茶等商业经营活动。

第三节 加强对僧、尼、道、冠的管理

宗教管理中最重要的当属对宗教人员僧、尼、道、冠的管理。宋元明清各王朝对成为童行的条件、度牒的获取、进行披戴到获取紫衣师号，都作了细致的规定。

---

[1] 《明太祖实录》卷八六。
[2] 《宋会要辑稿》食货七〇之一〇四。
[3] 《续资治通鉴长编》卷一〇二，天圣二年七月庚子。
[4] 《宋会要辑稿》食货三二之三、六。

认同与共识：
国家文化安全史略

一、对童行的管理

"童行"即"童子行者"的简称，兼指释、道，是成为僧道的初级阶段。宋朝政府规定的成为童行的条件是：首先，达到一定年龄。仁宗天圣八年（1030年）三月，诏"应男子愿出家为僧、道者，限年二十已上方得为童行，……女子限年十五已上方得出家。虽年幼，其尊长骨肉肯舍出家者亦听"①。其次，须家长、尊长同意。真宗天禧二年（1018年）三月，诏"其自愿出家者，并取祖父母、父母处分。已孤者，取其同居尊长处分。其师主须得听许文字，方得容受童行、长发"②。南宋宁宗亦规定"无祖父母、父母听许文书"者，不得为童行。再次，禁止成为童行的情形。如男有祖父母、父母而无子孙成丁，若主户不满三丁；还有犯刑责者，或奸细、恶党、山林亡命、负罪逃亡者，虽自首亦不许；身在军中带有瑕痕，或者凶恶亡命带有文刺者；出家后还俗者。③然后，必须拜正式僧道为师，不得礼真影画像或雕塑像。最后，登记"入账"。被收为童行后，由本师申寺观主首，由主首保明，对姓名、年龄、籍贯、何时到何观礼何人为师等登记入账。④此外，宋朝对童行还进行"系账"管理，以确认童行身份合法，不系账者，政府可以随时令其还俗。

二、对度牒的管理

度牒是僧、道合法的身份凭证，唐朝形成制度，宋元明清历朝都沿用此制度并加以细化，以加强对僧、道的管理。

---

① 《宋会要辑稿》道释一之二七。
② 《宋会要辑稿》道释一之二二。
③ 《宋会要辑稿》道释一之二七，《庆元条法事类》卷五〇《违法剃度》。
④ 《宋会要辑稿》道释一之一七。

宋朝规定，度牒的获取方式有特恩拨赐、用钱购买、试经获取三种。特恩拨赐大多在圣节时由皇帝赐予，有名额限制，须由寺观将特度童行申报礼部，礼部核查后报皇帝批准，下牒到府、州，府、州发给寺观。用钱购买即由僧道自己以钱买得度牒，始于中唐，宋初沿用，仁宗嘉祐以后制度化。这种方式也有名额限制，每年六千至一万道，但程序简单，不须礼部审核，只要在府、州登记姓名、籍贯，当年就可以入账。

相较于前两种途径，试经是童行获取度牒的正途，宋代大多数童行以此获取僧、道资格。

宋朝的童行试经，于每年圣节前举行，由本州主持。试经前，府、州官员要审查考生资格，童行两州试经，徒一年；本师知情，减二等，主首知情，又减三等。若请人代试经，代之者与被代者即使考试不合格，也要徒二年；甲头同保人并本师、主首及经历干系人等知情，与同罪。主首、本师令还俗。试经方式分为"念经"和"读经"两种，考生可任选其一，童行"念经百纸或读五百纸，长发念七十纸或读三百纸"为合格。皇帝于圣节时颁赐名额，名额确定标准是，北宋每二十个童行放一人；南宋道士、女冠每五十人放一人，僧、尼每一百人放一人。人员确定后由寺观主首"保明行止、具人数、姓名、年甲、乡贯、宫观师主、法名、所习经业"等，并由主考官吏向礼部呈报《保奏试经拨度童行状》。礼部审核后确定获度者名单，下发度牒。[①]

获得度牒后，僧尼穿僧衣、剃头发，道士着道服、戴道冠才算真正成为僧、道。无度牒而行"剃度"，按照私度治罪。

宋朝在度牒发放、使用、管理上也有完整的制度。度牒拨放

---

① 《庆元条法事类》卷五〇《试经拨放》。

时，须以现有账籍为依据，又有名额限制。在僧、道、童行的账籍管理上，实行全账与敕账并行的办法。僧、道、童行账籍，三年一供，必须于五月三十日前呈送礼部，是为"全账"。全账的内容繁杂，它的作用主要是控制寺观、道士、僧、尼、童行的总额。有时皇帝诏令一年一报的账籍，是为"敕账"，内容相对简约，主要是反映当年寺观及僧、道、童行的变化情况。僧、道逃亡、云游、死亡、还俗等事件发生之后，必须收缴或注销死亡、还俗僧道度牒，账籍管理。①

元明清各王朝都规定僧尼出家须由官府批准，发放度牒。比如，元朝成宗大德八年（1304年）诏令："今后除色目人外，其愿出家，……赴元籍官府陈告，勘当是实，申复各路给据，方许簪剃。"②其中也包括了对道士出家的规定。对民间的私度僧尼，政府严令禁止："诸弃俗出家，不从有司体覆，辄度为僧道者，其师笞五十七，受度者四十七，发元籍。"③为避免伪滥，规定僧人每三年须考试经论，由总统所主持，"于各路置院，选试僧人，就设监坛，大德登坛，受具足戒，给付祠部，然后许令为僧"④。

三、对僧、道犯罪的惩治

僧、道是神职人员，有一定的特权，故对其行为必须进行管束。宋元明清历朝对僧、道犯罪都有详细规定。宋朝的规定如下。

第一，僧、道"犯奸盗者同凡人"的原则。奸淫是犯罪，更是佛、道教的大忌，佛教中有"不邪淫"的戒规，道教中有"不得淫

---

① 《宋会要辑稿》职官一三之二一。
② 《通制条格》卷二十九《僧道·给据簪剃》。
③ 《元史》，中华书局1976年版，第2684页。
④ 《通制条格》卷二十九《僧道·选试僧人》。

乱骨肉姑姨姊妹及其他妇女"的戒律。宋律严惩僧、道奸淫的行为，《宋刑统·名例律》"称'道士''女冠'"条后"疏议"曰："道士、女冠、僧尼犯奸、盗，于法最重。"《宋刑统·杂律》"诸色犯奸"门中规定："诸监临主守于所监守内奸者，谓犯良人，加奸罪一等。即居父母及夫丧，若道士、女冠奸者，各又加一等，妇女以凡奸论。"犯奸僧、道要加重一等，还要勒令还俗。第二，僧、道侵犯尊长的罪与刑。宋律规定，僧、道詈骂师、主，按詈骂伯叔父母处理，"詈伯叔父母者，徒一年"；"杀师主入恶逆"，作为"十恶"重罪处罚。第三，"僧道私入道"的罪与刑。《宋刑统》在《户婚律》的"僧道私入道"门规定："诸私入道及度者，杖一百已除贯者，徒一年。本贯主司及观寺三纲知情者，与同罪。若犯法合出观寺，经断不还俗者，从私度法。即监临之官私辄度人者，一人杖一百，二人加一等。"第四，"盗毁天尊佛像"的罪与刑。《宋刑统·贼盗律》规定："诸盗毁天尊、佛像者，徒三年。即道士、女冠盗毁天尊像，僧尼盗毁佛像者，加役流，真人、菩萨各减一等。盗而供养者，杖一百。"[1] 第五，僧、道其他犯罪行为的罪与刑。南宋惩戒僧、道的条款异常繁密，盗诈、恐喝财产、赌博、殴打伤人、避罪逃亡、两次犯私罪杖、犯私罪徒、公罪流及编管者，因水、火毁失度牒十日不报者，遗失度牒者，饮酒至醉者，无故不宿宫观三十日者，还俗。典当紫衣、师号、度牒，妄自诉讼、乞改十方主持为甲乙，陈乞紫衣、师号不依式或事节不完备，供账不实，擅入军营者，杖一百。买卖应毁度牒，不经官擅自书填度牒，私创宫观，诱人舍身，擅学武艺，证说劫运以惑众者，徒二年。[2]

元朝虽然宗教政策宽松，但对僧、道危害国家及社会的行为亦

---

[1] 《宋刑统》，薛梅卿点校，法律出版社1999年版，第121、481、119、215、338页。
[2] 《庆元条法事类》卷五〇、五一。

予以严惩。《元史·刑法志》记载了十余条宗教禁令，禁止僧、道的三类行为。一是利用宗教名义聚众结社。例如，"诸以白衣善友为名，聚众结社者，禁之"；"诸以非理迎赛祈祷，惑众乱民者，禁之"；"诸俗人集众鸣铙作佛事者，禁之"；"诸军官鸠财聚众，张设仪卫，鸣锣击鼓，迎赛神社，以为民倡者，笞五十七，其副二十七，并记过"。对此类行为，处罚较轻。二是私撰经文，蛊惑人心。例如，"诸阴阳家伪造图谶，释老家私撰经文，凡以邪说左道诬民惑众者，禁之，违者重罪之。在寺观者，罪及主守，居外者，所在有司察之"；"诸阴阳家者流，辄为人燃灯祭星，蛊惑人心者，禁之"；"诸妄言星变灾祥，杖一百七"；"诸以阴阳相法书符咒水，凡异端之，惑乱人听，希求仕进者，禁之，违者罪之"。对此类行为，处罚有所加重，可以杖一百七。三是利用宗教犯上作乱。例如，"诸僧道伪造经文，犯上惑众，为首者斩，为从者各以轻重论刑"①。此为严重犯罪，可处以死刑。

　　明、清沿用宋、元对僧、道的管理制度，并加大了对僧、道行为的管束，加重对其犯罪的惩治。例如，在日常生活方面，明朝强调僧、道保持与父母的关系，《大明律·礼律》"僧道拜父母"条规定："僧尼道士女冠，并令拜父母、祭祀祖先，丧服等第皆与常人同。违者，杖一百，还俗。"并对服饰进行限制，例如，规定"止许用绸绢布匹，不得用全纻丝绫罗。违者，笞五十，还俗，衣服入官"②。

　　明、清将私创庵院及私度僧、道行为放在一起进行规范和惩治。例如，《大明律》"私创庵院及私度僧道"条规定："凡寺观庵院，除见在处所外，不许私自创建增置。违者，杖一百，还俗。僧道发边远充军，尼僧女冠，入官为奴。若僧不给度牒，私自簪剃者，杖八

---

① 《元史》，中华书局1976年版，第2684页。
② 《大明律》，怀效锋点校，法律出版社1999年版，第95页。

十。若由家长，家长当罪。寺观住持及授业师私度者，与同罪，并还俗。"①清律沿袭此条。

明、清对僧、道违反戒律的"犯奸"行为，从严惩治。例如，《大明律·户律》"僧道娶妻"条规定："凡僧道娶妻妾者，杖八十，还俗。女家同罪，离异。寺观住持知情，与同罪；不知者，不坐。若僧道假托亲属或童仆为名求娶，而僧道自占者，以奸论。"②清朝沿用此律条。又如，《大明律·刑律》"居丧及僧进犯奸"条规定："凡居父母丧，若僧尼、道士女冠犯奸者，各加凡奸二等。相奸之人，以凡奸论。"③凡人结婚为正常人伦，但对僧、道则禁止，僧、道结婚按通奸或强奸处罚；僧、道犯奸罪，须加凡人奸罪两等处罚，较宋朝的加重一等处罚加重。清律的规定与明律完全相同，且增加了两条例文："僧道不分有无度牒，及尼、僧、女冠犯奸者，依律问罪；各于本寺、观、庵院门首，枷号一个月发落"；"僧道官、僧人、道士有犯狎妓饮酒者，俱杖一百，发原籍为民。"④或附加刑罚，或增加了新的内容。

对僧、道其他危害国家和社会的行为，明、清也以刑罚予以打击。例如，《大明律·礼律》"术士妄言祸福"条规定："凡阴阳术士，不许于大小文武官员之家，妄言祸福。违者，杖一百。其依经推算星命、卜课者，不在禁限。"⑤"阴阳术士"中不少是僧、道，他们如果结交官员，"妄言祸福"，就可能引发官员的政治野心，威胁皇权和国家安全，因此必须严惩。

---

① 《大明律》，怀效锋点校，法律出版社1999年版，第46页。
② 《大明律》，怀效锋点校，法律出版社1999年版，第64页。
③ 《大明律》，怀效锋点校，法律出版社1999年版，第199页。
④ 《大清律例》，田涛等点校，法律出版社1999年版，第527页。
⑤ 《大明律》，怀效锋点校，法律出版社1999年版，第95页。

第四节　以法律和军事手段对"邪教"严加防范和打击

宋元明清各王朝对危害国家和社会的"邪教"都予以严厉防范和打击。

一、明确"邪教"的范围及行为特征

"邪教"概念晚出，至清朝才正式使用。宋朝一般称"妖教"，先是指民间无名宗教组织，后指"白衣礼佛会""白衣道"。因该组织要求吃斋和素食，故总称"吃菜事魔"者。元朝则以"白云宗""白莲社"为"妖教"。白云宗本为华严宗支派，其教义提倡素食，因此被称为"白云菜"或"十地菜"，在江南地区广有信徒。白莲社本为净土宗一支，宣扬净土往生和弥勒下生等教义，在民间广为流行，在元朝曾被认可为合法宗教，《元典章》中有任命"白莲掌教护持"的记载。到明朝，"妖教"范围扩大至弥勒佛、白莲社、明尊教、白云宗等会。清朝在纂例中正式使用"邪教"概念，并明确其行为特征。例如，乾隆三十四年（1769 年）纂例规定"其有人本愚妄，或希图诓骗财物，与立邪教名目；或因挟仇恨，编造邪说，煽惑人心，种种情罪可恶，比照反逆定罪之案"[1]。嘉庆六年（1801年）规定："除实犯反逆及纠众戕官反狱，倡立邪教传徒惑众滋事案内之亲属，仍照律缘坐外，其有人本人愚妄，书词狂悖，或希图诓骗财物，与立邪教，尚未传徒惑众；及编造邪说，尚未煽惑人心；并奸徒怀挟私嫌，将谋逆重情捏造匿名揭帖，冀图诬陷，比照反逆

---

[1] 《大清律例根原》，上海辞书出版社 2012 年版，第 837 页。

及谋叛定罪之案，正犯照律办理，其家属一概免其缘坐。"[①]

"邪教"衍生于外来的佛教和摩尼教、基督教。佛教中有弥勒教分支，受民众信崇，后被官方禁止，遂仅在民间流传；摩尼教源于波斯的拜火教，传入中国后与其他教派融合，并演变出白莲社、白云宗、明教等以崇尚"白""日月""光明"为特点的宗教支派。清朝后期的拜上帝教则是洪秀全借用基督教教义进行改造而形成的。这些"宗教"有"平等""互助"等主张，因而受到民众的信仰和拥护，在民间得以广泛流传。一方面，它们的教义与以儒家理论为核心的国家主流文化不合；另一方面，在特定条件下，它们会组织民众与政府对抗，酿成民变或者农民起义，如北宋末年的方腊起义、元朝末年的红巾军起义、明初的唐赛儿起义、清朝中期的白莲教起义及末年的太平天国运动，对政权安全造成极大危害，故被历代统治者视为"邪教"，以法律或军事手段严厉防范和打击。

二、以法律和军事手段对"邪教"严加防范和打击

宋及明、清法律都严惩"邪教"。《宋刑统》"造妖书妖言"条后所附唐开元二十八年（公元740年）敕文规定："自今以后，辄有托称佛法，因肆妖言，妄谈休咎，专行诳惑，诸如此类，法实难容。……其头首宜令集众，先决一百，自余徒侣等，各决六十，然后录奏。"所附唐开成二年（837年）的敕文规定："僧俗不辨，或男女混居，合党连群，夜聚明散，托宣传于法会，潜恣纵于淫风，若不去除，实为弊恶。此后委所在州、府、县、镇及地界所由巡司，节级严加壁刺，有此色之人，便仰收捉勘寻，据关连徒党，并决重

---

① 《大清律例根原》，上海辞书出版社2012年版，第839页。

杖处死。"所附周显德五年（958年）敕文规定："今后抓获此色人，其头首及徒党中豪强者，并决杀，余者减等科罪。"①由此可见，对这些民间宗教组织的主犯可以处以死刑，量刑很重。

宋高宗绍兴十一年（1141年）颁布敕令，对"吃菜事魔"的处罚进行了全面规定："诸吃菜事魔或夜聚晓散传习妖教者绞，从者配三千里，妇人千里编管。托幻变术者减一等，皆配千里；妇女五百里编管，情涉不顺者绞。以上不以赦降原减，情理重者奏裁。非传习妖教，流三千里。许人捕，至死，财产备赏，有余没官。其本非徒侣而被诳诱，不曾传授他人者各减二等。"②主犯死刑，从犯编配，告者有赏。

明朝对民间神秘团体及"邪教"组织坚决镇压。《大明律·礼律》"禁止师巫邪术"条规定："凡师巫假降邪神，书符咒水，扶鸾祷圣，自号端公、太保、师婆，及妄称弥勒佛、白莲社、明尊教、白云宗等会，一应左道乱正之术；或隐藏图像，烧香集众，夜聚晓散，佯修善事，煽惑人民，为首者，绞。为从者，各杖一百，流三千里"。③

清朝沿用明朝惩治"邪教"的律条，在《大清律例·礼律》"禁止师巫邪术"条增加了条件，其中规定："凡有奸匪之徒，将各种避刑邪术，私相传习者，为首教授之人，拟绞候；为从学习之人，杖一百流三千里。若事犯到官本犯以邪术架刑者，照规避本罪律，递加二等，罪止杖一百流三千里。其犯该绞斩者，仍照本罪科断。……"④清朝中期皇帝的诏令则将"与立邪教""编造邪说"等，直接按最重的"反逆"罪处理，如上文所引的乾隆三十四年纂例的规定："其

---

① 《宋刑统》，薛梅卿点校，法律出版社1999年版，第330页。
② 《宋会要辑稿》刑法二之一一二。
③ 《大明律》，怀效锋点校，法律出版社1999年版，第89页。
④ 《大清律例》，田涛等点校，法律出版社1999年版，第278页。

有人本愚妄，或希图诓骗财物，与立邪教名目；或因挟仇恨，编造邪说，煽惑人心，种种情罪可恶，比照反逆定罪。"

对于利用"邪教"发动的农民起义，宋元明清各王朝派军队临阵格杀勿论，对抓获的首领人物则处以最重的刑罚。例如，太平天国的将领，如林凤祥、李开芳、石达开、陈玉成、李秀成等均被处以凌迟酷刑。

综上，宋元明清各王朝加强对宗教的管理，有较好的效果，表现在使佛、道等合法宗教在政府允许的范围内存在和发展，对国家安全及以儒家理论为核心的国家主流文化安全的威胁受到较大程度的限制。而历朝对"邪教"的严加防范和打击，使"邪教"虽不能被根除，但迫使其只能在民间传播，规模受限。即使"邪教"也组织了方腊、太平天国等农民起义，但终因其规模及影响力有限，最后被国家军队讨平，元朝例外。

第二章　宋元明清学术发展的文化安全功能

为抵御佛教理论对以儒家理论为核心的国家主流文化的冲击，宋朝士大夫创立了强化对儒家经典进行研究的"宋学"（其中包含"理学"和"心学"）。通过发展儒家理论，提高其学术性和思辨性，巩固儒家理论的地位，以维护国家文化安全。下面即对"宋学"及其中影响最大的"理学""心学"兴起的原因、形成发展过程、内容和特点等进行论述，并分析它们对维护国家文化安全的意义。

第一节　创立援用"宋学"以维护国家文化安全

宋朝士大夫为提升儒学抵御外来佛教文化冲击的能力，革新经学，形成了研究儒家经典的"宋学"。

一、"宋学"的兴起及主要学术派别

"宋学"的兴起与佛教、道教的兴盛及儒学的衰落有关,唐朝已有前兆,北宋中期正式形成,有"闽学"等多个学术派别。

(一)"宋学"兴起的原因

西汉中期,儒家理论成为国家主流文化;东汉白虎观会议后,儒家理论地位隆盛。与此相伴的是经学的兴起。经学是专门研究《诗》《书》《礼》《易》《春秋》等儒家经典的学术,其主要方法是对儒家经典的文字进行训诂和考据,而不重其义理阐发,这种研究方法后世称作"汉学"。"汉学"在儒家经典被秦火焚毁之后,真假难辨的特定背景下,对儒家经典的辨识和恢复有重要意义,且很有必要,但历时日久,其呆板、枯燥的特点日益显现。

随着东汉以后佛教的传入和传播,以及魏晋以后道教的兴起,儒家地位下滑,屈居佛、道之下。比较佛、道、儒三家,佛教虽是外来文化,然其理论体系完整,哲学思辨水平高,受到士大夫的青睐。其众生平等、普度众生、极乐世界等理论则对普罗大众有吸引力,特别是社会动荡时期,其可成为人们的精神寄托,故自佛教传入后,传播迅速,被社会各阶层接受和信奉。道教创始于民间,其理论援用道家,富于思辨,对长生的追求可满足统治阶层特别是最高统治者的某些需求。道教人士大多身怀驱鬼、治病等技艺,可救人于危难,亦受到广大下层民众的欢迎,在动乱时期尤甚。儒家理论在国家治理和大众日常生活方面虽富有价值,然其理论形式粗糙,缺少思辨,思想贫乏,在动乱时期,对解决社会问题无能为力,且传至隋唐时已历数百年,无论是形式还是内容都显陈旧。因此,佛、道两教虽历经国家政权的打压、士大夫的反对,但仍然生机勃勃,而儒家理论则趋于沉寂和落寞。唐朝中期，韩愈提出了"道统论"，并以复兴儒学为己任，然实际影响不大。晚唐诗人罗隐有一首《谒文宣庙》诗："晚来乘兴谒先师，松柏凄凄人不知。九仞萧墙堆瓦砾，三间茅殿走野狐。雨淋状似悲麟泣，露滴还同叹凤悲。倘使小儒名稍立，岂教吾道受栖迟。"这首诗形象地道出了晚唐儒学的衰微与凄凉。

北宋中期，面对仍然兴盛的佛、道教，士大夫经过深刻反思，终于明白前代以强力限制或打击佛、道教，属于不得其法，遂提出"修其本以胜之"方略。如欧阳修指出：佛、道"是果不可去邪？盖亦未知其方也"。"今佛之法，可谓奸且邪矣，盖其为说，亦有可以惑人者，使世之君子，虽见其弊而不思救，岂又善惑者欤？抑亦不得其救之之术也？救之，莫若修其本以胜之，舍是而将有为，虽贲育之勇，孟轲之辩，太公之阴谋，吾见其力未及施，言未及出，计未及行，而先已陷于祸败矣。何则？患深势难与敌，非驯致而为之莫能也。故曰：修其本以胜之。"①

按照这一方略，宋朝士大夫在两个方面作了努力。一是革新儒家经典的研究方式，重点开展对《孟子》等"四书"的研究，并强化对儒家经典中"义理"的阐发，提升儒学的理论水平；二是加强对《易经》及《孟子》、《大学》的研究，并吸收佛、道理论素养，以提升儒学的哲学思辨水平。努力的结果是形成了以注重阐发儒家经典义理为主要特征的"宋学"，包括经学、理学及"心学"。下面分别叙述。

---

① 《欧阳修全集》，中国书店 1986 年版，第 122、124 页。

（二）"宋学"兴起的过程

"宋学"的兴起，源于唐朝人对汉、唐经学注不破经、疏不破注的呆板训诂考据研究方法的疑问，及对"思孟学派"的推崇。其代表人物前者有王元感、刘知几、啖助等，后者为韩愈和李翱。

武周时，博士王元感著《尚书纠缪》《春秋振滞》《礼记绳愆》，对三部儒家经典提出了质疑和批评，上奏朝廷，引起争议，但得到了武则天的称许。史家刘知几在其著作《史通》中对《春秋》等多部儒家经典的内容提出质疑。啖助著《春秋集传》和《春秋统例》，考核"三传"同异优长，批评汉、唐经学学者的研究有"令后人不识宗本，因注迷经，因疏迷注"[①]之弊，主张经学研究应"舍传求经"。清朝人认为，"舍传求经，实导宋人之先路"[②]。

唐朝元和年间，韩愈提出了"道统论"，推崇孟子，认为孟子是"道统"的最后传人："尧以是传之舜，舜以是传之禹，禹以是传之汤，汤以是传之文、武、周公，文、武、周公传之孔子，孔子传之孟轲。轲之死，不得其传焉。"[③]他认为孟子是正宗传人："孔子之徒没，尊圣人者，孟氏而已……孟氏醇乎醇者也。"[④]同时，韩愈率先开始了对"思孟学派"力作《大学》的研究，借《大学》"内外结合""内圣而外王"的体系，阐发修身、齐家、治国、平天下思想，以对抗佛教只讲个人治心，不讲社会治理、泯灭伦常的思想体系。

韩愈的弟子李翱，在对儒家经典的研究中，特别重视"四书"及《易传》。他以《中庸》为据阐发心性思想，认为《中庸》是载道之书，指出："子思，仲尼之孙，得其祖之道，述《中庸》四十七篇，

[①] 陆淳：《春秋集传纂例》卷一《啖氏集传注议第三》。
[②] 《四库全书总目》卷二六《经部·春秋一》。
[③] 《韩昌黎集》卷十一《原道》。
[④] 《韩昌黎集》卷十一《读荀》。

以传于孟轲。轲曰：我四十不动心。轲之门人达者公孙丑、万章盖传之矣。遭秦灭书，《中庸》之不焚者一篇存焉。"①在《复性书》中，李翱多次引用《大学》和《孟子》，还与韩愈合著《论语笔解》。

宋代经学研究方法的转变，始于仁宗庆历年间。南宋陆游在论述这一方法转变时指出："唐及国初，学者不敢议孔安国、郑康成，况圣人乎！自庆历后，诸儒发明经旨，非前人所及。然排《系辞》，毁《周礼》，疑《孟子》，讥《书》之《胤征》《顾命》，黜《诗》之序，不难于议经，况传、注乎！"②庆历以后，疑经惑传、舍传求经逐渐形成风尚。

在这种风尚形成的过程中，刘敞、欧阳修、孙复、石介、王安石都起了重要作用。比如，孙复对汉、唐注疏之学提出批评："专守王弼、韩康伯之说而求于《大易》，吾未见其能尽于《大易》者也；专守左氏、公羊、穀梁、杜预、何休、范宁之说而求于《春秋》，吾未见其能尽于《春秋》者也；专守毛苌、郑康成之说而求于《诗》，吾未见其能尽于《诗》者也；专守孔安国之说而求于《书》，吾未见其能尽于《书》者也。彼数子之说，既不能尽于圣人之经，而可藏于太学、行于天下哉？又后作疏者，无所发明，但委曲踵于旧注说而已。"③主张不惑传注，以求经之本义。

王安石的作用有二。其一，在其主持的科举制度改革中规定："进士罢诗赋、帖经、墨义，各占治《诗》《书》《易》《周礼》《礼记》一经，兼以《论语》《孟子》。每试，初本经，次兼经，并大义十道。务通义理，不须尽用注疏。"④强调"务通义理，不须尽用注

---

① 《李文公集·复性书》。
② 王应麟：《困学纪闻》卷八，《经说》引。
③ 《孙明复小集·寄范天章书二》。
④ 李焘：《续资治通鉴长编》卷二百二十，熙宁四年二月丁巳朔。

疏",且与士人科举入仕结合,对经学方法转变影响极大。其二,宋神宗熙宁六年(1073年),王安石提举经义局,训释《诗》《书》《周官》经义,熙宁八年(1075年)书成,定名《三经新义》。其中《周官义》由王安石亲自执笔,认为"圣人之术,在于安危治乱",训释时不拘于章句名物。书修成后,进上御览,以副本送国子监镂版颁行,作为学校教材。《三经新义》对经学研究方法的改变起到了重要的引导和示范作用。王安石的"熙宁变法"虽然失败,但他在科举及经学研究方法改革上的影响则继续存在,儒家经典研究中注重阐发义理的风气愈加浓郁。宋末学者王应麟在评价北宋学术变化时说:"自汉儒至庆历间,谈经者守故训而不凿,《七经小传》出而稍尚新奇矣。至《三经新义》行,视汉儒之学若土梗。"①

(三)"宋学"的主要学术派别

宋朝士大夫研究儒家经典者极多,比如,刘敞撰有《七经小传》,孙复撰有《易说》《春秋尊王发微》,欧阳修撰有《易童子问》,但其主力则是当时的几大学术流派,即王安石所创立的"新学"、"三苏"所创立的"蜀学"、周敦颐所创立的"濂学"、张载所创立的"关学"、"二程"所创立的"洛学"和朱熹所创立的"闽学"。仅"新学"一派,除撰有《三经新义》外,王安石亲撰《孟子注》,其子王雱撰有《论语解》《孟子注》,连襟王令撰有《孟子讲义》,门人龚原撰有《孟子解》,门人许允成撰有《孟子新义》,其助手沈括也撰有《孟子解》。王安石还"黜《春秋》之书,不使列于学官,至戏目为'断烂朝报'"②。

"蜀学"的创立者及门人多为文学家,但对经学也有研究。其中

---

① 王应麟:《困学纪闻》卷八,《经说》引。
② 《宋史·王安石传》。

苏轼、苏辙都对《周礼》有研究，认为《周礼》所言，有非圣人之制者，并列举了《周礼》中多处不可信的内容。"三苏"还合著《苏氏易传》，该书以义理为主，兼及象数，认为《易》为"卜筮之书"，但圣人之道存于爻辞。苏辙还撰有《诗集传》，指出《诗序》有汉儒的附益，多有谬误，不可尽信，遂保留首句，删去其余。朱熹的《诗》学思想受到苏辙一定的影响。

"关学"的张载重视对所有儒家经典的研究，强调"《诗》《礼》《易》《春秋》《书》，六经只是少一不得"[①]。王夫之认为，"张子之学，无非《易》也，即无非《诗》之志、《书》之事、《礼》之节、《乐》之和、《春秋》之大法也，《论语》《孟子》之要归也"[②]。虽然说的是张载学术的特点，但由此也可以看出"关学"对儒家经典的全面研究。

"洛学"门人较多，是"宋学"研究的重镇。"洛学"学者对儒家经典多有研究，并认为其中存在很多错误。比如，对于《礼记》，"洛学"研究者指出其文"多有谬误者。《儒行》《经解》非圣人之言也"；认为"《周礼》之书多讹阙"。[③]"洛学"重视《孟子》，将《大学》《中庸》《论语》《孟子》合并为"四书"系统，并进行深入的研究。随后，"洛学"衍生出了"闽学"。

"闽学"规模最大，对儒家经典进行了全面的训注和研究。朱熹亲撰《四书章句集注》（即《大学章句》《中庸章句》《论语集注》《孟子集注》）和《四书或问》，还与门人一起对"六经"进行了全面的训释，著述之多，难以枚举。"闽学"为"宋学"之集大成者及主要代表。

---

① 《经学理窟·义理》，出自《张载集》，中华书局2012年版，第278页。
② 王夫之：《张子正蒙注·序论》。
③ 《二程集》，中华书局1981年版，第1201页。

二、"宋学"的主要特点

"宋学"的特点,除前文已经提及的疑经惑传外,还有以下几点。

(一)推崇孟子并重视《孟子》

孟子和《孟子》在唐朝中期之前都未受到重视,在儒学系统中没有多大影响,表现在唐太宗增设左丘明等22位儒者从祀孔庙时,以及唐玄宗封颜渊为"亚圣"和"兖国公",封"孔门十哲"和"七十子"为侯、伯时,孟子均未被提及。唐朝科举考试须考"九经":《周礼》《仪礼》《礼记》《左传》《公羊传》《穀梁传》《易》《书》《诗》,《论语》《孝经》为"兼通",而《孟子》没有入列。自韩愈起,为"辟佛老",孟子及《孟子》始受到推崇。关于其原因,南宋初年的施德操在其所著《孟子发题》中有归纳:"孟子有大功四:道性善,一也;明浩然之气,二也;辟杨、墨,三也;黜五霸而尊三王,四也。是四者,发孔氏之所未谈,述六经之所不载,遏邪说于横流,启人心于方惑,则余之所谓卓然建明者,此其大盛者乎!"①施氏之论,说到大部分,但不全面,宋儒推崇孟子的原因为以下几点。

第一,孟子是儒家"道统"的传人。韩愈认为,孟子得孔子"真传":"自孔子没,群弟子莫不有书,独孟轲氏之传得其宗……故求观圣人之道者,必自孟子始。"②"孔子之徒没,尊圣人者,孟氏而已……孟氏醇乎醇者也。"孟子是儒家"道统"的传人:"尧以是传之舜,舜以是传之禹,禹以是传之汤,汤以是传之文、武、周公,文、武、周公传之孔子,孔子传之孟轲。轲之死,不得其传焉。"韩愈以

---

① 《宋元学案·横浦学案》。未见有《孟子发题》之单行刊本。
② 《韩昌黎集》卷二十一《送王秀才序》。

及宋儒都以复兴儒学、接续儒家"道统"为己任,当然必须推崇孟子,重视《孟子》。

第二,孟子是"辟异端"的代表。唐朝中后期的士大夫在思考"辟佛老"之方时,发现孟子曾辟杨、墨,对孔子之道有"卫道"之功。如韩愈指出,"扬子云曰:古者杨、墨塞路,孟子辞而辟之,廓如也。夫杨、墨行,正道废……孟子虽贤圣,不得位,空言无施,虽切何补?然赖其言,而今之学者尚知宗孔氏,崇仁义,贵王贱霸而已……然向无孟氏,则皆服左衽而言侏离矣。故愈尝推尊孟氏,以为功不在禹下者,为此也。"①儒学之士应推崇和学习孟子,弘扬儒学,勇于与佛老论争,卫孔子之道。

宋初,佛、老学说依然盛行,宋儒仍然面临"辟佛老"、兴儒学的任务。孟子"辟异端"的特点被宋儒看重,如北宋前期学者孙复指出:"孔子既没,千古之下,攘邪怪之说,夷奇险之行,夹辅我圣人之道者多矣,而孟子为之首";孙复认为扬雄说孟子辟杨、墨之功,远不如韩愈说孟子功不在禹下来得"深且至":"涤水横流,大禹不作,则天下之民鱼鳖矣;杨、墨暴行,孟子不作,则天下之民禽兽矣。"②石介以排佛老、斥时文著称,强调孟子的"卫道"之功:"孔子既没,微言遂绝,杨、墨之徒,榛塞正路,孟子正人心,息邪说,距诐行,放淫辞,以辟杨、墨;说齐宣、梁惠王七国之君,以行仁义。"自云"吾道固如是,吾勇过孟轲"③。欧阳修也认为,"孔子之后,唯孟轲最知道"④。孙复、石介、欧阳修作为北宋前期著名的经学家和教育家,都高举孟子、韩愈的旗帜,大力挞伐"异端邪说",

---

① 《韩昌黎集》卷十八《与孟尚书书》。
② 《孙明复小集·完州邹县建孟庙记》。
③ 《徂徕石先生文集》卷十四《与士建中秀才书》。
④ 《唐宋八大家散文总集》卷二《与张秀才第二书》,河北人民出版社1995年版,第1183页。

在当时学术界具有很大影响。

在孙复、石介、欧阳修等人的推崇表彰下，庆历以后，"尊孟"成为时尚，就如稍后的傅野在《述常语》中指出的"及退之'醇乎醇'之说行，而后之学子遂尊信之"[①]。北宋的张载、"二程"，南宋的朱熹、陆九渊等都有很多"尊孟"言论。

第三，孟子"性善论"可为"心性"研究提供思想素材。两汉及其以后的儒学对"心性"较少研究，致使其理论粗糙简陋，形式陈旧乏味，士大夫内心深处更倾向富于哲理、活泼机智的玄学和佛教。正如北宋张方平所说，"儒门淡泊，收拾不住，皆归释氏"。儒学理论粗糙、简陋，是佛、道二教久排不去的主要症结。欧阳修认识到韩愈的"人其人，火其书，庐其居"亦未得其法，遂提出"莫若修其本以胜之"。欧氏虽提出"修本胜之"主张，但他本人并没有找到正确的方法。此后，"北宋五子"等一批"理学"家涌出，他们发现，要从理论上对佛、道进行有力的批判，就必须与佛教针锋相对地研究"身心性命"问题。在儒家学者中，对"心性"问题有研究者，孟子最为突出。他对"四端说""良知良能""性善论""收放心""存心养性""尽心知性知天"等都有论述；他重视修养工夫，主张"先立其大""养浩然之气""不动心""存夜气""集义""持敬""反身而诚""养心寡欲"等；他还强调理想人格，提出"兼济与独善"修养、"大丈夫"精神、"舍生取义"人生追求等。宋儒发现，这些都为宋儒阐释"心性"提供了丰富的思想素材。从北宋的张载、"二程"，到南宋的朱熹、陆九渊，无不大谈"心性"和修养。他们的"理学"和"心学"研究，都是以孟子的"性善论"等思想为起点和基础而展开的。

[①] 邵博：《邵氏闻见后录》卷十三引。

第四，孟子"疑经"为"宋学"提供了方法指引。孟子在讨论《尚书》时说："尽信《书》，则不如无《书》。"意即完全相信《尚书》，那还不如没有《尚书》。因为孟子发现《尚书》的有些记载与历史事实不符。《尚书·武成》说武王伐纣时"战斗杀人，血流漂杵"，儒家主张"仁人无敌于天下"，认为武王伐纣是以"至仁伐至不仁"，所到之处，殷人必然"箪食壶浆以迎王师"，《尚书·武成》所载"文之过实"，不可信，由此提出了"尽信《书》，则不如无《书》"之说。纣王暴虐，民怨沸腾，史有确载，武王伐纣不可能"血流漂杵"，孟子"尽信《书》，则不如无《书》"有一定事实基础。孟子"疑经"具有破除教条主义、消除迷信权威而解放思想的作用，为渴望改变汉唐经学弊端的宋儒提供了方法指引。

与学界推崇孟子相伴生的，是孟子地位的抬升运动。"尊孟"的王安石利用其执掌国家权力，主持变法的有利条件，对孟子地位的抬升起了重要的推动作用。熙宁四年（1071年），《孟子》首次被列入科举；熙宁七年（1074年），立孟轲像于朝廷；元丰六年（1083年），孟子首次受封为邹国公；元丰七年（1084年）五月，孟子被配享孔庙。

因变法失败，王安石退出政坛，但其推动的孟子地位抬升运动仍然延续，徽宗政和五年（1115年），朝廷下诏承认仁宗时孔道辅在兖州邹县所立孟庙，以乐正子配享，公孙丑以下17人从祀。宣和年间（1119—1125年），《孟子》首次被刻石，成为实际的"十三经"之一。高宗御书"石经"，把《孟子》列在其中。理宗于淳祐四年（1244年）下诏褒赞朱熹时，宣称"朕惟孔子之道，自孟轲后不得其传，至我朝周敦颐、张载、程颢、程颐，真见实践，深探圣域，千载绝学，始有指归"①。国家正式承认"道统"，孟子是"道统"重要传人，程朱"道统"上接孔孟。

（二）重视"四书"的研究，形成"四书"系统

"四书"指《大学》《中庸》《论语》《孟子》，其中《大学》《中庸》是《礼记》中的两部分，宋代《孟子》入经，朱熹首创"四书"之名。

宋儒都重视"四书"，如张载指出："学者信书，且须信《论语》《孟子》，……如《中庸》《大学》，出于圣门，无可疑者。"②"二程"认为"四书"体现圣人之道，遂以"四书"取代"六经"作为经学主体，以"四书"为基础研究儒家经典。程颐推崇《论语》《孟子》："学者当以《论语》《孟子》为本。《论语》《孟子》既治，六经可不治而明矣。"③同时推重《大学》《中庸》，认为《大学》是"入德之门"，《中庸》是"孔门传授心法"。《宋史·道学传》称"二程""表彰《大学》《中庸》二篇，与《论》《孟》并行，于是上自帝王传心之奥，下至初学入德之门，融会贯通，无复余蕴"。朱熹直承"二程"，也重视"四书"，且以"四书"重于"六经"。

重视"四书"，且以"四书"重于"六经"，体现了"宋学"注重阐发儒家经典义理的治经方法。"义理"一词，首见于《礼记·礼器》："义理，礼之文也。""义理"即关于礼之义及其原理的论述。"四书"中的《大学》《中庸》本是《礼记》中的二篇，是先儒对古礼进行研究，阐发其义理的论文集；《论语》《孟子》是孔、孟与门人讨论古经典及儒学理论的对话之汇编。"四书"本身都不是古经

---

① 《宋史·理宗纪》。
② 《张载集·经学理窟·义理》，中华书局1978年版，第277页。
③ 《河南程氏遗书》卷二十五。

典，而是阐发古经典义理的著作，宋儒重视"四书"，一是采用"四书"的研究方法，二是对"四书"的内容进行更加深入的研究，进一步阐发其义理，代表"宋学"最高理论水平的"理学""心学"，都是主要对"四书"研究、思考而形成的哲学理论体系。

（三）比"汉学"研究范围宽、成果多

第一，"宋学"的研究范围宽于"汉学"。"四书"不是"汉学"研究的重点，"汉学"注重对"六经"训诂、考释，对"四书"不甚措意。"宋学"重视"四书"研究，同时，继续对"六经"进行训诂，并阐发其义理。"宋学"可分为"四书"系统和"六经"系统，研究范围较"汉学"明显扩大。

第二，研究成果多于"汉学"。"宋学"有众多著作问世，仅朱熹及其"闽学"门人就撰有大量著作。在"四书"方面，朱熹撰有《四书章句集注》《四书或问》，与门人另著有《论语集解》、《论语要义》、《论语训蒙口义》、《孟子集解》、《孟子精义》（又称《论孟要义》或《论孟集义》）、《中庸集解》（又名《中庸详说》）、《大学集解》等。

其他有影响的著作，如朱熹的再传弟子真德秀撰有《大学衍义》43卷，进一步阐发了《大学》格物致知、诚意、正心、修身、齐家之道，以倡明君主为治之理。全书分"帝王为治之序""帝王为学之本""格物致知之要""诚意正心之要""修身之要""齐家之要"诸篇目。写作特点是，"每条之中，首之以圣贤典训，次之以古今之迹，诸儒之释经论史有所发明者录之"。《大学衍义》认为，大学之道，有体有用：格物、致知、诚意、正心、修身为体，齐家、治国、平天下为用，强调无论是为治之序还是为学之本，莫不自身心开始。

明代"宋学"传人丘濬又撰著《大学衍义补》160卷，补南宋真

德秀《大学衍义》内容之不足。真氏《大学衍义》只阐发"八条目"中的格物、诚意、正心、修身、齐家之理,而对于治国、平天下之理未有论及,内容不完整。丘濬广泛采集经、传、子、史各书中有关治国、平天下的论述及事迹,参以己见,编成此书,意在阐发经传之旨,资皇帝治国之用,矫正时弊。全书分正朝廷、正百官、固邦本、制国用、明礼乐、秩祭祀、崇教化、备规制、慎刑宪、严武备、驭夷狄、成功化十二总目,下分子目。卷首一卷,对真德秀《大学衍义》"诚意正心之要"篇进行补充,增加"审几微"一目;后面则都是对"治国、平天下之道"的论述。在写作上,都是先引诸说,后加"臣按"二字来表述作者自己的见解,每一目后皆加以总结大旨。书成后,邱浚在弘治初年奏上,得到孝宗嘉奖,命录副本,付书坊刊行。明神宗皇帝亲自为此书作序言重刊,此书在当时很受重视。

在"六经"方面,朱熹及其门人继承"汉学"的研究成果,分别对《易经》《诗经》《尚书》《仪礼》《春秋》《孝经》进行训诂、考据,辨其真伪,在此基础上阐发有关经文的义理,提出很多真知灼见。比如,关于《孝经》,提出了"疑非圣人之言""为后人缀辑而成"的观点。"宋学"含"四书"和"六经"两方面的研究成果,数量多于"汉学"。

第三,思辨水平高于"汉学"。"汉学"仅对先秦儒家经典进行训诂及字义注解,其对宇宙观、本体论、认识论、实践论等哲学问题及其与社会人生的关系虽有论述,但都比较粗浅。宋儒通过对《易经》及"四书"的研究,并吸收佛、道教理论素养,形成了"理学"和"心学"哲学体系,对宇宙观、本体论、认识论、实践论等哲学问题及其与社会人生的关系进行了精微的研究,其思辨水平达到了中国古代哲学的最高峰,远远高于"汉学"。因"理学""心学"

的重要性，下文将专章加以论述。

三、"宋学"对维护国家文化安全的意义

"宋学"在宋元明清都受到统治者的重视，对抵御外来文化冲击，维护国家文化安全有重要意义。

（一）"宋学"的官学化

南宋理宗时，国家承认以程朱为代表的"宋学"承续"道统"的地位。皇庆二年（1313年），元仁宗下诏，恢复科举制度，以"四书"作为学校的主课，并以朱熹注解为官方解释，自此，"宋学"开始官学化。

明朝继续以经学作为士子读书和考试的主要内容。明太祖朱元璋即位的第二年（1369年），便下诏天下立学，命礼部刊定条例12条。第一条即规定："国家明经取士，说经者以宋儒传注为宗，行文者以典实纯正为主。今后务须颁降'四书五经'、《性理》、《通鉴纲目》、《大学衍义》、《历代名臣奏议》、《文章正宗》及历代诰律典制等书，课令生徒肄习讲解。其有剽窃异端邪说，炫奇立异者，文虽工，弗录。"[①] "宋学"被确定为官方理论及国家科举考试的内容和标准。

《明史·选举二》载："后颁科场定式，初试'四书'义三道，经义四道。'四书'主朱子《集注》，《易》主程《传》、朱子《本义》，《书》主蔡氏《传》及古注疏，《诗》主朱子《集传》。"科举中亦以宋儒所注儒家经典的内容为主要考试范式。

---

① 无名氏：《松下杂钞》卷下。转引自张国华、饶鑫贤总主编：《中国法律思想通史（三）》，山西人民出版社2001年版，第445页。

成祖时，又命胡广等人纂修《五经大全》、《四书大全》和《性理大全》。其中前两书为圣贤精义要旨，后一书为周敦颐、张载、"二程"、朱熹等人有关"六经"的著作和性理之言。书成之后，明成祖下诏颁布天下，以之统一思想。清朝仍以"宋学"为官方理论，科举中沿用明制，以宋儒所注儒家经典的内容为主要考试范式。

（二）"宋学"对维护国家文化安全的意义

在明代，因为"宋学"作为官方理论的地位，诋毁"宋学"者则被视为"此德之贼也"般的"异端邪说"，并受到打击。如陈鼎著《东林列传·高攀龙传》载："我太祖高皇帝即位之初，首立太学，……一宗朱子之学，令学者非五经、孔孟之书不读，非濂、关、洛、闽之学不讲。成祖文皇帝，益光而大之，令儒臣辑'五经''四书'及《性理全书》，颁布天下。饶州儒士朱季友，诣阙上书，专诋周、程、张、朱之说，上览而怒曰：'此德之贼也。'令有司声罪杖遣，悉焚其所著书，曰：'无误后人。'"

"宋学"本来就使儒学的理论水平大幅提升，而元、明、清三朝以"宋学"为官方学术，使儒学的正统地位再次得到确认。而以"宋学"作为士人学习和科举考试的主要内容，将儒学与士子们的功名利禄紧密结合，使士人趋之若鹜，儒学的地位从此再也不能被诸如佛、道等其他理论所撼动，以儒家理论为表现形式的国家文化处于较为安全的状态。

第二节　创立援用"理学"以维护国家文化安全

"理学"形成于北宋，完善于南宋前期，是"宋学"的重要分支，系对儒家经典《易传》和《大学》作进一步研究而构建的、以"理"为宇宙本体的客观唯心主义哲学体系。

一、"理学"的形成及其主要内容

"理学"，北宋中后期由"北宋五子"（周敦颐、张载、邵雍、程颢、程颐）创立和发展，至南宋朱熹集其大成。

（一）周敦颐的"理学"思想

周敦颐（1017—1073年），字茂叔，号濂溪，道州营道楼田保（今湖南省道县）人，世称"濂溪先生"。宋朝文学家、思想家，"北宋五子"之一，"濂学"创立者及主要代表。现存著作有"太极图"、《太极图说》和《通书》。周敦颐将《老子》的"无极"、《易传》的"太极"、《中庸》的"诚"以及五行阴阳学说等思想资料进行熔铸改造，为宋以后的"理学"家提供了"无极""太极"等宇宙本体论的范畴和模式。

"太极图"是周敦颐以图像形式对"太极"的说明。"太极"的概念，古已有之，《易传》云："易有太极，始生两仪。"唐孔颖达疏："太极谓天地未分之前，元气混而为一，即是太初、太一也。"然古人对"太极"的述说既零碎又抽象，周敦颐受道教人士以图像说明抽象理论的启发，绘制"太极图"。此图外沿是一外正圆，其中有黑、白两条鱼形物，两条鱼形物以S形曲线划分，黑鱼的眼睛是白的，白鱼的眼睛是黑的。此图整体为"太极"，黑、白两条鱼形物则是"太极"所生的"两仪"，即"阴阳"，其中黑鱼为"阴"，白鱼为"阳"，该图又称"阴阳鱼太极图"。

"太极图"生动形象地描绘了宇宙构成的奥秘：宇宙万物分为阴阳，但又共存于一体，既对立又统一。"太极图"中阴阳鱼的S形曲线圆润柔和，意味着阴阳虽然两分，但和谐共存，有矛盾但不尖锐，有相互转化的可能性。其中白鱼黑睛和黑鱼白睛，意味着阴中有阳，阳中有阴，阴阳转化已有现实基础。该图以简洁的方式展示了抽象而复杂的太极两仪理论。

《太极图说》是周敦颐对"太极图"的文字说明，其内容如下。

"无极而太极，太极动而生阳，动极而静，静而生阴，静极复动。一动一静，互为其根；分阴分阳，两仪立焉。"

"阳变阴合，而生水、火、木、金、土；五气顺布，四时生焉。"

"五行，一阴阳也；阴阳，一太极也。太极，本无极也。五行之生也，各一其性。"

"无极之真，二五之精，妙合而凝。'乾道成男，坤道成女。'二气交感，化生万物。万物生生而变化无穷焉。"

"唯人也，得其秀而最灵。形既生矣，神发知矣，五性感动而善恶分，万事出矣。圣人定之以中正仁义而主静（自注：无欲故静），立人极焉。"①

《太极图说》虽然只有200多字，其内涵却极为丰富，包含宇宙的本原、物质、状态、动力、万物生成变化、人类的特点和应为等，具体包括以下内容。

第一，"无极"生"太极"，为万物的本源。"太极"之前即有"无极"，"无极"似无非无，其中包含着有，故生出有，即"太极"。第二，"太极"内的动、静而生"阴阳"，即"两仪"，动、静"互为其根"。"太极动而生阳，动极而静，静而生阴。静极复动。一动一静，互为其根；分阴分阳，两仪立焉。"第三，"阴阳"生"五行"，而形成"五气"和"四时"。"阳变阴合，而生水、火、木、金、土；五气顺布，四时生焉。"第四，无极、太极、阴阳、五行是统一的，本质一致的。"五行，一阴阳也；阴阳，一太极也。太极，本无极也。五行之生也，各一其性。"即五行统一于阴阳，阴阳统一于太极，太极本于无极，五行所生的万物，其本质是一致的。第五，包括人类在内的宇宙万物概由阴阳、五行"妙合而凝"所生。"无极之真，二五之精，妙合而凝。'乾道成男，坤道成女。'二气交感，化生万物。万物生生而变化无穷焉。""二五"即阴阳、五行，阴阳、五行的精华"妙合而凝"，生出人类的男女和宇宙万物，男女和万物又生生不息，生出各类物质，使宇宙变化无穷。第六，人类为万物之灵，应

---

① 《周濂溪集》卷一。

当"中正仁义而主静"。"唯人也，得其秀而最灵。形既生矣，神发知矣，五性感动而善恶分，万事出矣。圣人定之以中正仁义而主静（自注：无欲故静），立人极焉"。人类得阴阳之精华而最具灵气，但感五行之性而有善恶，做出人间各种善恶之事。圣人制定礼法，"以中正仁义而主静"，"无欲故静"，主静即消除人类过多的欲望，去除恶念。

《通书》有3000多字，其中有部分内容系对《太极图说》的进一步阐发，主要提出了以下观点。

第一，"一实万分"说。他认为，"二气五行，化生万物。五殊二实，二本则一。是万为一，一实万分。万一各正，小大有定"。阴阳及木火土金水五行生化出万物，但万物本质一致。万是现象，一是本质。一即"太极"，万物皆归于"太极"这一本体。

第二，"物则不通，神妙万物"的动静观。他认为，"寂然不动者，诚也；感而遂通者，神也；动而未形、有无之间者，几也。诚、神、几，曰圣人"。事物的动和静有多种表现，只有圣人才能明察其具体情况。"动而无静，静而无动，物也。动而无动，静而无静，神也。动而无动，静而无静，非不动不静也。物则不通，神妙万物"。万物表面上要么是动的，要么是静的，但动和静又互相包含。具体事物的动和静似乎互相排斥而不相通，但其内在的动静相含则是相通的、一致的，都由"太极"推动而变化无穷。

第三，"万物各得其理然后和"社会观。他认为，人类是万物中"得其秀而最灵"，又由于圣人可以体察万物动静的幽微，是众人之秀的"一人"，所谓"天下之众，本在一人"。圣人体察万物，掌握"仁义之道"，可以使"天道行而万物顺，圣德修而万民化。大顺大化，不见其迹，莫知其然之谓神"。圣人被周敦颐神圣化。

圣人还能"理阴阳"，"阴阳理而后和。君君、臣臣、父父、子子、兄兄、弟弟、夫夫、妇妇，万物各得其理然后和"。对于这种"和"，周敦颐称作"万一各正，小大有定"。在自然界，万物（"万"）与太极（"一"）各有其应处（"正"）的地位；在社会上，统治者（"大"）与被统治者（"小"）也有其不移（"定"）的等级。周敦颐所谓的"万物各得其理然后和"，归根结底就是要维护"君君、臣臣、父父、子子、兄兄、弟弟、夫夫、妇妇"的封建伦理秩序。

第四，"主静""至诚"的修身观。他认为，人类在万物中"最灵"，有感情和欲望。但如果"民之盛也，欲动情胜，利害相攻，不止，则贼灭无论焉"。意思是如果欲望过盛，就会造成"利害相攻"，导致社会动乱。而防止人类欲望过盛方法有三：一曰"定之以中正仁义"，树立正确的政治原则和道德标准，"俾人自易其恶，自至其中"，以"存天理"；一曰"主静"，因为"欲动情胜"是难以阻止的，只有"主静""慎动"，才能从源头上阻却人类欲望的产生，以"灭人欲"；一曰"立诚"，"乾道变化，各正性命，诚斯立焉"，"诚"是"万物资始"的宇宙本体，具有"纯粹至善"的先天本性，掌握了"诚"，就掌握了"五常之本，百行之源"。诚心一立，人极也就立起来了。人若修身达到"至诚"，则进入至高至善的道德境界，成为圣人。要达到"至诚"，其修养方法为"主静"。"无欲故静"，同时"静"也能使人从寡欲达到无欲。无私无欲，便成为圣人。即便不能成为圣人，至少也是君子。

周敦颐提出"主静""至诚"的修身观，自己也身体力行，洁身自好。周敦颐认为菊就是花中隐士，牡丹是花中富贵者，而莲则是花中君子，其名作《爱莲说》，以莲花自况，希望自己如莲花般"出污泥而不染"，成为一个"穷则独善其身，达则兼济天下"的君子型人物。

周敦颐的思想包含对世界本体、万物生成、变化发展、人类的特点及修养等内容，形成了"理学"的基本框架，并成为"理学"的创始人。其思想形成后，立即被"二程"传承，并得到统治者的尊崇。宋徽宗政和六年（1116年）被封宣奉大夫；宁宗嘉定十三年（1220年）谥"元"，世称"元公"；理宗淳祐元年（公元1241年）被封汝南伯；元朝仁宗延祐六年（1319年）被封道国公，历朝入祀孔庙。明代宗景泰七年（1456年），封其后裔12代孙周冕世袭五经博士，延至清末400余年共封13位五经博士，这是自汉武帝尊儒设五经博士之称以来，获五经博士最多且时间最长的家族。

（二）张载和邵雍的"理学"思想

1. 张载的"理学"思想

张载（1020—1077年），字子厚，祖籍大梁（今河南开封），生于长安（今陕西西安），后侨寓于凤翔眉县横渠镇（今陕西眉县横渠镇），并在该地安家、讲学，世称"横渠先生"。北宋思想家、教育家，"北宋五子"之一。张载的学问以《易》为宗，以《中庸》为体，以孔、孟为法。因长期讲学于关中，故其学派被称为"关学"。著有《正蒙》《横渠易说》《经学理窟》《张子语录》《文集》等，后人编为《张载集》。张载在"理学"上的创新，主要有以下几个方面。

第一，提出了"气本体论"。张载和前人一样，以《易传》的"易有太极，是生两仪"为其宇宙观的依据，但他认为，"太极"就是"气"。他在《正蒙》的开头即写道："太和所谓道（指太极），中涵浮沉、升降、动静相感之性，是生氤氲，相荡、胜负、屈伸之始。"具有浮沉、升降、动静相感之性的东西就是"气"，就是"太和"，"太和"是"气"的总名。"气"是实实在在的物，是永恒存在的。"知太虚即气，即无无"。"太虚"不是真空，不是无，只是宇宙处于气散的、肉眼看不见的状态而已（"太虚"是指"气"的本体，是宇宙的结构；"太和"是指宇宙的精神面貌）。但无论聚散，"气"都是存在的，不能说是"无"。"方其聚也，安得不谓之客；方其散也，安得遽谓之无？"张载的"太虚"思想与佛家和道家的"无"的思想截然不同，其"太虚"思想具有唯物主义的特征。如此，张载关于世界物质的统一性和物质的永恒性思想，是古典朴素唯物主义思想的最高成果。

第二，提出了"气聚散论"。张载认为，"太虚之气"包含着阴和阳两种属性，阳气的特性是清、浮、升、动，阴气的特性是浊、沉、降、静。阴阳二气处于同一个统一体中，既相互对立、相互斗争、相互激荡，又相互联系、相互依存、相互渗透、相互生发。阴阳二气的这种关系和运动变化，是万物运动变化的根本原因和动力。

"气"的阴阳二性及其互动，使"气"不断地运动，具体表现就是不断或聚或散。"太虚不能无气，气不能不聚而为万物，气不能不散而为太虚。循是出入，皆不得已而然也"。"气聚，则离明得施而有形；不聚，则离明不得施而无形"[①]。"气"聚时，便生成世间万物；散时，则万物死亡而崩坏。"气"的聚散理论，解释了世间万物的生成和死亡，是张载理学中的辩证法思想。

第三，提出了"见闻之知"与"德性之知"的认识论。张载认为，人类认识世界，有两种方法。其一是通过耳、目、鼻、舌、身等感官接触外界事物而获得相关的知识，为"闻见之知"。这种方法最为常见，但有较大的不足，即不能全面认识天下有形有象之事物，更不能穷尽无形的天下万物之理。其二是"穷理尽性"，通过对事物本质的理解和把握，举一反三，获得对世间万物全面而深刻的认识，是为"德性之知"。张载进一步指出，只有"德性之知"才为真知，

[①] 《张子全书》卷二《正蒙·太和篇》。

才能反映万物的本性本质,"诚明所知,乃天德良知,非见闻小知而已"①。张载在探讨人的认识方法时,已经看到了感性与理性、有限与无限、相对与绝对、现象与本质的辩证关系,因而对中国古代认识论作出了重要的贡献。

第四,提出了"归天理""灭人欲"的修身观。张载批评佛教,"释氏无天用,故不取理。彼以性为无,吾儒以参为性,故先穷理而后尽性"。"参"即天、地、人三才之自然,先彻底认识天理,然后才能全面了解人的本性。"天道即性也,故思知人不可不知天,能知天斯知人也,知人与穷理尽性,以至于命同意。"②知天就是穷理,穷理才能知人,知人即尽性,这也可以叫天命。张载哀叹,"今之性,灭天理而穷人欲","天下之富贵假外者皆有穷已,盖人欲无厌而外物有限"。他要"令复反归其天理","惟道义则无爵而贵,取之无穷矣"③,并为士人提出了"为天地立心,为生民立命,为往圣继绝学,为万世开太平"的人生志向。

张载在《西铭》中指出:"违曰悖德,害仁曰贼,济恶者不才。其践刑惟肖者也。""不循天理,而徇人欲者,不爱其亲,而爱他人也,故谓之悖德。戕灭天理,自绝本根者,贼杀其亲,大逆无道也,故谓之贼。长恶不悛,不可教训者,世济其凶,增其恶名也,故谓之不才。若夫尽人之性,而有以充人之形,则与天地相似,而不违矣,故谓之肖。"④这些悖德、残贼、不才之罪,都是由于违灭天理、背绝人伦造成的。所以,消灭犯罪的根本办法是"穷理尽性"和"立德修身","归天理""灭人欲"。

---

① 《张子全书》卷三《正蒙·诚明篇》。
② 《文渊阁四库全书》第 697 册,上海古籍出版社 2003 年版,第 283 页。
③ 《文渊阁四库全书》第 697 册,上海古籍出版社 2003 年版,第 166、172 页。
④ 《文渊阁四库全书》第 697 册,上海古籍出版社 2003 年版,第 83 页。

周敦颐的《太极图说》等建立了"理学"的基本框架,但对世界万物生成和灭亡的原因及过程却说明不够,张载的"气本体论"及"气聚散论"则对世界万物生成和灭亡的原因和过程进行了清楚的说明;其"归天理""灭人欲"的修身观提到了"天理""人欲"问题,已基本提出"存天理,灭人欲"的主张,为"程朱理学"奠定基础。朱熹称赞张载的修身观是"极有功于圣门,有补于后学……前此未曾有人说到此"[1]。清代思想家王夫之更是盛赞张载的学问:"张子之言无非《易》,立天,立地,立人,反精研几,精义存神,以纲维三才,贞生而安死,则往圣之传,非张子其孰与归!""横渠学问思辨之功,古今无两。""张子之学,上承孔孟之志,下救来兹之失,如皎日丽天,无幽不烛,圣人复起,未有能易焉者也。"[2]其"为天地立心,为生民立命,为往圣继绝学,为万世开太平"的名言,被称作"横渠四句",传诵至今。

张载的思想以其弟子及南宋、元、明、清诸代传承者为主体,教学及学术传播以关中为基地而形成"关学",为宋代"理学"重要学派,与周敦颐的"濂学"、"二程"的"洛学"、王安石的"新学"、朱熹的"闽学"齐名,共同构成宋代儒学的主流。张载因其学术贡献,被后世尊称"张子",封先贤。南宋嘉定十三年(公元1220年)被追谥"明",世称"明公";淳祐元年(公元1241年)被封郿伯,从祀孔子庙庭。

2. 邵雍的"理学"思想

邵雍(1012—1077年),字尧夫,自号安乐先生、伊川翁,生于林县上杆庄(今河南省林州市刘家街村邵康村)。北宋理学家、数学家、诗人,"北宋五子"之一。著有《皇极经世》《观物内外篇》

---

[1] 《朱子语类》卷四。
[2] 王夫之:《张子正蒙注·序论》。

《先天图》《渔樵问对》《伊川击壤集》《梅花诗》等。

邵雍在"理学"上的贡献，主要在于对《易经》进行了深入的研究，具体是对《易传》关于"四象""八卦"的内容进行解说。《易·系辞传上》云："易有太极，是生两仪；两仪生四象；四象生八卦。"为了能够形象地说明"两仪生四象；四象生八卦"，邵雍也画了一个横图：

太柔　太刚　少柔　少刚　少阴　少阳　太阴　太阳
　　柔　　　刚　　　阴　　　阳
　　　　　静　　　　　　动

在邵雍的理论体系中，图中最下面一层（即第一层）是两仪，是动、静，而不是阴、阳；动、静生柔、刚、阴、阳，即图中第二层的"四象"；"四象"生太柔、太刚、少柔、少刚、少阴、少阳、太阴、太阳，即图中第三层的"八卦"，而"八卦"的卦象由一、二、三层组成。如果将太柔、少柔、太阴、少阴、柔、静设为阴爻，将太刚、少刚、太阳、少阳、阳和动设为阳爻，"八卦"的构成便为：太阳、阳和动构成乾卦（☰），太阴、阳和动构成兑卦（☱），少阳、阴和动构成离卦（☲），少阴、阴和动构成震卦（☳），太柔、柔和静构成坤卦（☷），太刚、柔和静构成艮卦（☶），少刚、刚和静构成巽卦（☴），少柔、刚和静构成坎卦（☵）。八卦各代表一定的原则和影响力，具体化为天地、宇宙和万物。

邵雍沿用《易传·说卦传》中的概念术语："立天之道，曰阴曰阳；立地之道，曰柔曰刚"，并对之进行解释："天生于动者也，地生于静者也。一动一静交而天地之道尽之矣。动之始则阳生焉，动之极则阴生焉。一阴一阳交而天之用尽之矣，静之始则柔生焉，静之极而刚生焉，一刚一柔交而地之用尽之矣。"邵雍进一步解释："太阳为阳，太阴为月；少阳为星，少阴为辰；日月星辰交而天之体尽之矣。""太柔为水，太刚为火；少柔为土，少刚为石；水火土石交而地之体尽之矣。"

邵雍从上述横图中深化出了他的宇宙来源理论，图中没有把"太极"画出来，实际上"太极"在横图第一层"动""静"以下的空白区，邵雍对此有说明："太极一也，不动；生二，二则神也。神生数，数生象，象生器。"[①]

汉朝的纬书中有《易纬》，《易纬》提出"卦气说"，一年12个月每个月都受几个卦象的统治，有一卦为一个月的主卦，即复卦、临卦、泰卦、大壮卦、夬卦、乾卦、姤卦、遁卦、否卦、观卦、剥卦、坤卦，其中复卦寒气已达极致，物极必反，阳气产生，是中国阴历十一月的主卦；乾卦是热气的极致，是阴历四月的主卦；其后的姤卦是热气已达极致后的物极必反，阴气产生，是阴历五月的主卦；坤卦是寒气的极致，是阴历十月的主卦。

上述12卦合在一起，阴极则阳生，阳气逐月递增，达到极致后阴气产生，阴气逐月递增，达到极致后，阳气产生，又重新开始。阴阳消长，周而复始。

邵雍的12卦，也是对事物萌芽、成形、顶峰、衰败、灭亡、归无的发展全过程的阐述。其中复卦是事物的萌芽，到泰卦表明个体事物已经成形，到乾卦，该事物发展到顶峰；从姤卦起，该个体事物开始衰败；到剥卦，该事物分崩离析或者死亡；到坤卦，则该事物完全归于无。以后会在另一个世界里如同复卦那样重新开始，其生灭的过程又重演一次。

---

① 上述引文皆出自邵雍：《皇极经世·观物内篇》。

另外，邵雍认为，他的横图及图解系用于说明事物演化的规律，但事物演化的规律不仅在图解之前已经存在，实际上在事物出现之前便已经存在了，这个先于事物的存在就是"理"。

邵雍对《周易》中"四象""八卦"等问题的研究，理解独到。其所作《皇极经世》对"易有太极，是生两仪；两仪生四象；四象生八卦"等象数问题的解说超越了以往历代儒家学者，对于宋代"理学"的形成与发展起到了至关重要的推动作用。其关于有先于事物存在的"理"的观点，也是一项创新，对"理学"的形成有重要意义。其对"理学"的贡献，受到时人及后世的尊崇，宋哲宗元祐中赐谥"康节"；南宋咸淳三年（1267年），从祀于孔庙。

（三）"二程"的"理学"思想

程颢（1032—1085年），字伯淳，号明道，世称"明道先生"，河南府洛阳（今河南省洛阳市）人；程颐（1033—1107年），字正叔，为程颢之胞弟，世称"伊川先生"。两人都是北宋思想家、教育家，"北宋五子"之一，"洛学"创始人及主要代表。

程颢和弟弟程颐，世称"二程"，同为北宋"理学"的奠基者，其学说在"理学"发展史上占有重要地位。程颢撰有《定性书》《识仁篇》等，后人集其言论和著述编成《遗书》《文集》等；程颐撰有《经说》8卷，系以义理疏解儒家经典著作，包括《易》《诗》《书》《春秋》《论语》《孟子》《大学》《中庸》8种，其中《易》、《孟子》、《中庸》及《粹言》2卷，其弟子参与编写，后又由张栻重新编次。以上著作皆收录于《二程全书》。

"二程"兄弟十五六岁时曾受学于"理学"创始人周敦颐，经常与表叔张载谈论易理，与邵雍的住处相距不远，亦有学术交流。在继承和吸收前者学术理论的基础上，"二程"又有理论创新，完成了对"理学"的构建。"二程"的学说在某些方面有所不同，但基本内容并无二致，皆以"理"或"道"作为全部学说的基础，认为"理"是先于万物的"天理"，"万物皆只是一个天理"，"万事皆出于理"，"有理则有气"。

在"二程"之前，虽有周敦颐、张载、邵雍对"理学"进行了阐发，并自成体系，各具特色，但也各有偏失和不足。其中，周敦颐的《太极图说》只是构建了宇宙万物的结构及形成、发展的基本框架，其内容简单，对一些具体问题则言之不详；邵雍只演算了象数之理，对其与人类的具体关系则未予多说；张载学说内容丰富，其"气本体论""气聚散论"涉及宇宙生成、演变的原因和过程，以及人的善恶和天理、人欲问题等"理学"的基本问题。但是张载的理论有一个重要缺陷，就是无法解释万物为什么会生成为不同的种类，具体而言，如花和叶都由"气"聚集而生，但为什么有的聚成花，有的聚成叶呢？针对这一问题，"二程"提出了"理本体论"，并形成了一个新的理论体系。其主要内容如下。

第一，提出了"理本体论"。"二程"认为，世间万物之所以能存在，是因为有一个"理"，而且居于某个事物之中。有一物则必有一"理"，但如果有一"理"，则可能有也可能没有与它相应的物，故"理"是先于物、独立于物而存在的，是万物的主导、精神和本原。万物因"气"聚而成，又因其中有各自的"理"才各成其类。"气"按花之"理"聚集则生成花，"气"按叶之"理"聚集则生成叶。

"二程"认为，"理"是外在的、"百理具备"的，人对"理"既不能增一分，也不能减一分。如程颐指出："这上头更怎生说得存亡加减。是它元无少欠，百理具备。""百理具在，平铺放着，几时道尧尽君道，添得些君道多；舜尽子道，添得些子道多。元来依旧。"①意即在形而上的世界里，虚无一物，却又万物具陈。虚无一物，是因为其中没有具体事物；万物具陈，是因为万物的"理"都在其中。"理"是客观存在的，无论现实世界中有没有它的具体对应物，也不在于人们是否知道它们。

"二程"还把"理"与"道"联系了起来，认为"理"即"道"。他们认为，天地万物和人，都统一于"道"。比如，程颢指出，"理便是天道也"，"理无形也"，"无形为道"。"天有是理，圣人循而行之，所谓道也。"②所以人们也把"理学"称为"道学"，因为在他们那里，"理"和"道"是同等的概念。

第二，提出了"即物穷理"的认识论。"二程"认为，"性即理也"，事物的本性即其"理"。而要认识"性"或者"理"，便要"即物穷理"，要"格物致知"，通过对具体事物的研究，逐日认识事物之"理"，积累多了，就能豁然贯通，认识万物之"理"。

第三，主张"存天理，灭人欲"。根据"性即理也"，人之"理"即人之"性"。按照孟子的学说，人之本性是善的。又根据张载的"气聚说"，因人们所聚的"气"不同，所以形成的人性也不同，有善有恶。如果所聚为"浊气"，则人性趋恶，其人欲炽盛。若人欲蒙蔽了本心，便会损害天理，"无人欲即皆天理"。因此"二程"极力主张"存天理，灭人欲"。

第四，提出了"涵养用敬"的修身观。程颐指出，"涵养须用敬，进学则在存知"。③程颢也提出，学者必须首先认识万物本是一体，"识得此理，以诚敬存之"。"敬"的意思是严肃、真诚，心思不

---

① 《河南程氏遗书》卷二上。
② 《河南程氏遗书》卷二十一。
③ 《河南程氏遗书》卷十八。

分散。周敦颐主张修身用"静",有受禅学影响的痕迹。"二程"主张修身用"敬",说明"理学"在精神修养上和禅学分道扬镳。

"二程"提出"理本体论",并在此基础上提出了"即物穷理""格物致知""存天理,灭人欲""涵养用敬"等理论和主张,基本完成了对"理学"体系的构建,为南宋朱熹集"理学"大成提供了主要的思想素材。"二程"在当时就门生广布,亦备受后世尊崇。宋宁宗嘉定十三年(1220年),赐谥程颢为"纯",世称"纯公",程颐为"正",世称"正公"。宋理宗淳祐元年(1241年),又追封程颢为"河南伯",程颐为"伊阳伯",并"从祀孔子庙庭"。

(四)朱熹的"理学"思想

朱熹(1130—1200年),字元晦,号晦庵,祖籍徽州府婺源县(今江西省婺源县),生于南剑州尤溪(今属福建省尤溪县)。南宋思想家、教育家、诗人,"理学"思想的集大成者,"闽学"创始人及主要代表。朱熹著述甚多,有《四书章句集注》《太极图说解》《通书解说》《周易读本》《楚辞集注》,后人辑有《朱子大全》《朱子集语》《朱子语类》等。

朱熹继承"北宋五子"的"理学"思想,并对之进行融合,形成了内容完备的理论体系。其主要内容如下。

第一,提出了"理本气具"的理气观。朱熹认为,一切事物,无论是自然的还是人为的事物,都自有其理。《朱子语类》载有朱熹与他人关于"理"的几段对话。"问:枯槁之物亦有性,是如何?曰:是它合下有此理。故曰,天下无性外之物。""问:理是人、物同得于天者,如物之无情者,亦有理否?曰:固有是理。如舟只可行之于水,车只可行之于陆。""问:枯槁有理否?曰:才有物,便有理。

天不曾生个笔，人把兔毫来做笔，才有笔，便有理。"①"问：天地未判时，下面许多都已有否？曰：只是都有此理。""未有天地之先，毕竟也只是理。"②"理"是先天存在的、是永恒的。

朱熹认为，"理"是宇宙的本体。他指出，"理"就是"太极"："事事物物，皆有个极。是道理极致，总天地万物之理，便是太极。""在天地言，则天地中有太极；在万物言，则万物中各有太极。"③他还认为，"太极"即"无极"："无极只是极致，更无去处了。至高至妙，至精至神，是没去处。濂溪恐人道太极有形，故曰无极而太极。是无之中有个至极之理。"④朱熹的意思是强调"理"是"太极"，是无形的，是世界万物最终（极致）的本原，是宇宙的本体。

在"理""气"关系上，朱熹认为"理本气具"。他指出："天地之间，有理有气。理也者，形而上之道也，生物之本也；气也者，形而下之器也，生物之具也。是以人、物之生，必禀此理，然后有性；必禀此气，然后有形。"⑤又说："疑此气是依傍这理行。及此气之聚，则理亦在焉。盖气则能凝结造作，理却无情意，无计度，无造作。……若理则只是个净洁空阔的世界，无形迹，他却不会造作。气则能酝酿凝结生物也。但有此气，则理便在其中。"⑥在朱熹看来，"理"是抽象的、洁净空阔的存在，"气"是具体的、有形的、可以产生万物的存在。然而"理"可以独立存在，"气"则不能，有"气"时，"理"已在"气"中。两者的关系是，"理"是精神、本源，"气"是物质，是"理"的具体体现。世界万物都是由具有此"理"

---

① 《朱子语类》卷四。
② 《朱子语类》卷一。
③ 《朱子语类》卷一。
④ 《朱子语类》卷九十四。
⑤ 《朱子集语》卷五十八《答黄道夫书》。
⑥ 《朱子语类》卷一。

之"气"凝结而成的。

第二，提出了气禀决定善恶的人性论。朱熹认为，每个人必禀"理""气"而生，其中"理"构成人之"性"："性即理也。……人物之生，因各得其所赋之理，以为健顺五常之德，所谓性也。"[①]"气"构成人的"形"。"理"是至真至善至美的，但"气"却是有精有粗、有正有偏、有清有浊甚至"有渣滓"的。二者一旦结合，即"理"坠入"气"中，就不免受到"气"的各种限制和束缚。人之善恶之分，全在于他生时禀了什么"气"。

关于气禀对人类善恶之性的影响，朱熹极为关注，并反复论说，如他指出："人之性皆善，然而有生下来善底，有生下来便恶底，此是气禀不同。且如天地之运，万端而无穷；其可见者，日月清明，气候和正之时，人生而禀此气，则清明浑厚之气，须做个好人。若是日月昏暗，寒暑反常，皆是天地之戾气。人若禀此气，则为不好的人无疑。""禀得精英之气，便为圣为贤，便得理之全，得理之正。……禀得衰颓薄浊之气者便为愚不肖。""有是理而后有是气，有是气则必有是理。但禀气之清者，为圣为贤，如宝珠在清冷水中；禀气之浊者，为愚为不肖，如珠在浊水中。"[②]"却看你禀得气如何。然此理却只是善。既是此理，如何得恶？所谓恶者，却是气也。孟子之论，尽是说性善，至有不善，说是陷溺。是说其本无不善，后来方有不善耳。若如此，却是论性不论气，有些不备。"[③]

朱熹把人性分为"天地之性"和"气质之性"两个层次。"天地之性"就是"理"本身，"气质之性"是禀得清浊不同之"气"的性。"天地之性"人人无异，但"气质之性"人人有异。禀得偏粗之

---

① 《四书集注·中庸章句》。
② 《朱子语类》卷四。
③ 《朱子全书》卷四十三。

气者，便具不好的"气质之性"，难免有"人欲"或"物欲"，便易于犯罪："人心本明，天理素具，但为物欲所昏，利害所蔽，故小则伤恩害义而不可开，大则灭乱天伦而不可救。"①"至所发不善，皆气禀物欲之私"②。因此，"物欲"是犯罪的根源或动因，"为物欲所蔽"者就会犯罪。"人欲"何来？朱子认为，"人欲"来自气禀的粗和偏。这就是说，未禀得精气、正气而只禀得粗气、偏气，乃是犯罪的最后根源。至于为什么会有人禀得精气、正气，而有人只能禀得粗气、偏气，在朱熹看来，这似乎纯属偶然。

第三，提出了"法者，天下之理"的法律观。朱熹认为，礼制和法律是"理"的体现，他论证道："宇宙之间，一理而已。天得之而为天，地得之而为地。而凡生天地之间者，又各得之以为性。其张之为三纲，其纪之为五常，盖皆此理之流行，无所适而不在。"③世间一切自然现象和人文现象均是"理"的体现，具体言之，礼、法制度亦然。"天理只是仁义礼智之总名，仁义礼智便是天理之件数。"④"法者，天下之理。"⑤"盖三纲五常，天理民彝之大节而治道之本根也。故圣人以治之为之教，以明之为之刑。"⑥"礼字、法字实理字，日月守时往来屈伸之常理，事物当然之理。"⑦"礼者，天理之节文，人事之仪则。"⑧这些礼、法制度，一方面是"忠""孝""悌""顺"等基本的伦理规范，另一方面又是国家的法律制度，它们都是"理"或"天理"的体现。朱熹的这一说法，便

---

① 《朱文公文集·甲辰拟上封事》。
② 《朱子语类》卷五。
③ 《朱子全书》卷六十《诸子二》。
④ 《朱子大全·答何叔京》。
⑤ 《朱子大全·学校贡举私议》。
⑥ 《朱子大全·延和奏札》。
⑦ 《朱子大全·答吕子约》。
⑧ 《朱子大全·答曾择之》。

将礼、法制度上升到了系"天理"化身的高度，获得了至高的权威性。人们违反礼法，即违反"天理""天道"，不仅要受到法律的严惩，还要受到天罚。

第四，提出了以"存天理，灭人欲"为目标的修身观。虽然"禀气之浊者，为愚为不肖"，容易犯罪，然而并非禀得浊气之人，一定会走向犯罪。"气质之性"或气禀虽先天由不得个人选择，但可以凭借后天努力加以改造："人之为学，就是变化气禀"[1]。要使"气质之性"回归为"天地之性"，这就是修身之道，亦即预防犯罪之道。"圣贤千言万语，只是教人明天理，灭人欲"。"天理存则人欲灭，人欲胜则天理灭"[2]。只有"革尽人欲"，才能"复尽天理"。

那么，怎样做才能"灭人欲"呢？朱熹主张以"格物致知"为"去欲"之方。"格物致知"的方法，最初见于被宋儒视作"初学入德之门"的《大学》。《大学》重点论述自我修养，第一步就是"格物致知"。朱熹指出，"格物"可以"穷理"："所谓致知在格物者，言欲致吾之知，在即物而穷理也。"[3]因为"理"是形而上的、抽象的，而物是具体的，通过"格物"，既可领悟万物之"理"，又可领悟自己的内心之"性"。而"穷理"则可使人"去物欲所蔽"："今人多是气质偏了，又为物欲所蔽，故昏而不能尽知，圣贤所以贵于穷理。"甚至可以直接消铄"人欲"："天理明自不消讲学。人性本明如宝珠，沉溷水中，是不可见。去了溷水则宝珠依旧自明。自家若得知是人欲蔽了，便是明处，只是这上便紧紧著力，主定一面格物，今日格一物，明日格一物，正如游兵攻围拔守，人欲自消铄去。"[4]

---

[1] 《朱子语类》卷五。
[2] 《朱子语类》卷三。
[3] 《大学章句·补格物传》。
[4] 以上引文皆出自《朱子语类》卷十二。

做到了"格物致知"，还需要"居敬"，才能"穷理"。即所谓"居敬穷理"，就是要人们自己保持一种恭敬、警惕、专一的心态，竭力体察、认识事物之"理"，力争回归合于"理"的状态。

朱熹是"二程"（程颢、程颐）的三传弟子李侗的学生，其"理学"思想以继承"二程"为主，同时也吸收了周敦颐、张载、邵雍的思想，特别是张载关于"气"的理论。朱熹对"北宋五子"的思想加以融合，又进行了创新。比如，他提出了"理本气具"说和"法者，天下之理"的观点，终至集北宋"理学"思想之大成，形成了内容完备、体系严谨的哲学理论体系。

朱熹因牵涉当时的政坛斗争而遭遇"庆元党禁"，其学说也被斥为"伪学"。但因其学说的合理性和重大影响，以及有利于国家治理的功用性，理宗时，"理学"被官方认可，朱熹也被追赠为太师、徽国公，赐谥"文"，故世称"朱文公"，为唯一非孔子亲传弟子而享祀孔庙、位列大成殿十二哲者之一。

二、"理学"对维护国家文化安全的意义

朱熹以后，宋朝再未出大"理学"家，其弟子及再传弟子主要对朱熹思想进行传播，元朝虽略有发展，但主要是传播。

（一）"理学"在后世的发展和传播

元朝代宋，"理学"家赵复"以周、程而后，其书广博，学者未能贯通，乃原羲、农、尧、舜所以继天立极，孔子、颜、孟所以垂世立教，周、程、张、朱氏所以发明绍续者，作《传道图》，而以书目条列于后；别著《伊洛发挥》，以标其宗旨。朱子门人，散在四方，则以见诸登载与得诸传闻者，共五十有三人，作《师友图》，以

寓私淑之志。又取伊尹、颜渊言行，作《希贤录》，使学者知所向慕，然后求端用力之方备矣"①，一方面对宋代"理学"作补充阐发，另一方面进行传播。黄宗羲之子黄百家对此有描述："自石晋燕云十六州之割，北方之为异域也久矣，虽有宋诸儒叠出，声教不通。自赵江汉以南冠之囚，吾道入北，而姚枢、窦默、许衡、刘因之徒得闻程、朱之学，以广其传。由是北方之学郁起，如吴澄之经学，姚燧之文学，指不胜屈，皆彬彬郁郁矣。"②明清两代沿袭"理学"哲学理论，并官学化。

（二）"理学"对维护国家文化安全的意义

"理学"是儒家哲学，其思辨水平较汉唐儒学有极大提升，使儒学哲学思辨不足的缺陷得到较大程度的弥补。同时，明太祖洪武二年（1369年）下诏，"课令生徒肄习讲解"《性理》。成祖时，又命胡广等人纂修《五经大全》、《四书大全》和《性理大全》，颁行天下，为官学之本。《性理》《性理大全》是周敦颐、张载、"二程"、朱熹等人的"理学"著作的汇编，"理学"由此官学化，成为学校主课及科举考试内容。因以上两点，儒学抵抗佛、道理论侵蚀的能力有极大提升，以儒家理论为核心的国家文化安全得到有力的维护。

---

① 《元史·赵复传》。
② 黄宗羲：《宋元学案》卷九十《鲁斋学案》，中华书局1986年版，第2995页。

第三节　创立援用"心学"以维护国家文化安全

"心学"亦萌芽于北宋中期，创立于南宋前期，至明朝中期形成了完备的理论，是"宋学"的重要分支。"心学"系对儒家经典《孟子》和《大学》作进一步研究而构建的、以"心"为宇宙本体的主观唯心主义哲学体系。其主要代表为南宋陆九渊和明朝王守仁，故称"陆王心学"。

一、"心学"的创立及完善

"心学"的形成与发展较为特殊，所历时间较长，从其创立到集大成，跨越宋、元、明三个朝代。

（一）陆九渊对"心学"的创立

陆九渊（1139—1193年），字子静，抚州金溪人，南宋哲学家、教育家，"心学"的创始人及主要代表。书斋名"存"，世称"存斋先生"。又因讲学于象山书院（今江西贵溪西南），被称为"象山先生"。著有《象山先生全集》。

陆九渊是与朱熹齐名的思想家，而学术见解多有不合，其"心学"思想源于"北宋五子"之一，同为程朱理学代表的程颢。程颢的思想中有"心学"的因子，他认为，人达到视自己与万物一体正是"仁"的主要特征。他说："学者须先识仁。仁者浑然与物同体，义礼智信皆仁也。识得此理，以诚敬存之而已，不须防检，不须穷索。……此道与物无对，大不足以名之，天地之用，皆我之用。孟子曰，万物皆备于我，须反身而诚，乃为大乐。若反身未诚，则犹二物，有对，以己合彼，终未有之，又安得乐？《订顽》（即张载之《西铭》——引者注）意思乃备言此体。以此意存之，更有何事？'必有事焉而勿正，心勿忘，勿助长。'未尝致纤毫之力，此其存之之道。"①其大意为，做人的第一要务是懂得万物一体的道理，并牢记之，然后用心去做，即所谓的"心勿忘，勿助长。未尝致纤毫之力，此其存之之道"。因为人和万物之间有一种形而上的内在联系，人自然能体察、认知人自己及万物的本心和本性，照着本心真诚地去做即可，不用费心费力地去"格物致知"。程颢的论述已有"心学"的萌芽，如强调心、悟，反对格物致知。

陆九渊继承程颢用心体认万物的思想，又吸收佛教禅宗的理论，主张"顿悟"。他自己就有"顿悟"的经历。有一天他"读书至'宇宙'两字，解者曰：'上下四方曰宇，往古来今曰宙。'忽大省曰：'宇宙内事，乃己分内事；己分内事，乃宇宙内事'"。据此，他说："宇宙便是吾心，吾心便是宇宙。"②

其弟子杨简与陆九渊初次见面时也经历了"顿悟"。初次见面时，杨简问陆九渊，本心如何？陆九渊以《孟子》中善之四端答之，杨简不明白。杨简时任富阳县主簿，有一个案件得马上去办，回来后与陆九渊讨论本心问题。陆九渊说："刚才你断案，知道怎样判断是非曲直，这便是你的本心。"杨简又问："只有这些吗？"陆九渊怒曰："你还要什么？"杨简顿悟，不再提问，并拜陆九渊为师。③

陆九渊自称其思想是"因读《孟子》而自得之于心"，除与《孟子》有关外，与禅宗的承继关系也十分明显。他在《与王顺柏书》中就自称"虽不看释藏经教，然而《楞严咒》《圆觉经》《维摩诘经》

---

① 《河南程氏遗书》卷二上。
② 《象山先生全集》卷三十三。
③ 杨简:《慈湖遗书》卷十八。

等经，则尝见之"。其"心学"思想与禅宗一样，在本体论方面都是以心为本体的，在心性论方面心都具有主宰性。陆九渊的"心学"思想的主要内容如下。

第一，"心即理也"。陆九渊认为天理、人理、物理只在吾心中："人心至灵，此理至明；人皆具有心，心皆具是理。"心是唯一实在："宇宙是吾心，吾心便是宇宙。""宇宙内事是己分内事，己分内事是宇宙内事。"心和理都是永恒不变的："千万世之前，有圣人出焉，同此心同此理也；千万世之后，有圣人出焉，同此心同此理也。"

第二，"太极"是"实理"，"存心"即是明理。陆九渊训"极"为"中"，认为"太极"即是"实理"。"理"所讲的是人生日用之理，圣人所瞩目的是如何践履道德，"言即其事，事即其言"，任何文字雕琢都无益于对"理"的认识。

"理"不是形而上的东西，而是存在于万物及人心中，天人一理，"存心"即是明理。"理"需要体验，注重实行，而不依文字而立。"理"须"一意实学，不事空言，然后可以谓之讲明"。他认为朱熹的"理学"是从事"口耳之学"，是"自为支离之说以自萦缠"。批评"理学"以"理"为外在之物，脱离"实事""实德""实行"，系重言辞，"尚智巧"，具有"文貌日胜，事实湮于意见，典训芜于辨说，揣量模写之工，依仿假借之似"的流弊。

第三，修身须"求诸内，存心养心"。陆九渊认为，人们的心和理都是天赋的，永恒不变的，仁、义、礼、智、信等也是人的天性所固有的，不是外求的。但人难免受物欲的蒙蔽，受了蒙蔽，心就不灵，理就不明，必须通过师友讲学，切磋琢磨，鞭策自己，以恢复心的本然。而修养功夫在于"求诸内，存心养心"。具体方法是"切己体察，求其放心，明义利之辨"，以"穷此理，尽此心"。

第四，治学应当"尊德性"。陆九渊认为，治学应"先发明人之本心然后使之博览",因为"心即理也",无须在读书穷理方面过多地费工夫。"学苟知本,六经皆我注脚。"他自称这种方法为"简易功夫",是"立乎其大者",是"知本",是"明本心"。陆九渊有"孩提知爱长知钦,古圣相传只此心"和"墟墓兴哀宗庙钦,斯人千古不磨心"的诗句,用于表明先确立"心"本体,以"心"为一切道德价值根源的观点,主张由"明心"而扩展到读书问学。陆九渊认为千古圣人只是以心相传,不用传之文字。针对朱熹主张通过博览群书和对外物的观察来启发内心的知识,即"道问学"治学方法,陆九渊除以上述观点相辩,还以"尧舜之前何书可读?"质疑之。

关于读书,陆九渊主张要重视《大学》、《中庸》、《论语》和《孟子》,读书时要联系日用事物,讽咏自得,反对习注疏章句之学、场屋之文,以谋求利禄。

陆九渊是"心学"的创立者,他与朱熹曾有多次学术辩论,促进各自理论的精进,也扩大了各自的影响。陆九渊的理论在当时就受到社会及统治阶层的认可,宋宁宗嘉定十年(1217年),赐谥"文安"。

(二)王守仁对"心学"的完善

王守仁(1472—1529年),幼名云,字伯安,浙江绍兴府余姚县(今属宁波余姚)人,因曾筑室于会稽山阳明洞,自号阳明子,世称"阳明先生",因谥"文成",后人又称其"王文成公"。明代著名的政治家、思想家、文学家和军事家,明代"心学"集大成者及主要代表。

王守仁的"心学"远宗陆九渊,近承"陈湛心学",也受佛教禅宗的影响。冯友兰认为,"白沙卒于明孝宗弘治十三年,时王阳明二十余岁。甘泉卒于明世宗嘉靖三十九年,与阳明时相辩论。阳明之学，虽亦自得，然亦必受此二人之影响也"。明代"心学"发展历程，可以归结为：陈献章开启，湛若水发展，王守仁集大成。

陈献章（1428—1500年），字公甫，别号石斋，人称"白沙先生"，广州府新会县白沙里（今广东省江门市蓬江区白沙街道）人，明朝思想家、教育家、书法家，岭南地区唯一从祀孔庙的大儒，明朝从祀孔庙的四人之一，被赐谥"文恭"，后世尊为"圣代真儒""圣道南宗""岭南一人"。陈献章创"江门学派"，主张"为学当求诸心"，"虚明静一者为之主"，认为心是主体、主宰，心无内外、理无内外，心对于理、事、形始终处于主导地位而具有核心价值。

湛若水（1466—1560年），字元明，号甘泉，广东广州府增城县甘泉都（今广州市增城区新塘）人，明代著名的思想家、政治家、教育家、书法家，谥"文简"。陈献章直传弟子，受严师的耳提面命，成为白沙学说的衣钵传人，后创"甘泉学派"，著有《湛甘泉集》《心性图说》《真心图说》《新泉问辩录》《非老子》《圣学格物通》《二礼经传测》《春秋正传》等书，形成了自己较完整的"心学"理论体系。

如湛若水在《心性图说》中写道："性者，天地万物一体者也。浑然宇宙，其气同也。心也者，体天地万物而不遗者也。性也者，心之生理也，心性非二也。譬之谷焉，具生意而未发，未发故浑然而不可见。及其发也，恻隐羞恶辞让是非萌焉，仁义礼智自此焉始分矣，故谓之四端。端也者，始也，良心发见之始也。是故始之敬者，戒惧慎独以养其中也。中立而和发焉，万事万化自此焉，达而位育不外是矣。故位育非有加也，全而归之者耳。终之敬者，即始之敬而不息焉者也。曰，'何以小圈？'曰，'心无所不贯也。'曰，'何以大圈？'曰，'心无所不包也。'包与贯，实非二也。故心也者，包乎天地万物之外，而贯夫天地万物之中者也。中外非二也。天地无内外，心亦无内外，极言之耳矣。故谓内为本心，而外天地万物以为心者，小之为心也甚矣。"①文字不多，但"心学"的主要观点，如心外无物、心物一体、仁义礼智源于恻隐羞恶辞让是非、修身用敬等都跃然纸上。

继承、吸收宋明"心学"前贤的思想，加上自己在被贬贵州龙场驿时的"顿悟"，王守仁完成了"心学"理论体系。其思想被门人辑为《传习录》《大学问》，后又辑为《王文成公全书》，其"心学"思想主要内容如下。

第一，"心外无物"的宇宙观。王守仁认为"心"和万物一体。《传习录》载，"先生游南镇，一友指院中花树问曰：'天下无心外之物，如此花树，在深山中，自开自落，与我心亦何相干？'先生云：'尔未看此花时，此花与尔心同归于寂，尔来看此花时，则此花颜色，一时明白起来。便知此花，不在尔的心外。'"另一段说，"先生云：'尔看这个天地中间，什么是天地之心？'对曰：'尝闻人是天地心。'曰：'人又什么叫做心？'对曰：'只是一个灵明。''可知，充塞天地，中间只有这个灵明。人只为形体自间隔了。我的灵明，便是天地鬼神的主宰。……天地鬼神万物，离却了我的灵明，便没有天地鬼神万物了。我的灵明，离却天地鬼神万物，亦没有我的灵明。如此便是一气流通的。如何与它间隔得？'"②这两段文字说明了物是心的灵明所现。

第二，"心即理也""性即理也"的本体论。王守仁认为心就是理："心即理也。天下又有心外之事、心外之理乎？""心之体，性也。性即理也。故有孝亲之心，即有孝亲之理；无孝亲之心，即无孝亲之理矣。有忠君之心，即有忠之理；无忠君之心，即无忠之理

---

① 甄隐：《儒家内圣修持辑要》卷十一《辩说解》，中国发展出版社2015年版，第513页。
② 《王文成公全书》卷三《传习录》。

矣。理岂外于吾心耶？"(《答顾东桥书》，《全书》卷二。)从这里可以看出王守仁与朱熹的区别，朱熹认为先有忠孝之理，才有忠孝之心，而王守仁恰恰把话颠倒过来，认为若没有心，便没有理，心为宇宙立法，理是由心立的。王守仁还认为："人心是天渊，无所不赅。原是一个天，只为私欲障碍，则天之本体失了。……如今，念念致良知，将此障碍窒塞，一齐去尽，则本体已得，便是天渊了。……一节之知，即全体之知；全体之知，即一体之知。总是一个本体。"[①]

第三，"致良知"的修身观。王守仁尊崇《大学》中"三纲八目"的修身观，并以"心学"视角对之作了新的解读，得出了修身就是"致良知"的结论。

关于"明明德"，王守仁认为："大人者，以天地万物为一体也。其视天下犹一家，中国犹一人焉。若夫间形骸而分尔我者，小人矣。大人之能以天下为一体也，非意之也，其心之仁，本若是其与天下万物为一也。岂惟大人，虽小人之心，亦莫不然。彼顾自小之耳。是故见孺子之入井，而必有怵惕恻隐之心焉。是其仁与孺子而为一体也。孺子犹同类者也，见鸟兽之哀鸣觳觫而必有不忍之心焉，是其仁之与鸟兽而为一体也。……是其一体之仁也，虽小人之心，亦必有之。是乃根于天命之性，而自然灵昭不昧者也。是故谓之明德。……是故苟无私之蔽，则虽小人之心，而其一体之仁，犹大人也。一有私欲之蔽，则虽大人之心，而其分隔隘陋，犹小人矣。故夫为大人之学者，亦惟去其私欲之蔽，以自明其明德，复其天地万物一体之本然而已耳；非能于本体之外，而有所增益之也。"[②]

关于"亲民"，王守仁指出："明明德者，立其天地万物一体之体也；亲民者，达其天地万物一体之用也。故明明德必在于亲民，

[①]《王文成公全书》卷三《传习录》。
[②]《王文成公全书》卷二六《大学问》。

而亲民乃所以明其明德也。亲吾之父，以及人之父，以及天下人之父，而后吾之仁实与吾之父、人之父、天下人之父而为一体矣，实与之为一体而后孝之明德始明矣。……君臣也，夫妇也，朋友也，以至于山川神鬼鸟兽草木也，莫不实有以亲之，以达吾一体之仁。然后吾之明德始无不明，而真能以天下万物为一体矣。"

关于"止于至善"，王守仁指出，"至善者，明德、亲民之极则也。天命之性，粹然至善，其灵昭不昧也，此其至善之发现，是乃明德之本体，而即所谓良知者也。至善之发现，是而是焉，非而非焉，轻重厚薄，随感随应，变动不居，而亦莫不有天然之中。是乃民彝物则之极，而不容少有拟议增损于其间也。少有拟议增损于其间，则是私意小智，而非至善之谓矣"。

这样，《大学》"三纲领"实际上归纳为一条：在明明德，这就是心的本性，一切人，无论善恶，基本上都同有此心。人的自私也不能把本性完全泯灭，往往在人对外界事物的本能反应中表现出来，如发现一个幼儿将落入井中的本能反应便足以说明这一点。人当做的就是服从良知的命令，毫不迟疑地去做。

关于"八条目"的一、二步是"格物"和"致知"，王守仁认为，"致知"便是"致良知"，个人的修养无他，就是顺从自己的良知去生活，把来自直觉的知识付诸实践。

对于"格物"，王守仁认为，"格者，正也"，"物者，事也"。[①] 这样，"格物"就不再是"剖析事物"，而成了"匡正事物"。他还认为，人的直觉知识只能通过处理日常事务的经验而得到延展。"心之所发便是意（意志、思想），……意之所在便是物。如意在于事亲，即事亲便是一物；意在于事君，即事君便是一物。"

---

① 以上引文皆出自《王文成公全书》卷二六《大学问》。

"八条目"的三、四步是"诚意"和"正心"。王守仁以为,"诚意"是"正事"和"致知",因为实现这两点都需要真诚。人对自己的良知发出的命令,寻找借口不去执行,便是没有诚意。人在意诚时,其心便是正的,故正心就要诚意。

"八条目"的后四步是修身、齐家、治国、平天下。王守仁以为,"修身"就是"致良知"。人努力"致良知"时,自然爱大众;人在爱大众时,自然努力"齐家"、尽力谋求国家井然有序和天下太平。

什么是"良知"？王守仁认为是内心的亮光,或如《大学》称之为"明德"。因此,"致良知"也就是"明明德"。这样,《大学》的全部思想就归结为"致良知"了。

此外,王守仁还对佛道进行了批判。王守仁说:"仙家(指道士)说到'虚',圣人岂能'虚'上加得一毫'实'？佛家说'无',圣人岂能'无'上加得一毫'有'？但仙家说虚,从养生上来;佛家说无,从出离生死苦海上来。却与本体上加却这些子意思在,便不是它虚无的本色了,便与本体有障碍。圣人只是还它良知本色,更不著些子意思在。……天地万物,俱在我良知的发用流行中,何尝又有一物超于良知之外,能作得障碍？"他指出了佛、道主张的"虚"与"无"在本体上都有障碍,不如"良知"来得顺畅。

他还指出:"佛氏不著相,其实著了相(著相,意为'执着')。吾儒著相,其实不著相。……(佛)都是为了君臣父子著了相,便须逃避。如吾儒,有个父子,还它以仁;有个君臣,还它以义;有个夫妇,还它以别。何尝著父子君臣夫妇的相？"[1]他批判佛教在很多问题上过于执着,适得其反,不如儒家的中庸来得好。

王守仁的思想体系和宋代周敦颐、程颢、陆九渊是一脉相承的,

---

[1] 以上引文皆出版《王文成公全书》卷三《传习录》。

只是王守仁用词更明确，表现得更为系统。《大学》的"三纲八目"被恰到好处地纳入其体系，使他的话更加自信，也更足以服人。

二、"心学"对维护国家文化安全的意义

从上述内容来看，"心学"与"理学"虽然都在探讨宇宙本体论、认识论、实践论等哲学问题，但具体观点完全不同。"心学"有何特点？其对抵御外来文化冲击又有何意义？

（一）"心学"的特点

与"理学"相比，"心学"具有以下特点。

第一，强调"顿悟"，不倡博学。"心学"在治学上主张"先发明人之本心然后使之博览"，用不着"格物致知"和博览群书。因为"心学"认为心与万物是一体的，人们只要"求诸内""存心养心"，通过多思考达到"顿悟"，即可获得相关的知识。照此观点去做，读书人便会忽视学习，包括对儒家经典的研读，故不利于儒学的传承。同时，不学习儒家经典著作等，人们的思考就会流于空洞，容易天马行空，不着边际。更有甚者，连孔子等圣人先贤的权威也可能不再需要。如陆九渊所说："学苟知本，六经皆我注脚。"[1]"六经"不再是令人尊崇的儒家不刊之经典，而是自己思想观点的材料，其末流甚至可能走向"异端"。

第二，主张"知行合一"。"心学"强调"顿悟"，不倡博学，还有为反对理学空谈"性命"的意思。从历史事实来看，宋代"理学"代表人物除了在学术和教育上有成就外，在政治、经济、军事

---

[1]《象山先生全集》卷三十四。

上都少有大的功业。"心学"主张"学者须先识仁",人与万物同为一体;然后以诚敬存之。人所需要的是确信自己,勇往直前。提倡"知行合一",就是要求人们在获得"致良知"的同时,积极去做,践行自己的"良知"。从历史事实来看,"心学"主要代表人物的事功要大得多。如湛若水,不仅有学术成就,有门徒4000人,还是明朝中期的政治家,历任礼部侍郎,南京礼部尚书、吏部尚书、兵部尚书,为国家重臣,逝后被追赠太子少保。其门徒何迁官至南京刑部侍郎,冯从吾则历任大理寺少卿、左副都御史,官至工部尚书。王守仁则历任右佥都御史、南赣巡抚、两广总督等职,晚年官至南京兵部尚书、都察院左都御史,因平定宸濠之乱的军功而被封为新建伯。

第三,有佛教禅宗的色彩。禅宗为受佛教影响最大的一支,其南宗主张心性本净,觉悟不假外求,不重戒律,不拘坐作,不立文字,强调"无念""无相","心即是佛","见性成佛",修行的目的是"明心见性",自称"顿门"。"心学"主张"心即理也""心即性也""心与万物同体""心外无物",也强调"顿悟",与禅宗有较多的相同之处,可见二者的渊源关系:"心学"受禅宗思想的影响,具有佛教禅宗的色彩。

(二)"心学"对维护国家文化安全的意义

"心学"在明朝中后期影响巨大,《明史·吕柟传》称:"时天下言学者,不归王守仁,则归湛若水。"然"心学"在明清却一直未如"程朱理学"般获得官学的地位,甚至一度受到官方的排斥,这从朝廷对"心学"集大成者王守仁的态度可以看出。王守仁在武宗时因平定宸濠之乱的军功而被封为新建伯,嘉靖八年(1529年)又平定广西土匪,病死于归来途中。按其功绩及南京兵部尚书、都察院左都御史的官职（正二品），朝廷依例应当赐谥。但皇帝宠臣桂萼等人上书嘉靖帝，称"守仁事不师古，言不称师。欲立异以为高，则非朱熹格物致知之论；知众论之不予，则为朱熹晚年定论之书。号召门徒，互相倡和。才美者乐其任意，庸鄙者借其虚声。传讹转讹，背谬弥甚。但讨捕畬贼，擒获叛藩，功有足录"，建议"宜免追夺伯爵以章大信，禁邪说以正人心"。[①]嘉靖帝不仅听从了桂萼等人的提议，并且采取的行为还有所加重，停止了王阳明世袭建安伯的爵位，没有为他举行相应典制的葬礼，自然不赐谥号。然而，"心学"确实有其价值，举例如下。

第一，为学术研究注入了新鲜血液。宋元以来的"程朱理学"占据了意识形态的统治地位，并成为科举考试的标准，致使其思想内容日趋僵化。因此，明朝中前期的学术气氛沉闷，思想界如同一潭死水。明代"心学"代表人物继承南宋陆九渊的学术理论及方法，加强了对儒学中"心性"及修身方法的研究，为学术研究注入了新鲜血液，重启了儒学研究风气，并使士人心有所务、心有所属。

第二，提高了儒学防止佛教文化侵蚀的能力。佛教禅宗比其他分支更加强调"空"，如六祖慧能佛偈所言，世界"本来无一物"，并主张修行的简单化，信徒"不重戒律，不拘坐作，不立文字"，不要求信徒出家，不必向寺院捐献、布施，只要"明心见性"，即可成佛，甚至"放下屠刀"也能"立地成佛"，因而信徒众多，对社会影响巨大。"心学"吸收禅宗的理论，主张通过内心自求以"致良知"，并以此为人处事，修行为理想的君子人格。但"心学"仍然是儒学，它有了佛学的色彩，同时也就具备了防止佛教文化侵蚀的能力。

第三，"知行合一"主张，有利于激励士大夫积极有为，为国家

---

① 《明世宗实录》卷九八。

建功立业。"心学"不主张纯粹的学术研究，人们"致良知"的同时，还要照"良知"直接去做。若果真如此，接受"心学"的士大夫的人生态度就会更加积极主动，更加有所作为，更有可能为国家建功立业。

第四，有利于"破心中贼"，进而"破山中贼"。明朝中后期因社会的变迁，社会矛盾日趋尖锐，民变此起彼伏。王守仁认为这是人们心中有贼，有"破山中贼易，破心中贼难"之叹。"心学"强调"致良知"，若人们真的致了"良知"，犯上作乱的"心中贼"没了，"山中贼"自然也就没了。

嘉靖以后的统治者认识到了"心学"的上述价值，遂于隆庆年间追赠王守仁为新建侯，并赐谥"文成"。按礼制，文臣的谥号依次为正、贞、成、忠、端、定、简、懿、肃、毅、宪、庄、敬、裕、节、义、靖、穆、昭、恪、恭、襄等字。王守仁得谥"文成"，排序第三，是一美谥。追赠侯爵，赐美谥，表明朝廷对其功绩的褒奖，同时也表现了对其"心学"思想的认可。

总之，"心学"是一种主观唯心主义的哲学理论体系，比"程朱理学"具有更高的思辨性，其哲学水平进一步提高。"心学"吸收佛教禅宗的理论，有了佛学的色彩，同时也就具备了更为强大的防止佛教文化侵蚀的能力。因而，"心学"的形成和完善有利于进一步维护以儒家学说为核心的国家文化的安全。

第三章　宋元明清淡化"华夷之辨"的文化安全效应

"华夷之辨"由来已久，源于上古时期华夏族与周边少数民族的冲突。《尚书·尧典》中即有"蛮夷猾夏"之论。至春秋战国时期，因天下大乱，少数民族入侵，为维护华夏族利益，先秦儒家提出了"华夷之辨"。

首先，强调"华夷之别"，防止"用夷变夏"。《左传·定公十八》疏云："中国有礼为之大，故曰夏。有服章之美，谓之华。"指出华夏族是有礼仪、有文采的文明程度最高的民族。《礼记·王制篇》说："中国、戎夷，五方之民，皆有性也，不可推移。东方曰夷，被发文身，有不火食者矣。南方曰蛮，雕题交趾，有不火食者矣。西方曰戎，被发衣皮，有不粒食者矣。北方曰狄，衣羽毛穴居，有不粒食者矣。"指出各少数民族或"被发文身""有不火食"，或"衣羽毛穴"，其生活习俗落后，因此其管理必然落后。孔子曾说："夷狄之有君，不如诸夏之亡也。"[①] 孔子盛赞管仲"尊王攘夷"，卫护华夏文明之功："管仲相桓公，霸诸侯，一匡天下，民到于今受其赐。微

---

① 《论语·八佾》。

管仲，吾其被发左衽矣。"①主张"裔不谋夏，夷不乱华"②，防止"用夷变夏"。

其次，严"夷夏之防"，主张"因俗而治"。由于"华""夷"习性上的不同，且"非其族类，其心必异"，华夏与四夷必须在地域上有一定的隔离，孔子提出"内其国而外诸夏，内诸夏而外夷狄"。另外，因"五方之民，皆有性也，不可推移"，习性一时难改，必须"因俗而治"，即"五方之民，言语不通，嗜欲不同。达其志，通其欲。东方曰寄，南方曰象，西方曰狄鞮，北方曰译"。③根据"五方之民"不同的生活习俗，应该"达其志，通其欲"，因俗而治。

最后，主张"天下一体"和"用夏变夷"。儒家虽主张"华夷之别"，严"夷夏之防"，但也提出了"天下一体"的观念，如《诗经·小雅·北山》即云："溥天之下，莫非王土，率土之滨，莫非王臣。"不管是中国华夏还是四夷，都是王之辖区，王之臣民。在条件允许的情况下，要争取"用夏变夷"，如孟子提出"吾闻用夏变夷者，未闻变于夷者也"④。提出"用夏变夷"主张，即用先进的华夏礼乐文明去改造四夷的生活习俗，使"天下一体"。

先秦儒家的"华夷之辨"理论的核心是"礼别华夷"，内容丰富，总体较为客观，且夷夏可以互变，是个开放的体系。只在民族矛盾尖锐之时，"华夷之辨"才趋于极端，华人竭力贬低夷狄，将之视作"豺狼""禽兽"，如管仲对齐侯说："戎狄豺狼，不可厌也。"⑤《汉书·匈奴传》"赞"曰："夷狄之人，贪而好利，被发左衽，人面兽心。"《后汉书·鲁恭传》亦云："夫夷狄者，四方之异气也。蹲夷

---

① 《论语·宪问》。
② 《左传·定公十年》。
③ 《礼记·王制》。
④ 《孟子·滕文公上》。
⑤ 《左传·闵公元年》。

踞肆，行同鸟兽。"

宋元明清时期，由于少数民族的强大，且入主中原建立了大一统王朝，因此"华夷之辨"激烈。但总体而言，该阶段的统治阶层趋于理性，以各种理论和措施淡化"华夷之辨"，缓和民族文化冲突，推动"中外一体"。下面即对该时期各王朝的华夷之辨、正统观、中外一体观加以叙述，对各王朝淡化"华夷之辨"的理论和措施进行介绍和评析。

第一节　宋元明清的"华夷之辨"概述

宋元明清各王朝，由于王朝建立过程及施政措施诸方面的不同，其"华夷之辨"的情形也有所不同。

一、宋朝的"华夷之辨"

两宋 300 余年间，先后与辽、西夏、金等少数民族政权并存，在与各少数民族政权对峙的初期，民族冲突较为激烈，故从宋人的"中国论"中可以看到一些"华夷之辨"的论述。如石介撰《中国论》曰："四夷外也，中国内也。天地为之乎内外，所以限也。夫中国者，君臣所自立也，礼乐所自作也。……稻麻黍稷所自有也。东方曰'夷'，被发文身，有不火食者矣。南方曰'蛮'，……西方曰'戎'，……北方曰'狄'，衣毛穴居，有不粒食者矣。""夫中国，圣人之所常治也，四民之所常居也，衣冠之所常聚也。而髡发左衽，不士不农，不工不商，为夷者半中国，可怪也。夫中国，道德之所治也，礼乐之所施也，五常之所被也，而汗漫不经之教行焉，妖诞幻惑之说满焉，可怪也。"①居中国的华夏族无论是生产方式、生活习俗还是国家治理、社会文化，都较四夷先进，但"其俗皆自安也，相易为乱"，因此主张严格划分疆界，"四夷处四夷，中国处中国，各不相乱"。

欧阳修则对宋朝有"天下不实"的感叹："南夷敢杀天子之命吏，西夷敢有崛强之王，北夷敢有抗礼之帝者，何也？生齿之数日益众，土地之产日益广，公家之用日益急，四夷不服，中国不尊，天下不实者。"②苏轼著《王者不治夷狄论》，指出夷狄"彼其不悍然执兵，以与我从事于边鄙，则已幸矣，又况乎知有所谓会者，而欲行之，是岂不足以深嘉其意乎？不然，将深责其礼，彼将有所不堪，而发其愤怒，则其祸大矣"。苏轼认为"不可以化诲怀服"，只能希望他们不启边衅，可与其和平相处，若以礼对其驯化，还会引致祸端，故强调"华夷之别"。程颐亦指出："礼一失则为夷狄，再失则为禽兽。圣人初恐人入于禽兽也，故于《春秋》之法极谨严。中国而用夷狄礼，则便夷狄之。"③陆九渊曰："圣人贵中国，贱夷狄，非私中国也。中国得天地中和之气，固礼义之所在。贵中国者，非贵中国也，贵礼义也。"

由于两宋大多数时间都与周边少数民族政权和平相处，故宋人的"华夷之辨"不算激烈，主要是主张"华夷"各治其地，以保障宋朝的国土及礼乐文明。只有胡安国言论较为激烈，他在《春秋》

---

① 石介：《徂徕石先生文集》卷十《中国论》，中华书局1984年版，第116—117页。
② 欧阳修：《欧阳修全集》卷六十《居士外集·本论》，李逸安点校，中华书局2001年版，第861页。
③ 程颢、程颐：《二程集》，中华书局2004年版，第43页。

传注中指出:"以诸夏而亲戎狄,致今缯之奉,首顾居下,其策不可施也。以戎狄而朝华夏,位侯王之上,乱常失序,其礼不可行也。以羌胡而居塞内,无出入之防,非我族类,其心必异。……为此说者,其知内外之旨而明于驭戎之道。"① 不仅主张严"华夷之防",还对《诗经》中的"戎狄是膺,荆舒是惩"的说法非常赞同,主张"攘夷"。

二、元朝的"华夷之辨"

元朝是第一个由少数民族入主中原建立的统一的国家,虽然蒙古人在灭宋建国过程中很少大肆杀戮,治国手段亦不算残暴,但汉族士人特别是原南宋治下的南方士人,面对世道之变,恪守其传统观念,对元朝统治者予以贬斥。南宋遗民郑思肖指出:"夷狄行中国事,古今天下之不祥,莫大于是。夷狄行中国事,非夷狄之福,实夷狄之妖孽。譬如牛马,一旦忽解人语,衣其毛尾,裳其四蹄,三尺之童见之,但曰牛马之妖,不敢称之曰人,实大怪也。"② 而更多的士人则借助对儒家经典《春秋》的研究,来阐发他们的"华夷"观,并形成一股思潮,以致在不足百年里,足足产生了122部《春秋》学著作。有学者考证,元朝研究《春秋》学的95人中有10位是北方人,9位阙里不详,确定属于南方的学者有76位,其中浙江、江西人数最多。③ 浙江、江西为元朝《春秋》学研究的中心,都是原南宋的治下。

以陈则通为代表的南方学者坚持南宋以来的严"夷夏大防",并

---

① 胡安国:《春秋传·隐公二年》卷一,见《四库丛刊续编》(影印本)(第10册)。
② 郑思肖:《郑思肖集·古今正统大论》,上海古籍出版社1991年版,第135页。
③ 刘俊:《元代"华夷之辨"的特质缘由及影响》,《社会科学战线》,2018年第4期。

借诠释《春秋》来表达，如通过称谓来贬低"夷人"。他认为《僖公二十一年》经文称"秋，宋公、楚子、陈侯、蔡侯、郑伯、许男、曹伯会于盂"。楚国当时已经自称为"王"，但《春秋》在此处仍称其为"子"，意指其为"夷人"，不懂中国礼制，自僭称王，含贬斥之意。《僖公元年》经文称"楚人伐郑"，《庄公二十三年》经文称"荆人来聘"。对"夷人"之楚国连"子"都不称了，而称其为"人"，更含贬低之意，意在反对夷狄干预华夏事务。

元朝最高统治者未对"华夷之辨"及自身正统性作出反应，但以郝经为代表的北方学者则用"夷而进于中国则中国之"理论为元朝统治的合法性和正统地位辩护。郝经指出："天无必与，唯善是与；民无必从，唯德是从"，又说："圣人有云，夷而进于中国，则中国之，苟有善者，与之可也，从之可也。"①意即努力吸收儒家礼义文明，统一中原乃至全国，其政权即合法，可视为正统。王元杰在解释《春秋·庄公五年》经文"秋，郳黎来朝"时也指出："夷而进于中国则中国之，此《春秋》之大法也。"他认为能否实行纲常礼义、典章制度等"中国之道"，对于夷狄统治中国至关重要。

总而言之，以郝经为代表的北方学者已突破"华夷大防"，但仍遵循着儒家"用夏变夷"的理论，认为元代统治的正统性须以承认、推行华夏礼义文化为前提条件。

三、明朝的"华夷之辨"

明朝的建立，使中原大地重回汉家政权之下，"华夷之辨"于此时没有太大必要。由于元朝的统治并不残暴，明朝人对蒙元统治者并无

---

① 郝经：《郝文忠公陵川文集》卷十九《时务》。

痛恨之感，却有留恋之情。明太祖朱元璋就曾说："元虽夷狄，入主中国，百年之内生齿浩繁，家给人足，朕之祖、父亦预享其太平。"①明太祖幼年要过饭、做过游方和尚，属经历坎坷、生活困苦之人，他都能这么说，很具有代表性。故明初统治者都认同元朝的正统地位，明太祖在相关诏书中称元朝的统治是"天授"："自宋祚倾移，元以北狄入主中国，四海内外罔不臣服，此岂人力？实乃天授。"②明朝中期，由于蒙古人经常南下骚扰明朝边境，汉、蒙古民族矛盾加剧，明朝政府于嘉靖二十四年（1545年）"罢元世祖陵庙之祀"时，有人还为元世祖鸣不平，如理学家吕柟在回答"元世祖恐不当祀乎"的问题时说："如何不可祀也？有百年天下，其始虽夷，取天下虽非汤武，然亦有'为天地立心，为生民立命'处。这个血脉，亦与尧舜之心相通，但其道未广大纯粹耳。"③他认为元世祖承尧舜之道，应视为正统。学者郑晓也说："圣祖功德高百王，诏文尝称曰'天命真人'于沙漠帝王庙中以元世祖与三皇、五帝、三王、汉高、光、唐宗、宋祖并祀，真圣人卓越之见。"④盛赞元世祖的功业，反对罢其陵庙之祀。

明朝的"华夷之辨"总体缓和，只有少数学者，或因恪守儒家传统，如明初的方孝孺，或因民族矛盾尖锐，如明末的黄宗羲等，又提出严"华夷之辨"，否定少数民族政权的正统地位。

首先，方孝孺将中华统治政权分为正统、附统、变统三种，其中"仁义而王，道德而治者"为正统，如三代之君；"虽不敢几乎三代，人其主皆有恤民之心，则亦圣人之徒也"，故附之于正统，是为附统，如汉、唐、宋之君；"取之不以正"，"守之不以仁义，戕虐生民"，"夷狄

---

① 严从简：《殊域周知录》卷十六《北狄》。
② 《全明文》卷一七。
③ 吕柟：《泾野子内篇》卷八，见金沛霖主编：《四库全书子部精要》（上册），天津古籍出版社1998年版，第349页。
④ 郑晓：《今言》卷一。

而僭中国，女后而据天位"，皆为变统。其次，方孝孺主张"夷狄"政权不能为正统。他认为圣人即有此之意："夷狄之不可为统，何所本也？曰，《书》曰'蛮夷猾夏，寇贼奸宄'，以蛮夷与寇贼并言之。《诗》曰'戎狄是膺'，孟子曰'禹遏洪水驱龙蛇，周公膺夷狄'，以戎狄与蛇虫洪水并言之。《礼》之言戎狄详矣，异服异言之人，恶其类夷狄则察而诛之，况夷狄乎？"然后他又强调"华夷之别"："夫所贵乎中国者，以其有人伦也，以其有礼文之美、衣冠之制，可以入先王之道也。……彼夷狄者侄母烝杂，父子相攘，无人伦上下之等也，无衣冠礼文之美也。故先王以禽兽畜之，不与中国之人齿。苟举而加诸中国之民之上，是率天下为禽兽也。"他认为夷狄为无人伦的禽兽，岂能成为正统？最后，方孝孺否定"全有天下"即可为正统之论，指出："苟以全有天下，号令海内者为正统耶，……然则汤、武之与秦、隋，可得而班乎？"[1]他认为王莽、晋、隋得位不正，虽全有天下亦不可为正统。以上三点，元朝全符合，故元朝不能为正统。

明末清初民族矛盾尖锐，对明亡深怀遗恨的汉族士人多以传统的"华夷之辨"表达对异族入主中原的不满，黄宗羲就是最有代表性的一位。他认为"夫即不幸而失天下于诸侯，是犹以中国之人治中国之地，亦何至率禽兽而食人，为夷狄所寝覆乎？"只要是中国人治中国地，哪怕如春秋战国般天下大乱，也好过夷狄之治。他贬低异族为"禽兽"："中国之与夷狄，内外之辨也。以中国治中国，以夷狄治夷狄，犹人不可杂于兽，兽不可杂于人也。"他主张"华夷"各治其地。在论及少数民族政权的正统地位时，他坚决予以否定，认为元朝修史时，将辽、金独立成史，明朝修元史，给予它们正统地位都是错误的，应该将它们列入《四夷传》中："当时之臣，使有

---

[1] 方孝孺：《后正统论》，《逊志斋集》卷二。

识者在，自宜改撰《宋史》，置辽、金、元于《四夷列传》，以正中国之统，顾乃帝之宗之以为一代乎？"黄宗羲还指出，将夷狄列为正统有两个弊端。一是混乱中华正统，违背著史使乱臣贼子惧的基本精神；二是诱导夷狄"乱中国"的野心："同一四夷也，守其疆土者则传之，入乱中国者则纪之，后之夷狄，其谁不欲入乱中国乎？"①这样编撰史书，足以引起后世夷狄的非分之想，黄宗羲对此极为不满，遂提出重修宋以后的史书。

四、清朝的"华夷之辨"

清朝的"华夷之辨"主要集中于清初和雍乾时期。"清初三大家"作为明朝遗民，针对异族入侵，均主张严"夷夏之防"。如王夫之指出，"天下之大防二：中国夷狄也，君子小人也。……呜呼！小人之乱君子，无殊于夷狄之乱华夏。……而夷夏分，以其疆君子小人，殊以其类防之不可不严也。夫夷之乱华久矣，狎而召之、利而安之者，嗜利之小人也。"他又说，《礼记·曲礼上》云："鹦鹉能言，不离禽兽，今人而无礼，虽能言，不亦禽兽之心乎！是以圣人作为礼以教人，使人有礼，知别于禽兽。"人兽之间，"壁立万仞，只争一线"，如果人不以礼义自持，则天崩地裂，人禽混杂："人不自畛以绝物，则天维裂矣；华夏不自畛以绝夷，则地维裂矣。"②顾炎武也认为："华夷之防，所系者在天下。"又说，"有亡国，有亡天下。亡国与亡天下奚辨？曰：易姓改号谓之亡国，仁义充塞，而至于率兽食人，人将相食谓之亡天下。"王、顾的华夷观可视为清初遗民群体的主流意识，也与清初"剃发令"等高压政令和暴政有关。

---

① 黄宗羲：《留书·史》，见《黄宗羲全集》第十一册，浙江古籍出版社1993年版，第11页。
② 王夫之：《船山遗书·原极·黄书》，同治四年刻本。

同为明朝遗民，其华夷观亦有区别。如金堡对"华夷之辨"持否定态度，认为"'华''夷'二字，乃人间自家分经立界，若同一天覆，则上帝必无此说，亦但论其所行之善恶耳"，"人着实干些济人利物之事"。他主张不辨华夷而辨善恶，倡导经世致用。金堡的认识代表了清初遗民群体华夷观开放和务实的一面。

顺康时期，统治者多施怀柔政策，如顺治时之开科举士、康熙十二年（1673年）之荐举山林隐逸、康熙十七年（1678年）之荐举博学鸿儒、康熙十八年（1679年）之开《明史》馆，使汉族士人包括遗民的华夷观发生转变，由严防到边缘化乃至消解。如黄宗羲于康熙十年（1671年）开始使用清朝年号，并称颂康熙帝"圣天子崇儒尚文"，"今圣天子无幽不烛，使农里之事，得以上达，纲常礼教，不因之而益重乎"。康熙十九年（1680年），《明史》馆聘黄宗羲参与修撰《明史》，黄宗羲虽以年老辞，但并未阻止儿子黄百家与弟子万斯同入馆。顾炎武晚年交游曹溶、程先贞、史可程等降清明臣，其外甥徐乾学、徐秉义、徐元文均以科举而出仕清朝，顾炎武没有反对，还嘱咐他们"以道事君"。康熙二十年（1681年）以后，随着遗民中大师人物的凋零，士人逐步接受清朝的统治，"华夷之辨"渐息。

雍正时期，由曾静案引发"华夷之辨"。雍正六年（1728年）九月，湖南永兴的曾静派门徒张熙给川陕总督岳钟琪下书，策动其反清。其书信中有"明君失德，中原陆沉，夷狄乘虚入我中国，窃据神器""夷狄异类，罥如禽兽"云云，把清朝贵族比作"夷狄""禽兽"。曾静被捕后，供认其反清思想源于吕留良。吕留良系明末清初人，明亡后曾参加反清斗争，后归隐故里，著述授徒，多次拒绝地方官的博学鸿词等举荐，甚至出家为僧。吕留良的著作中有大量犯忌文字及"华夷之辨"的论述，如"华夷之分，大过君臣之伦"等。吕留良因此被戮尸，其家人亲友受到株连。雍正帝还亲自与曾静就"华夷问题"进行激辩，撰写了两道长篇上谕，刊布《大义觉迷录》，阐述自己的华夷观。首先，他认为"华""夷"只是地名而已："东夷西戎、南蛮北狄，因地而名，与江南河北、山左关右何异？孟子云，舜为东夷之人，文王为西夷之人。此无可讳，亦不必讳。"①"华""夷"非文明野蛮之别，没有贵贱之分，不必忌讳。雍正皇帝自认满洲为"夷"，并对当时刊刻书籍"凡遇胡虏夷狄等字"便多方改窜，"为本朝忌讳"的行为颇为不满。其次，他认为强调"华夷之别"是一些王朝统治者自身"德衰势弱"的表现和延续。雍正帝指出，"在晋、宋、六朝偏安之时，彼此地丑德齐，莫能相尚，是以北人诋南为'岛夷'，南人指北为'索虏'"，遂延绵至今。最后，他主张"中外一家"。雍正帝多次夸耀清朝天下一统，疆域辽阔："中国之一统，始于秦，塞外之一统，始于元，而极盛于我朝。"②"自古中外一家，幅员极广，未有如我朝者也。"③他进而提出了"中外一家"主张："夫中外者，地所划之境也，……我朝肇基东海之滨，统一诸国，君临天下，所承之统，尧舜以来中外一家之统也；所用之人，大小文武，中外一家之人也；所行之政，礼乐征伐，中外一家之政也。"④"何得尚有华夷、中外之分论哉！"⑤

乾隆帝继承其父的华夷观，并严格执行。甘肃巡抚鄂昌因称蒙古为"胡儿"，"诏赐自尽"。⑥陕西巡抚巴延三因称达赖喇嘛使臣为"夷使"，被严旨斥责。⑦清朝中后期，传统的"华夷之辨"平息。近

---

① 《清高宗实录》卷一一六八，乾隆四十七年十一月庚子。
② 《清世宗实录》卷八三，雍正七年秋七月丙午。
③ 同上。
④ 《清世宗实录》卷一三〇，雍正十一年夏四月己卯。
⑤ 《清世宗实录》卷八六，雍正七年九月癸未。
⑥ 《清高宗实录》卷四八九，乾隆二十年五月庚寅。
⑦ 《清高宗实录》卷一二九二，乾隆五十二年十一月壬申。

代以来,"夷"的概念被用在西方人身上,又有了新的"华夷之辨"。

第二节　宋元明清淡化"华夷之辨"的措施

"华夷之别"理论虽然总体合理,但其中也有一些不利于民族团结和缓和民族文化冲突的因素。宋元明清的有识之士和统治者都试图淡化之,或采取一些措施来冲淡它,如强调"正统",主张"中外一体",并"因俗而治"。

一、强调"正统",不论"华夷"

对于"正统",梁启超解释为:"统之云者,殆谓天所立而民所宗也;正之云者,殆谓一为真而余为伪也。"[①] "正统"是政权的合法接续系统,关注的是该政权是否具有正当性,正当者为"正统",不正当者则"非正统"。自秦至北宋初期,统治者都以先秦邹衍的"五行德运"说来论"正统",自北宋中期起至清朝,又有新的"正统"观。

(一)宋朝的"正统"观

宋朝的"正统"观不论"华夷",强调"德"和"功",即以统治者的"德行"和"功业"作为确定"正统"地位的标准。欧阳修

---

① 梁启超:《新史学·论正统》,见李华兴等编:《梁启超选集》,上海人民出版社1984年版,第288页。

著《正统论》，指出"正者，所以正天下之不正也；统者，所以合天下之不正也"①，并据此认为宋朝是当时的"正统"。在论"正统"时，欧阳修不区别"华夷"，只讲"德"和"功"，在其所撰《新五代史》和参撰《新唐书》时，对五代的梁、唐、晋、汉、周平等对待，客观地记录和评价五代的民族关系及少数民族史实，并把具有胡族血统的隋唐政权列为正统。

其后的司马光、陈师道、朱熹亦有"正统"（"正闰"）观的论述。司马光在编撰《资治通鉴》时就对传统的"正闰"观提出了质疑："臣愚诚不足以识前代之正闰，窃以为苟不能使九州合为一统，皆有天子之名而无其实者。虽华夏仁暴，大小强弱，或时不同，要皆与古之列国无异，岂得独尊奖一国谓之正统，而其余皆为僭伪哉！若以自上相授者为正邪，则陈氏何所受？若以居中夏者为正邪，则刘、石、慕容、苻、姚、赫连所得之土，皆五帝、三王之旧都也。若以有道德者为正邪，则蕞尔之国，必有令主，三代之季，岂无僻王！是以正闰之论，自古及今，未有能通其义，确然使人不可移夺者也。"②主张以"德""功"论"正统"，即以王道仁政统一天下，继承同一道统者为"正统"，并在《资治通鉴》以魏、宋、齐、梁、陈、后梁、后汉、后晋、后周之年号纪分裂时期诸国之事。

北宋末期，陈师道对"正统"的标准进行了归纳："正统之说有三，而其用一。三者天地人也。天者，命也。……地者，中国也，天地之所合也。先王之所治也，礼乐刑政之所出也，故君子慕焉。人者，德功也。德者，化也，功者，事也。"③他提出了"正统"三要

---

① 欧阳修：《居士集》卷16《正统论三首》，《欧阳修全集》上，中国书店1986年版，第116页。
② 司马光：《资治通鉴》卷六十九《魏纪一》，中华书局1956年版，第2186页。
③ 陈师道：《后山居士文集》，国家图书馆出版社影印宋刻本1988年版，第425—427页。

素:"天地之所合","先王之所治","礼乐刑政之所出"。

南宋初期,朱熹著《资治通鉴纲目》一书,在注重"德""功"的基础上,又提出了"名实兼重"论。他指出,"只天下为一,诸侯朝觐狱讼皆归,便是得正统"①。他认为司马光之《资治通鉴》以魏为"正统"是重实轻名,主张名实兼重而以名为先。刘备即是汉室后裔,治国重德治,时刻以"尊王"即恢复汉室为念,故三国历史应以蜀汉为"正统"。自此,朱熹的"正统"观及以蜀汉为"正统"的史观影响后世,至明清成为官方观点。

(二)元朝的"正统"观

元朝的"正统"观淡化了"华夷",强调"功业"和遵循"道统",主张可以并列"正统"。元初政治家郝经鉴于宋、金的功业,认为宋、金皆为"正统"。他说,宋朝"自太祖受命,建极启运,创立规模,一本夫理。校其武功,有不逮汉唐之初。而革敝政,弭兵凶,弱藩镇,强京国,意虑深远,贻厥孙谋,有盛于汉唐之后者"。认为宋朝"国体则为正"②,毋庸置疑地认定宋朝为"正统"。同时,郝经又指出,"盖金有天下,席辽宋之盛,用夏变夷,拥八州而征南海,威既外振,政亦内修,立国安疆……粲粲一代之典,与唐汉比隆"。③郝经认为作为祖国的金朝之功业可"与唐汉比隆",也是"正统"。郝经的"正统"观还包含遵循"道统"的标准,指出"今日能用士,而能行中国之道,则中国主也"④。宋朝以后,儒士都谈论并崇尚"道统","道统"是"君统"、"治统"以及"正统"的来源。元

---

① 黎靖德:《朱子语类》卷105,中华书局1986年版,第2636页。
② 郝经:《上宋主陈请归国万言书》,《郝文忠公文集》卷三七。
③ 郝经:《删注刑统赋序》,《郝文忠公文集》卷三十。
④ 郝经:《与宋国两淮制置使书》,《郝文忠公文集》卷三七。

末杨维桢指出,"道统者,治统之所在也"。① 杰出士大夫则往往是"道"的载体,在"道统"与"君统"不一致时,士大夫有责任"致君行道"。郝经认为,只要能用儒士,为儒家"德礼之治",行中国之"道统",即为中国"正统"之主。

元世祖忽必烈即位建元,即称:"朕获缵旧服,载扩丕图,稽列圣之洪规,讲前代之定制。建元表岁,示人君万世之传;纪时书王,见天下一家之义。法《春秋》之正始,体大《易》之乾元。"② 以儒家经典之义定国号,以表明自身继承中国历史"大一统"的正统地位。而郝经、许衡等发展出的"能行中国之道,则中国主也"的新型华夷"正统"观,亦成为"元王朝官方和士大夫都能接受的正统观念"③。

元朝的"正统"观在编修宋、辽、金史的争议中也有体现,并为此进行了旷日持久的讨论。一派以杨维桢为代表,主张按《晋书》体例,以两宋年号纪年,将辽、金史实编入《宋史》之《载记》。杨维桢系以宋朝为"正统",对此他有具体说明:"道统者,治统之所在也。尧以是传之舜,舜以是传之禹,禹、汤传之文、武、周公、孔子。孔子没,几不得其传百有余年,而孟子传焉。孟子没,又几不得其传千有余年,而濂洛周、程诸子传焉。及乎中立杨氏,而吾道南矣。既而宋亦南渡矣,杨氏之传,为豫章罗氏、延平李氏,及于新安朱子。朱子没,而其传及我朝许文正公。此历代道统之原委也。然则道统不在辽金而在宋,在宋而后及于我朝,君子可以观治统之所在矣。"其坚持"道统"所在,即"治统"和"正统"所在。宋、辽、金时期,"道统"在宋,宋即为"正统"。另一派以修端为

---

① 陶宗仪:《南村辍耕录·正统辨》。
② 《元史》卷四《世祖纪一》,中华书局1976年版,第65页。
③ 李治安:《元初华夷正统观念的演进与汉族文人仕蒙》,《学术月刊》,2007年第4期。

代表，主张仿《南史》《北史》体例，宋朝史实编入《宋史》和《南宋史》，辽、金史实合并编入《北史》。修端持的是宋、辽、金并列"正统"。

顺帝至正三年（1343年），朝廷发布《修三史诏》，称宋、辽、金"为圣朝所取制度典章、治乱兴亡之由，恐因岁久散失，合遴选文臣，分史置局，纂修成书"①。从诏令的"分史置局，纂修成书"来看，是各与"正统"，分别修史。都总裁官丞相脱脱说得更加清楚："三国各与正统，各系其年号。"（《庚申外史》卷上）元朝最高统治者的态度更加开放，对宋、辽、金三朝，不别"华夷"，平等对待，均为"正统"。

（三）明朝的"正统"观

明朝是汉族政权，又系最正当的打天下方式而来，其"正统"地位毋庸置疑。明朝的"正统"观主要针对前代政权。明初统治者完全认可元朝的"正统"地位，明太祖在有关诏令中称"自宋祚倾移，元以北狄入主中国，四海内外罔不臣服，此岂人力？实乃天授。"既为"天授"，元朝政权的正当性、合法性及"正统"地位亦毋庸置疑。明太祖祭祀元太祖的规格与其他开国帝王无异，还下令在大都为元世祖立庙。洪武二年（1369年）下令修《元史》，同年即书成，表明其中没有涉及"正统"等问题的任何争议。

明朝官僚士大夫对元朝极为称赞，如叶子奇云："元朝自世祖混一之后，天下治平者六七十年。轻刑薄赋，兵革罕用。生者有养，死者有葬，行旅万里，宿泊如家，诚所谓盛也夫。"②认同元朝为"正统"。

---

① 《辽史》附录《修三史记》。
② 叶子奇：《草木子》卷三，中华书局1997年版，第47页。

（四）清朝的"正统"观

清初明朝遗民基于对满族入主中原的抵触，借"正统"论来表达之。如甘京在《正统论》中提出"正统""篡统""攘统"说，指出："子曰：'惟器与名，不可以假人。'统，器也；正，名也。禅者，正统也。诛君吊民者，正统也。"然后否定宋、元两朝"正统"地位："宋赵匡胤、元忽必烈，此皆绝人之国，弑君、父、兄而自立为君，夺天子土宇而据之。万世而下，声其罪为篡。"甘京认为，只有禅让得君位、诛杀暴君抚慰百姓可称"正统"，而宋赵匡胤、元忽必烈因其"弑杀"，为"篡统"，非"正统"。甘京虽未论清之统绪，而其非"正统"之绪已明。

清朝皇帝对本朝的"正统"地位尤为重视。雍正帝以清朝平定天下之功论其"正统"；乾隆帝的"正统"观与南宋朱熹等人相似，即必须符合"奄有中原""得位须正"两个条件。他说："曩时皇祖敕议增祀，圣训至公，而陈议者未能曲体，乃列辽、金二朝，而遗东西晋、元魏、前后五代。谓南北朝偏安，则辽、金亦未奄有中夏。即两晋诸代，因篡而斥，不知三国正统，本在昭烈。……昔杨维桢著《正统辨》，谓正统在宋，不在辽、金、元，其说甚当。"[①]认为宋为"正统"，辽、金则否，元亦不是。对于清朝，乾隆帝指出："我朝为明复仇讨贼，定鼎中原，合一海宇，为自古得天下最正"。[②]认为清朝为明复仇乃定鼎中原，乃承继中原明朝"正统"而来，当然是"正统"王朝。

强调"正统"，一方面可以淡化"华夷之辨"，另一方面可将政权正当性与"道统"结合起来，督促统治者实行"德礼之治"，接续"道统"而获得"正统"地位。

---

① 赵尔巽：《清史稿》卷84，中华书局1976年版，第2528页。
② 王先谦：《东华续录·乾隆九十四》，清光绪十年长沙王氏刻本。

二、主张"中外一家"和"天下一家"

唐朝之前,中原王朝大多强调"夷夏之防"。唐太宗力挫强敌突厥,并以仁德感化少数民族,受到各少数民族的真诚拥戴,被尊称"天可汗"。唐太宗因此也踌躇满志,贞观二十年(646年)五月在翠微殿向群臣表示:"自古皆贵中华,贱夷、狄,朕独爱之如一,故其种落皆依朕如父母。"以此表达了其不别"华夷""中外一家"的民族观。

元、明的统治者对各民族也平等视之,如元世祖在即位诏书中宣称"纪时书王,见天下一家之义",明太祖也称"天下皆朕赤子",实践中也执行"中外一家"的民族政策。

清朝统治者为应对、消解汉族士大夫的"夷夏之防",尤为强调"大一统"和"中外一家"。雍正帝夸耀清朝开创的"大一统"之功超过前代,他说,清朝"合蒙古、中国成一统之盛,并东南极边番彝诸部,俱归版图,是从古中国疆宇,至今日而开廓"[1]。清朝官修《钦定皇朝通典》归纳说:"洪惟我圣朝应天开基……举凡前代之所为劳师设备,长驾远驭,兢兢防制之不暇者,莫不备职方而凛藩服,东瀛西濛,环集辐辏,固已无边之可言……汉唐以来所谓极边之地,而在今日则皆休养生息,渐仁摩义之众也,既已特设驻札驻防办事诸大臣统辖而燮理之矣。外此有朝献之列国,互市之群番,革心面内之部落……咸奉正朔,勤职贡,沐浴于皇仁,焯赫于圣武,输诚被化,万世无极。"[2]以"无边""无极"等极致之词,说明其具有超越前代的"大一统"功业。

在此基础上,清朝皇帝强调"中外一家"。如康熙帝宣称"一切

---

[1] 《大义觉迷录》,中华书局1983年版,第85页。
[2] 《钦定皇朝通典》卷九七《边防一》,《景印文渊阁四库全书》第643册。

生民，皆朕赤子，中外并无异视"的原则。[①] 雍正帝说得更加直接："我朝肇基东海之滨，统一诸国，君临天下，所承之统，尧舜以来中外一家之统也；所用之人，大小文武，中外一家之人也；所行之政，礼乐征伐，中外一家之政也。"[②] 他还夸耀说，"自古中外一家，幅员极广，未有如我朝者也"[③]。

三、对"华""夷"各族"因俗而治"

宋元明清的统治者虽然大多主张不别"华夷""中外一家"，但他们也知道各民族在文化、观念、制度、习俗上存在诸多差别，其间的距离甚至很大，一时难以逾越。因而他们都采取了比较务实的做法，即对"华""夷"各民族"因俗而治"，如实行羁縻制度、附会汉法等政策。

（一）对少数民族实行羁縻制度

宋朝版图内的少数民族主要集中于西南地区，宋朝政府沿袭前代的羁縻制度对他们进行管理。羁縻制度创制于唐朝，是多民族国家对僻远并相对落后的少数民族地区所采取的一种民族政策。宋朝在西南地区设立了一些羁縻州，其中在成都府路下之黎州有54个，雅州有44个，茂州有10个，威州有2个；潼川府路下之戎州有30个，泸州有18个；夔州路下之黔州有49个（南宋有56个）；荆湖南、北路之下之溪州有20个；广南西路之下的邕州有44个。羁縻州之下还有县、峒等。这些州、县、峒的官员均分别由该地区的少

[①] 《清圣祖实录》卷六九，康熙十六年十月甲寅。
[②] 《清世宗实录》卷一三〇，雍正十一年夏四月己卯。
[③] 《清世宗实录》卷八三，雍正七年秋七月丙午。

数民族上层人士担任，被授予刺史、知州、权州、监州、知县、知峒或者大将军、将军、郎将、司候等官职。这些官职都可以由子弟世袭，由各地安抚司向朝廷为袭位的官员奏申敕告。羁縻州必须向朝廷纳贡，服从上级调遣，率兵卒到当地及附近地区平叛。因世袭而新任官员须向上级申报，请求朝廷颁发敕诰确认。除前述事项外，羁縻州的各项事务还包括生产、生活等，均由各州官员自理，因其俗而治之。

元朝疆域跨欧亚两洲，治下的少数民族众多。元朝政府对各少数民族地区派诸王、驸马、万户、千户进行管理，目的主要是军事控制及征收税负。而少数民族地区的中低级官员则分别由各少数民族上层人士担任，按其习俗进行管理，因俗而治之。其中，西南少数民族上层人士担任的中低级官职可以世袭，形成土司制度。而对吐蕃地区则册封藏传佛教最具影响力的喇嘛为国师或帝师，利用宗教的影响进行管理，对生产、生活各个方面因俗而治。

明朝对周边少数民族地区也采取类似于唐宋时期的政策，设立都指挥使司进行军事控制的同时，利用各少数民族上层人士及其宗教等因俗而治。比如，对西藏地区，明朝政府设都指挥使司和宣慰司、招讨司、万户府、千户府等管理机关，从都指挥使到千户等官员均由中央任命，而指挥同知、佥事、宣慰使同知或副使、元帅、招讨万户等副职、中低级官职，则任命西藏僧侣或者藏族部落的首领担任，由他们对藏族按民族习俗进行管理。对东北少数民族亦然，如满族首领努尔哈赤就曾被明朝任命为建州都督，管理该地区的满族部落。

对云、贵、川、湘、鄂等苗、彝、瑶、傣、壮等少数民族地区，明朝政府设置云南、贵州都指挥使司进行军事控制，同时沿用元朝的土司制度进行管理，并使该制度更加完备。明朝为土官设置了文、武两个官职系统，其中武官系统有宣慰司、宣抚司、安抚司、招讨司等。宣慰司设宣慰使一人，从三品，办事机构为经历司；宣抚司设宣抚使一人，从四品，办事机构亦为经历司；安抚司设安抚使一人，从五品；招讨司设招讨使一人，从五品。各使之下又有同知、副使、佥事等官职。武官系土司多设在边远地区或刚武力征服的地区。文官系统则设有军民府、土州、土县，其组织机构同于一般府州县，但较为简略。文官系统多设在内地省份的民族地区。据《土官底簿》记载，明朝在西南地区的土司共有359家，其中云南有151家，广西有167家，四川有20家，贵州有15家，湖广5家，广东1家。明朝法律规定，土司均须由中央政府任命，发给印信和号纸（委任状），世袭时亦须经过中央批准，必须听从中央征调，按时交纳定额税负，受地方官府约束，承担驻防守土及因俗治民之责。明朝对土司的控制大大超过元朝。

清朝版图也较为辽阔，清朝政府首先在各少数民族地区派驻将军，如伊犁将军、乌里雅苏台将军、绥远将军、宁夏将军、黑龙江将军、吉林将军、盛京将军等，率八旗军等对各少数民族地区进行军事控制，然后沿用前代羁縻制度对各少数民族地区进行管理。其中在西藏地区，册封僧侣首领为达赖喇嘛和班禅额尔德尼，派遣驻藏大臣，并任命四名噶伦（三名贵族、一名僧人）组成噶厦政府，四噶伦地位平等，"公同办事"，"遇有紧急事务，禀知达赖喇嘛与驻藏大臣，按其指示而行"[①]。即在达赖喇嘛和驻藏大臣的领导下管理西藏僧俗事务，按藏族习俗及藏传佛教理论进行治理，达赖喇嘛的权力较大，其下就设有由僧官主持的译仓（即秘书处），西藏地方政府（即噶厦政府）的政令、公文必须经过译仓的审核，加盖达赖喇嘛的

---

① 《清高宗实录》卷三八六，乾隆十六年四月戊寅。

印信，方为有效。达赖喇嘛因此拥有管理噶厦政府的权力。对蒙古地区，仿满族的八旗制度组织蒙古盟旗制度，任命蒙古上层人士为扎萨克等盟旗官员，按照蒙古习俗进行治理。对东北地区的满族仍用八旗制度，按满族习俗进行管理。对该地区的赫哲、鄂伦春族人，分别任用各族上层人士按照各民族习俗进行治理。对新疆地区，则沿用其原有的伯克制度，任命各部落上层人士为伯克，按其原有习俗进行管理。对西南地区和西北部分地区的少数民族则沿用明朝的土司制度进行管理，并利用少数民族的反叛、争斗等机会，进行"改土归流"，部分废除土司制度，任用流官按照各民族习俗进行管理。

为便利对边疆少数民族的控制和因俗而治，清朝中央政府还先后为各少数民族地区制定了专门的法规，如适用于蒙古地区的《蒙古律例》，适用于青海地区蒙古人的"青海善后事宜十三条"和"禁约青海十二事"，适用于宁夏、甘肃、青海各民族（包括回族）的《西宁番子治罪条例》，适用于苗族的《保甲条例》《永革贵州古州等处苗赋令》《苗疆善后事宜》《苗汉杂居章程》《苗疆事宜》《楚粤两省苗疆善后事宜》《苗湘事宜》《官吏失察汉民进入苗地处分例》《吏民擅入苗地惩罚处例》《苗、民禁婚令》《禁用禁造禁藏梭标令》《土司土职阵亡病故抚恤例》等，适用于西藏地区的《钦定西藏章程》，适用于新疆的《钦定回疆则例》等。这些法规中，有很多内容来自各少数民族习俗。清朝对少数民族的管理及因俗而治最为成功。

羁縻制度下的因俗而治，可以避免不同民族文化的冲突，有利于民族间的有序交往。

（二）元朝和清朝实行"附会汉法"政策

"附会汉法"发生在元朝和清朝。1260年，郝经上书《立政议》，建议"以国朝之成法，援唐宋之故典，参辽金之遗制，设官分

认同与共识：
国家文化安全史略

职，立政安民，成一代王法。……下明诏，蠲苛烦，立新政，去旧污，登进茂异，举用老成，缘饰以文，附会汉法"①。许衡在《时务五事》中提出，"北方奄有中夏，必行汉法，可以长久，故魏、辽、金能用汉法历年最多。其它不能实用汉法，皆乱亡相继"，强调"国朝仍处远漠，无事论此。必若今日形势，非用汉法不可也"②。这里的"汉法"，就是"中国之道"和"中国之法"的同义语。

元世祖在即位诏中提出，"爰当临御之如始，宜新弘远之规。祖述变通，正在今日，务施实德，不尚虚文"。在中统建元诏中提出，"稽列圣之洪规，讲前代之定制"，实际上是采纳了郝、许"附会汉法"的建议。

元朝政治、经济及法律制度中虽然仍含有较多蒙古习俗的内容，但在"附会汉法"上亦作了多方努力。首先是推崇儒学。世祖下令在上都建孔子庙，仁宗于皇庆二年（1313年）下令恢复科举制度，还指定朱熹集注的"四书"为所有参试者的标准用书，并以朱熹和其他宋儒注释的"五经"为汉人参试者增试科目的标准用书，"理学"因此被确立为国家正统学说，意义重大。仁宗还下令翻译或出版儒学及重要的历史著作，计有《尚书》《大学衍义》《贞观政要》《帝范》《资治通鉴》《孝经》等。其次是沿用唐宋政治体制。元朝仿唐宋之制，在中央设中书省（由唐宋中书、门下、尚书合并简化而来），负责行政管理，分设吏、户、礼、兵、刑、工六部管理庶务；设枢密院管理军事；设御史台负责监察。在地方沿用唐宋的路、州、县，增设行省，为四级政权。最后是沿用唐宋法律。蒙古人进入中原之初，曾援用金国的《泰和律》，而《泰和律》"实唐律也"。元朝建立后，由汉官何荣祖等制定了《至元新格》，嗣后又制定了《风

---

① 郝经：《陵川集》卷三十二。
② 许衡：《鲁斋遗书》卷七。

宪宏纲》《大元通制》《至正条格》等法律，从《通制条格》的内容及《元史·刑法志》所载元朝法制来看，其中主要是金、宋法律的延续。"附会汉法"使蒙汉民族文化冲突得以缓和。

清军入关后，通过对"剃发令"引发满汉对立进行反思，统治者认识到对汉民族必须援用汉族传统法律进行治理，除维护满族人特权的有关制度外，其他方面全面仿行明朝的政治、经济、法律制度。比如，于顺治朝即沿袭明朝科举制度，以儒家经典内容作为考试标准；在行政体制上，中央仿明朝设六部、科道、九寺五监机构，在地方沿用明朝的省、府、州、县行政机关，只在省级增设巡抚、总督衙门，统管一省或数省；在法律上，提出"详译明律，参以国制"，全面继承明朝的律例制度。顺治三年（1646年）即仿《大明律例》制定了《大清律集解附例》；雍正三年（1725年），清朝政府对《大清律集解附例》进行修改，制定《大清律集解》，《大清律》律文于此基本定型。乾隆五年（1740年）又对《大清律》所附载条例进行修订，制定《大清律例》。《大清律例》在体例上仿明朝的律例合编，在内容上基本沿用明律的内容，增加的主要是律文后面的条例及律首所列的八礼图等。《大清律例》的精神与明律一样，主要是儒家思想。故清朝主要是通过"附会汉法"以淡化"华夷之辨"，缓和满汉民族文化的冲突。

第三节　清朝推行的"用夷变夏"政策

"华夷之辨"理论提倡"用夏变夷"。很多入主中原的少数民族都进行汉化改革,积极"用夏变夷",只有清朝反其道而行之,强力推行"剃发易服"以"用夷变夏"。

一、清朝强力推行"剃发易服"政策

1644年清军刚入关时,摄政王多尔衮即下令汉人"剃发","以别顺逆"。由于南明政权的存在,加上吴三桂等降将的劝阻,多尔衮收回成命,让"天下臣民照旧束发,悉从其便"。[1]顺治二年(1645年)五月十五日,豫亲王多铎率军攻占南京,弘光政权瓦解,多尔衮认为清朝最大的威胁已经消除,遂急忙于六月初五谕令多铎等,强制江南军民剃发:"各处文武官员,尽命薙发。倘有不从,以军法从事。其郡邑有未下者,或宜移檄招抚,或宜统兵征剿。地方一切事宜,酌议速奏。"[2]此令要求被征服地区军民必须剃发。六月十五日,多尔衮又谕令礼部。首先,强调剃发的政治意义:"向来薙发之制,不即令划一。姑听自便者,欲俟天下大定,始行此制耳。今中外一家,君犹父也,民犹子也,父子一体,岂可违异。若不划一,终属二心,不几为异国之人乎?此事无俟朕言,想天下臣民亦必自知也。"将是否剃发提高到了是否真心向清朝归顺的政治高度。其次,规定剃发的时限要求及法律责任:"自今布告之后,京城内外限旬日,直隶各省地方,自部文到日,亦限旬日,尽令剃发。遵依者,为我国之民,迟疑者,同逆命之寇,必置重罪。若规避惜发,巧辞争辩,决不轻贷。"要求各地军民接到命令起十日内全部剃发,否则视为"同逆命之寇,必置重罪",严加惩处。再次,要求各地地方

---

[1] 侯杰、胡伟:《剃发·蓄发·剪发:清代辫发的身体政治史研究》,《学术月刊》,2005年第10期。
[2] 《清实录·世祖实录》卷十七,中华书局1985年版,第150页。

官严格执行剃发令，不得有任何异议，否则死罪："该地方文武各官皆当严行察验。若有复为此事进章，欲将已定地方人民仍存明制，不随本朝制度者，杀无赦"。然后，规定剃发的同时，要变易服饰，"衣帽装束"也要同于满族人："其衣帽装束，许从容更易，悉从本朝制度，不得违异"。最后，要求礼部传谕全国各地军民严格执行"剃发令"："该部即行传谕京城内外并直隶各省府州县衙所城堡等处，俾文武衙门官吏师生，一应军民人等，一体遵行。"①

清朝统治者推行"剃发易服"政策意志坚定，"剃发易服"运动遂在全国展开。由于"剃发易服"打破了汉民族留发束发的传统，与"身体发肤，受之父母，不敢毁损，孝之始也"的孝道观念严重背离；且早期的满族发型为"金钱鼠尾"，几乎就是光头，后来发型变成了只剃前半部，但从前面看仍然像光头，时人讥为"天下男人都成了僧"。满族服饰，亦不好看，时人有"雉鸡翎，马蹄袖，衣冠中禽兽"之讥。因"剃发令"与汉族文化习俗存在严重冲突，故受到汉族民众的强烈反感，本来已经归顺清朝的江南地区因"剃发令"则又反清。清朝政府调集军队平叛，造成了"江阴之难""嘉定三屠"等惨剧，数十万人遇难。

二、清朝推行"剃发易服"政策评析

清朝"剃发易服"在"华夷之辨"理论中属于"用夷变夏"。"用夷变夏"在元朝也有表现，元朝乃蒙古人建立的政权，蒙古人进入中原后，将其不少落后的习俗带到了中原。比如，在生产关系方面，因蒙古人当时尚处在奴隶社会，其在北方直接实行奴隶制，蒙古贵族将

---

① 谈火生：《辫子：政治象征与认同》，《鄂州大学学报》，2008年第4期。

认同与共识：
国家文化安全史略

战争中掳掠的人口直接变为奴隶，称"驱口"，任意驱使、奴役。在南方，受其奴隶制影响，南宋时盛行的租佃制度倒退为农奴制，佃户人身地位有所降低。特别是婚姻习俗，蒙古人原有子收庶母、侄收婶母、弟收兄嫂、兄收弟媳的收继婚习俗，进入中原后，元朝政府先是对各民族推行"各从本俗法"政策，蒙古人可以收继，但"汉儿、渤海不在接续有服兄弟之限"①。"诸汉人、南人，……兄没弟收其嫂者，禁之"②。但现实中汉族人因为贫穷等原因，要求收继的案件很多，户部处理不暇。至元八年（1271年）十二月，世祖下旨："小娘根底、阿嫂根底，收者。"③从而确立了汉族人可以兄死收嫂的原则，但有限制：定婚不收继，有妻不收继，守志妇不收继，叔嫂年甲悬殊不收继，抱乳小叔不收继，远房不收继，僧人不得还俗收继等。而在唐宋，弟收兄嫂属于通奸乱伦，构成"十恶"重罪中的"内乱罪"，男女双方都要处以死刑。收继婚使汉族婚姻制度及观念被极大地改变。这些都属于"用夷变夏"，却是自然地、潜移默化地演化而来。元朝统治者并没有用强制力推行其习俗，其中收继婚还是汉族人主动要求采用的，故这种变化对国家主流文化虽造成了一定的冲击，但比较温和，未伤害汉族人的情感，汉族人因此对蒙古贵族也没有多少恨意。

清朝在全国推行"剃发易服"的"用夷变夏"政策，从要求汉族对清朝表现归顺的政治目的来看，有一定的合理性，但其以暴力手段推行落后的、与汉族主流文化严重冲突的发式服饰，并没有让汉民族真心归顺，反而极大地伤害了汉民族的感情，激发了汉民族的反抗。反抗虽被武力镇压，汉族男子被迫全部"剃发易服"，但内心有伤疤，始终不服。只要有机会，就会试图改变回去，"剃发易服"也

---

① 《元典章》卷十八《户部四·不收继·汉儿人不得接续》。
② 《元史·刑法二》。
③ 《元典章》卷十八《婚姻·收继·收小娘阿嫂》。

常成为反清政治力量号召民众的理由。如1851年，太平天国翼王石达开进攻浙江的时候，发布《檄告招贤文》，声讨清朝"窃据我土地，毁乱我冠裳，改易我制服，败坏我伦常，削发剃须，污我尧舜禹汤之貌"[①]。汉民族一旦掌握政权，必率先摒弃满族发式服饰，恢复汉族发式服饰，太平天国是然，中华民国南京临时政府亦然。1912年1月，孙中山发布《大总统令内务部晓示人民一律剪辫文》，其中规定满虏窃国，易吾冠裳强行编发之制，悉从腥膻之俗……今清廷已覆，民国成功，凡我同胞允宜涤旧染之污，作新国之民。兹查通都大邑剪辫子者已多，至偏乡僻壤留辫者尚复不少。特令内务部通行各省都督转饬所属地方，凡未去辫者，于令到之日限20日一律剪除净尽。有不遵者，以违法论处。又查各地人民有去辫尚剃其四周者，殊属不合，仰该部一并谕禁。[②] 由此可见，清朝的"剃发易服"是政治、文化政策上的昏招，是宋元以来淡化"华夷之辨"潮流中的"逆流"。

---

① 陈文亮：《论清初剃发令的内涵及实质》，《井冈山大学学报（社会科学版）》，2021年第4期。
② 转引自张晋藩总主编，朱勇主编：《中国法制通史》卷九《清末、中华民国》，法律出版社1999年版，第394页。

图书在版编目（CIP）数据

认同与共识：国家文化安全史略 / 樊伟 著 . 北京：东方出版社，2024.9.
-- ISBN 978-7-5207-3835-4
I. G12
中国国家版本馆 CIP 数据核字第 2024Q9Y133 号

认同与共识：国家文化安全史略
（RENTONG YU GONGSHI：GUOJIA WENHUA ANQUAN SHILÜE）

作　　　者：	樊　伟　龙大轩　等
责任编辑：	申　浩
出　　版：	东方出版社
发　　行：	人民东方出版传媒有限公司
地　　址：	北京市东城区朝阳门内大街 166 号
邮　　编：	100010
印　　刷：	北京联兴盛业印刷股份有限公司
版　　次：	2024 年 9 月第 1 版
印　　次：	2024 年 9 月第 1 次印刷
开　　本：	660 毫米 ×960 毫米　1/16
印　　张：	21.5
字　　数：	270 千字
书　　号：	ISBN 978-7-5207-3835-4
定　　价：	78.00 元
发行电话：	（010）85924663　85924644　85924641

版权所有，违者必究
如有印装质量问题，我社负责调换，请拨打电话：（010）85924602　85924603